古典文獻研究輯刊

十五編

潘美月・杜潔祥 主編

第4冊

張說年譜新編

熊 飛 著

國家圖書館出版品預行編目資料

張説年譜新編／熊飛　著 — 初版 — 新北市：花木蘭文化出版社，2012〔民101〕

目 2+206 面；19×26 公分

（古典文獻研究輯刊　十五編；第 4 冊）

ISBN：978-986-254-987-2（精裝）

1.（唐）張說　2. 年譜

011.08　　101015059

古典文獻研究輯刊

十五編　第 四 冊　　ISBN：978-986-254-987-2

張說年譜新編

作　　者　熊飛

主　　編　潘美月　杜潔祥

總 編 輯　杜潔祥

企劃出版　北京大學文化資源研究中心

出　　版　花木蘭文化出版社

發 行 所　花木蘭文化出版社

發 行 人　高小娟

聯絡地址　新北市永和區中正路五九五號七樓

電話：02-2923-1455 ／傳眞：02-2923-1452

網　　址　http://www.huamulan.tw 信箱 sut81518@gmail.com

印　　刷　普羅文化出版廣告事業

初　　版　2012 年 9 月

定　　價　十五編 26 冊（精裝）新台幣 42,000 元

張說年譜新編

熊 飛 著

作者簡介

熊飛，本名熊賢漢，武漢市江夏（原武昌縣）人。華中師範大學中文系畢業，即分配在高校任教。1997 年被評聘為教授。長期從事古代文史教學研究工作，擔任過現代漢語、文藝理論、古代文學、文獻學等專業課程的教學，曾被評為校「十佳教師」。1999 年獲全國高等師範院校曾憲梓獎三等獎。科研也獲得較大成績，參加了國家級科研課題《新編全唐五代詩》的編纂工作，主持了省教委社科重點科研課題三項。在《辭書研究》、《學術研究》、《敦煌研究》、《北師大學報》、《文獻》、《中國書法》、《中國典籍與文化》等數十家刊物發表論文百篇。近年從事唐代文化名人張九齡、張說研究與其文集的整理工作，已經出版了《懷素草書與唐代佛教》（香港教育出版社，2005）、《張九齡集校注》（85 萬字，中華書局，2008）等多部著作。《張說文集校注》也與中華書局簽訂了出版合同。其對盛唐「二張」的基礎研究，走在學界前列，在國內及港澳臺地區產生了較大影響。

提　　要

張說（六六七～ 七三一），字道濟，一字說之。其先范陽人，祖上世居河東，後徙家河南，遂成洛陽人。

張說歷仕武后、中宗、睿宗、玄宗四朝，前後「三登左右丞相，三作中書令，唐興已來，朝右莫比」，其政治地位顯赫，是一位跨越武后時代與玄宗時代兩大歷史階段的典型人物。在文壇上，他之述作被視為「大手筆」，其詩其文其詞當時就被編為三十卷，廣泛流布，在社會上產生了極大的影響。其時士子，也無不以出自燕公門下為榮。

本譜是作者充分利用自己多年從事唐代文史研究和整理《張說文集》的資源，在陳祖言《張說年譜》基礎上編成。本譜一是糾正了《陳譜》的明顯錯誤，二是理清了張說生平仕歷中的一些缺環，三是充實了十分豐富的政治歷史研究資料，四是弄清了張說交遊中的一些人事關係，五是將作品最大限度地作了繫年。作者治學嚴謹，考證翔實，結論可靠，是一部很有學術特色的唐人年譜。

目次

張說，字道濟，一字說之。

《文苑英華》（以下簡稱《英華》）卷七七五孫逖《唐故幽州都督河北節度使燕國文貞張公遺愛頌》（以下簡稱《張說頌》）：「燕國文貞公諱說，字道濟，張氏。」《舊唐書》卷九七《張說傳》（以下簡稱《舊傳》）：「張說，字道濟。」《新唐書》卷一二五《張說傳》（以下簡稱《新傳》）：「張說，字道濟，或字說之。」

洛陽人。

按：說之籍貫，歷來有三說：一曰范陽人，一曰河東人，一曰洛陽人。陳祖言《張說年譜》（以下簡稱《陳譜》）即力主「河東人」，傅璇琮先生《唐才子傳校箋·張說傳》校箋更說《陳譜》「考證張說先世自曾祖起即定居河東，故定說之籍貫爲河東人，可信從。」現略辨證如下。

「范陽說」蓋始自張說本人。如《張說之文集》（以下簡稱《文集》）卷二三《弔陳司馬書》：「孤子范陽張說」；《文集》卷三十《與鳳閣舍人書》：「范陽張說謹上」。《文集》卷二十有其爲父騭、祖恪、曾祖弋所作之碑志四篇，所述世系略同，今以《唐贈丹州刺史先府君碑》（以下簡稱《張騭碑》）爲例：「府君諱騭……范陽方城人也……史有留侯世家，八葉至東漢司空皓；公子宇，北平太守，始居范陽。四葉至西晉司空華；公子韙（陳祖言按：當爲禕），散騎常侍，乃僑江左。昆孫太常，復歸河洛。」《文集》卷二六《李氏張夫人墓誌》：「臨淄李伯魚妻者，范陽張氏女，諱德。」李伯魚妻即張說伯姊。《全文》卷四百八張均《邠王府長史陰府君碑》（《英華》作張說，非）：「夫人范陽縣君張氏，丞相燕公之妹。」陰行先妻即張說長妹。

又，與說同時之盧藏用及張說所獎掖之後進張九齡、孫逖等均沿其說。《全文》卷二三八盧藏用《蘇瓌神道碑》：「皇太子侍讀范陽張說。」張九齡《曲江集》卷一八《故開府儀同三司行尚書左丞相燕國公贈太師張公墓誌銘》（以下簡稱《張說誌》）：「公諱說，范陽方城人。」孫逖《張說頌》：「辨其譜系，范陽之大族也。」

然而，說身後不久，孔至、韋述即否定其爲「范陽人」之說。據《封氏聞見記》卷十：「著作郎孔至二十傳儒學，撰《百家類例》，品第海內族姓，以燕公張說爲近代新門，不入百家之數。駙馬張垍，燕公之子也，盛承寵眷，見至所撰，謂弟埱曰：『多事漢！天下族姓，何關爾事，而妄爲昇降。』埱素與至善，以兄言告之。時工部侍郎韋述諳練士族，舉朝共推，每商榷姻親，咸就咨訪。至書初成，以呈韋公，韋公以爲可行也。及聞垍言，至懼，將追改之，以情告韋。韋曰：『孔至休矣！大丈夫奮筆，將爲千載楷則，奈何以一言而自動搖！有死而已，胡不可也？』遂不復改。」（《新書》卷一九九《儒學中・孔至傳》略同）孔至、韋述爲說同時稍後之人，述還是張說所獎掖者，俱「諳練士族」，而以說爲「近代新門」，否認其爲「范陽之大族」，且置張垍威脅於不顧，可見其必有所據。張垍「盛承寵眷」，亦僅詈之爲「多事漢」，而未能提出任何修改之依據，益見實不謬也。貞元十七年，王顏在《追樹十八代祖晉司空河東太守猗氏侯太原王公神道碑》（見《金石萃編》卷一〇四，《全文》卷五〇五）中言之鑿鑿：「開元中，左丞相張公說越認范陽，封燕國公；左丞相縉叔越認琅琊，封齊國公。」按顏樹此碑，爲辯論及記述王氏之族系，其論唐代冒族之弊，以張說與顏稱叔之王縉並舉，當亦不謬（詳參岑仲勉《貞石證史・王顏所說太原王氏》）。

《陳譜》說：今考《文集》卷二十之《張騭碑》、《張騭誌》、《唐處士張府君墓誌》（以下簡稱《張恪誌》）及《周故通道館學士張府君墓誌》（以下簡稱《張弋誌》）等四篇碑志文，敘張華子禕僑江左事及禕之五世孫太常卿隆遷居河東事，頗多錯亂之處。如《張弋誌》曰：「（禕）六世至太常而復寓於河東之族人」（說連本身計世，故曰六世，本譜不連本身計世，故曰五世），《張恪誌》則曰：「其處者或寓於蒲坂，周齊間有歸者，因從焉」，則說之先人首居河東者當爲曾祖弋（弋周武帝時爲通道館學士）或高祖俊，其自相牴牾如此。再檢《晉書》卷三六《張華傳》，華爲趙王倫所害，「夷三族」，其二子禕，韙「同時遇害」。既已遇害，何來「僑江左」之事？由此可見，說以六世祖太常卿隆，隔五世上接晉散騎常侍禕，乃其「越認范陽」之癥結所在。陳振孫《直齋書錄解題》卷一六尚稱「唐宰相范陽張說說之」，非是也。

按：唐人喜以郡望自稱或他人喜以郡望相稱，這是大家所熟知的。張說自稱或他人稱之「范陽張說」，范陽其實是張說的郡望，就如稱「廣陵曹評、趙郡李華、潁川韓拯、中山劉穎、襄陽朱放、趙郡李紓、頓丘李湯、南陽張繼、安定皇甫冉、范陽張南史、清河房從心」（獨孤及《唐故揚州慶雲寺律師一公塔銘並序》）一樣。

在否定張說爲范陽人之後，《陳譜》就進一步作考說，按《元和郡縣志》卷一二《河東道》：「河東縣，本漢蒲坂縣地也。」《張騭誌》：「調長子尉，換介休主簿、洪洞丞。太夫人在堂，官求近便，故累徙而不進也。」此誌所及之長子、介休、洪洞三縣，俱在河東道。說葬曾祖及祖父均在河東，並皆曰「成先志也」，父騭卒後，說等亦「奉輤槁殯於河東」。因此，《陳譜》力主張說爲「河東人」，他在譜中說「今按說於景龍年丁母憂時接連安葬父、祖、曾祖，葬曾祖弋於河東普救原（見《張弋誌》），祖恪於蒲坂司空村（見《張恪誌》），並各說明『成先志也』，則說之曾祖與祖『代居河東』當無問題。」

張說家與「河東」有十分密切的關係，這是不用懷疑的。除他本人所撰曾祖、祖父及父親各誌和張九齡所撰《張說誌》外，兩唐書《本傳》、《新唐書・宰相世系表》（以下簡稱《新表》）也都可以證明這一點。但《陳譜》因此便斷言「說之高祖俊爲河東郡從事（見《張騭誌》），曾祖弋、祖恪、父騭三代均居河東，說少年亦在河東度過，籍貫河東當無疑問。范陽既是越認，洛陽亦屬訛傳，是兩《唐書》以下諸書均須訂正矣。」這個說法本人認爲值得商榷。

確切地說，河東對張說本人，應該屬於他的祖籍；而其占籍，則毫無疑問爲洛陽。

張家從河東遷家洛陽，應在張說曾祖張弋官周通道館學士前後。《新表》、《張騭碑》關於「昆孫太常復歸河洛」的記載，恐還不應該輕易否定。本人認爲，張家從河東遷洛陽，這應該是受當時政治大勢之影響所及。這一點，在史籍中有十分明白的記載。如《周書・明帝紀》：明帝宇文毓二年三月庚申，就曾下詔說：「三十六國九十九姓，自魏氏南徙，皆稱河南之民；今周室既都關中，宜改稱京兆人」（《北史・明帝紀》同）。這雖是一個改「三十六國九十九姓」籍貫的一個詔令，但卻記載了一個鐵的事實，那就是「魏氏南徙」之時，「三十六國九十九姓」南遷之民，其原有籍貫均改變爲「河南之民」。張家就應是魏氏南徙「三十六國九十九姓」之一，其籍貫改河東爲河南便應在此時。這一點，《隋書・經籍二・譜系序》說得更詳細：「後魏遷洛，有八氏十姓咸出帝族，又有三十六族，則諸國之從魏者，九十二（九？）姓世爲部落大人者，並爲河南洛陽人。其中國士人，則第其門閥，有四海大姓、郡姓、州姓、縣姓；及周太祖入關，諸姓子孫有功者，並令爲其宗長，仍撰譜錄，紀其所承，又以關內諸州，爲其本望。」張家族望改爲范陽，籍貫改爲洛陽，均應在此時。這實際是當時的一個「政府行爲」。孔至謂說家爲「近代新門」，依據者很可能是這個檔案材料。

關於記載張說籍貫爲洛陽者首推《舊唐書·張說傳》(以下簡稱《舊傳》)。《舊傳》曰:「張說，字道濟，其先范陽人，代居河東，近又徙家河南之洛陽。」《新唐書·張說傳》(以下簡稱《新傳》)則省去河東，曰:「其先自范陽徙河南，更爲洛陽人。」錢大昕《二十二史考異》卷五九評曰:「此沿碑狀之文。以史例言之，當云河南洛陽人也。」後世有關著述，往往沿新舊《傳》。如《通鑒》卷二百六、《唐詩紀事》卷一四、《郡齋讀書志》卷四、《唐才子傳》卷一、《全唐詩》卷八五、《辭源》，俱稱張說爲洛陽人，這都是不錯的。張說父親張騭死葬洛陽，而不承其父祖「先志」，這即說明他對河東已經沒有了與其父、祖相似的認同感，這便從一個側面證明，祖居河東對他來說已很陌生。所以《陳譜》說「說幼年當隨父在河東，『徙家洛陽』最早在調露二年(說十四歲)殯父於河東之後。」這個結論是缺乏根據的。

又，根據《陳譜》的調查，民國二十年《滿城縣志略》卷一三《流寓》門:張說……其先世居范陽，幼讀書滿城抱陽山，後徙居河南洛陽，更爲洛陽人。」卷四《古跡》門有「張燕公石穴」及「張燕公讀書堂」，卷一四《金石》門尚有《宋保州抱陽聖教院重修相公堂記》，詳述燕公修讀書堂之狀況。卷二《名勝》門則有元、明、清諸家吟詠「張燕公讀書堂」之詩作。《畿輔通志》卷二四四及《大清一統志》卷一四亦俱載「張燕公讀書堂」，《畿輔通志》且加按語:「《唐書》說本傳未載寓抱陽山事，然云其先自范陽徙河南，更爲洛陽人，則滿城原係故土也。」滿城縣，《元和郡縣志》卷二二「易州」:「滿城縣，本漢北平縣，屬中山國。高祖以張蒼爲北平侯，後漢世祖追銅馬五幡賊於北平，破之，即此。後魏於此置永樂縣，天寶元年，改爲滿城縣，以縣北故滿城爲名。」張說與滿城有關，只能是在其爲幽州都督、河北節度使期間，而不是如《畿輔通志》所言，「滿城原係故土也」。《陳譜》說此等「古跡」，「均係前人因不明說之籍貫而生之附會」，說得似乎有些絕對，張說在幽州時間雖不長，但他是開元名相，當地確有可能保留(或製造)他的一些生活遺跡。周睿《張說研究》更說:「自張說的高祖張俊爲『河東從事』起，其曾祖張弋、祖張恪、父張騭皆代居河東，失怙前的張說，至少在十三歲前也是在河東長大的。張說之籍貫，即祖居或本人出生的地方，定爲河東比較合適。」個人認爲，周博士是將祖居同籍貫(確切地說，應指本人占籍)混二爲一了。

又，《文苑英華》卷八九八崔湜《故吏部侍郎元公碑》言:「公執交兵部侍郎南陽張說」,「南」字應爲傳刻之誤，《陳譜》已疑之，茲不贅述。

六代祖隆，太常卿。

《張騖碑》：「四葉至西晉司空華，子禕，散騎常侍，乃僑江左。昆孫太常，復歸河洛。」

《張弋誌》：「司空生禕，避胡過江，六世至太常。」《新表》：「韙（應爲禕）六世孫隆，太常卿。」

五代祖子犯，徵君。

《張弋誌》：「君即太常卿隆之曾孫；徵君子犯之孫。」

高祖俊，河東郡從事。

《張弋誌》：「君即……河東從事俊之子。」《新表》：「子犯生俊，河東從事。」

曾祖弋，周通道館學士。

《張弋誌》：「君諱弋，字嵩之，范陽方城人也……君即……河東從事俊之子。性倜儻，尚氣節，能引弓六鈞，命中百步。車服出入，擬於封君，州里頗患之。君迺勵操強學，不出門者十餘年，探道覩奥，鬱爲淵藪。周武帝聞之，徵爲通道館學士。既入隋而面其國，高尚厥志，終於山廬。」

《張說誌》：「公諱說……周通道館學士諱弋府君之曾孫，贈慶州都督諱恪府君之孫，贈丹州刺史刑部尚書諱騖府君之季子。」

祖恪，唐處士，贈慶州都督。祖母隴西董氏，常州長史董雄之女。

《張恪誌》：「府君諱恪，其先晉人……君晉司空十一代孫也。曾祖徵君諱子犯，祖河東郡從事諱俊，父通道館學士諱弋……君孤紹單門，旁無兄弟，苗而不秀，未仕而卒……嗣子晉州洪洞丞騖，襁褓衰麻，育於舅氏。夫人隴西董氏，常州長史雄之女也……開耀元年十二月二十七日，終於鄜城縣世婦馮氏之別業，春秋七十有二。」《新表》誤作「洛」。

父騖，第明法，以洪洞丞覆囚山南，卒於任，贈丹州刺史。

《張騖碑》：「府君諱騖，字成騖，范陽方城人也……考諱恪，無祿早世。府君縈生遺育，……外祖爲理，遂讀臯陶之書。以明法歷饒陽、長子二尉，介休主簿、洪洞丞……臺選貞白，覆囚山南……昊天不弔，年五十二，調露元年十二月乙卯，捐背於縣廨……以景龍二年七月己酉，安厝於萬安山陽，祔從周制也……景雲二年……二月乙巳，詔……贈使持節丹州刺史。」《張騭誌》：「府君諱騭，字成騭，姓張氏，其先晉人也……君司空十二代孫也……府君襁褓衰麻，鞠育舅氏……年十九，明法擢第，解褐饒陽尉，丁王母憂去職。……服闋，調長子尉，換介休主簿、洪洞丞……有命差覆囚山南，輶軒所歷，全濟甚眾。君以律有違經背禮，著《妨難》十九篇。書奏，帝下有司，而刪定之官，黨同妒異，竟寢其議……調露元年秋，奉使晉陽，遇疾輦歸，藥禱無降，冬十二月大漸，九日乙卯，棄背於縣廨，春秋五十有二。」

母馮氏，藍田丞馮威之女，景龍元年封長樂縣太君。

《張騭碑》：「夫人長樂縣太君馮氏，父威，藍田丞。」《張騭誌》：「景龍元年秋，封長樂縣太君。夫人故藍田丞威之女也，享年七十有三，是歲十一月戊申，傾背於東都康俗里第。」

岳父元懷景，左（《新志》、《英華》作「右」）庶子，武陵縣男，贈幽州都督。岳母韋氏，華年早逝。

《文集》卷二十《唐故左庶子贈幽州都督元府君墓誌銘》（以下簡稱《元懷景誌》）：「維開元十年正月己未，左庶子武陵公河南元公薨於東京留守之內館。公諱懷景，字某，魏武陵王雄之曾孫……弱冠以國子進士高第，補相府典籤……尋以內憂去職，重補相府參軍……以宮臣除太子通事舍人。天授中，以親累除名，向逾一紀。後除直羅、溫縣二令……自太府主簿，累入副卿、河南掾曹，克昇亞尹……贈都督幽州諸軍事、幽州刺史……明年二月，歸葬於咸陽之舊塋，夫人韋氏祔焉，禮也。夫人即逍遙公（韋）敬遠之玄孫，中常侍希仲之叔姊。」

《新書・藝文志》：「元懷景《漢書議苑》下注：「卷亡。開元右庶子，武陵縣男，諡曰文。」志稱懷景爲「左庶子，武陵公」，《張説誌》則稱「尚書右丞相、武陵公懷景」。「武陵公」似爲尊稱，《陳譜》從《元懷景誌》，愚以爲，《新志》注作「武陵縣男」，必有所據。「尚書右丞相」當誤。

懷景及其先人之事蹟，還可參卷二十《唐故涼州長史元君石柱銘》、

《隋書》卷四十《元胄傳》、《元和姓纂》卷四、《太平廣記》卷一七〇《知人》、勞格《郎官石柱題名考》卷二、卷三。

夫人元氏，封燕國夫人。

《張說誌》：「燕國夫人元氏祔焉。夫人故尚書右丞、武陵公懷景之女也……開元十九年三月壬戌，薨於東都康俗里第，享年六十四。」

長兄光，歷官慶王傅、左庶子、國子祭酒、銀青光祿大夫。

《舊傳》：「敕宰臣源乾曜……就尚書省鞫問，說兄左庶子光詣朝堂割耳稱冤……又特授說兄慶王傅光爲銀青光祿大夫，當時榮寵，莫與爲比」（《新傳》略同）。《新表》：騭長子「光，國子祭酒。」

仲兄珪，歷仕尚書金部員外郎、戶部郎中、懷州刺史。

《新表》：騭次子「珪，户部郎中，懷州刺史。」《郎官石柱題名考·金部員外郎》有張珪題名，在王昕與殷令名之間。「户部郎中」無珪題名，勞考據《新表》收入《補遺》。按：户部郎中題名雖無張珪之名，但有「張如珪」，勞格注：「無考。」此「張如珪」題名在司馬銓與王昱之間，應爲開元前期任，與張珪時代相合，不知張珪是否字「如珪」，附此待考。

伯姊德，適青州司功李伯魚。

《文集》卷二六《李氏張夫人墓誌銘》（以下簡稱《張德誌》）：臨淄李伯魚妻者，范陽張氏女，諱德……伯魚天下善爲文，擢挍書郎，出爲青州司户而卒。夫人寡居無子以歸宗焉。長安二年，四十有八，傾逝於康俗里，殯於永通門外。

《陳譜》按：計有功《唐詩紀事》卷一七謂伯魚「登開元六年進士第，善爲文，擢校書郎。」《全唐詩》卷九八李伯魚小傳及徐松《登科記考》均據此。今檢補遺卷三《孔補闕集序》：「（孔季和）弱冠制舉授校書郎，……永昌之始，接跡書坊。有廣漢陳子昂、鉅鹿魏知古、高陽許望、信都杜澄、昌樂谷倚、廣陵馬懷素、東萊王無競、河南元希聲、臨淄李伯魚、譙國桓彥範，僉謂季和神清韻遠，析理探微，衛叔寶之比也。」據此，伯魚永昌元年當亦已「接跡書坊」，與孔季和、陳子昂（時爲秘書省正字，見《通鑑》卷二〇四）等同事，即已擢校書郎，登第當在此年或此前。又《張德誌》謂德寡居後卒於長安二年，則更見「登開元六年進士第」之謬矣。

長妹某，范陽縣君，適邠王府長史陰行先。

《英華》卷九百三張均《邠王府長史陰府君碑》：公諱某，字某，武威姑臧人也……調補陳州司倉……尋拜命宜城王府記室參軍……三府以交辟，署宰長河……俾公爲蔚州別駕……入爲慶王友，轉太子中允，又拜國子司業、邠王府長史……某年月日，寢疾東都，終於永豐第，春秋七十有五……夫人范陽縣君張氏，丞相燕公之妹。

《陳譜》按：《元和姓纂》卷五「武威陰」：「行光，國子司業，即張燕公妹婿也。」但《唐詩紀事》卷一七、《全唐詩》卷八七張說《幽州別陰長河行先》俱作行先。據《論語・爲政》：「先行其言，而後從之」，想以行先爲是。周睿《張說研究》謂「妹夫陰行先，字長河」。不知周博士「字長河」之所據。張說詩稱「陰長河行先」，「長河」是以官名相稱，因其時行先宰長河。

《紀事》卷一七：「（陰）行先，開元間爲湘州從事」（《全唐詩》卷九八《陰行先小傳》略同）。岑仲勉《元和姓纂四校記》卷五：「湘疑作岳，時說謫岳州，故得相陪吟詠也。」《陳譜》：「今按兩說皆非。唐無湘州，計有功之誤顯見。說詩有『寧知洹水上，復有菊花杯』之句，檢《元和郡縣志》卷一六：『洹水在（安陽）縣北四里』，方知湘州乃相州之訛也。」《陳譜》僅言《紀事》「湘」爲『相』之訛，而「湘州從事」一職，亦不見行先之碑，疑《紀事》妄生者。

幼妹琰，未成人而夭。

《文集》卷二六《張氏女墓誌》：「女郎名琰，姓張氏，洪同丞府君之少女也……未成人而夭，命也。聖曆中，隨仲昆之任，殞折於慶州，歸殯於藍田別業。景龍三年……冬十月，獲葬女弟於萬安山陽。」

長子均，開元四年進士，歷仕太原司錄、勸農判官、吏部員外郎，主爵郎中、中書舍人、貶饒州刺史、移蘇州刺史。以太子左庶子徵，復為戶部、兵部侍郎、刑部尚書、坐垍貶建安太守。還授大理卿，襲封燕國公。安史亂起，受偽職中書令。論罪當死，免死長流合浦卒。建中初，贈太子少傅。

《才子傳・張說傳》：「子均，開元四年進士。」《會要》卷八五「逃户」：開元九年，監察御史宇文融請檢察免役僞濫並逃户及籍田，因令充使。其所奏勸農判官數十人中，即有「太原司錄張均」。《舊傳》：「均、垍皆能文，説在中書，弟已掌綸翰之任。居父憂服闋，均除户部侍郎，轉兵部……坐累貶饒州刺史，以太子左庶子徵，復爲户部侍郎。九載，遷刑部尚書……希烈知政事，引文部侍郎，韋見素代之，仍以均爲大理卿……祿山之亂，受僞命爲中書令……當大辟，肅宗於説有舊恩，特免死長流合浦郡。」《新傳》：「均亦能文，自太子通事舍人累遷主爵郎中、中書舍人……後襲燕國公，累遷兵部侍郎。以累貶饒、蘇二州刺史。久之，復爲兵部侍郎……刑部尚書，坐垍貶建安太守。還授大理卿……爲僞中書令。肅宗反正，兄弟皆論死……帝小顧説有舊，詔免死流合浦。建中初，贈太子少傅。」

均有五子，長子岯、次子密，均無職官；三子濛，中書舍人、禮部侍郎；四子嵍、五子岩，亦無職官（《新表》、《新書・張說傳附子均傳》）。

《張説研究》謂説「長孫張濛，張均子。事德宗，官中書舍人。」不確。

次子垍，尚玄宗女寧親公主，拜駙馬都尉、衛尉卿。以太常少卿入為翰林院學士。遷兵部侍郎，以過出為盧溪郡司馬，復詔入為太常卿。受偽職宰相，死於亂中。

《張説誌》：「次曰垍，駙馬都尉、衛尉卿。」《新傳》：「垍尚寧親公主，時説居中秉政，均爲舍人……供奉翰林……帝怒，盡逐張垍兄弟……垍爲盧溪郡司馬……歲中還，垍爲太常卿……（亂起）遂與希烈皆相祿山，垍死賊中」（《舊傳》略同）。

《陳譜》按：均、垍兩《唐書》有傳。據杜甫詩《贈翰林張四學士垍》，知垍行四。杜甫另有《奉贈太常張卿垍二十韻）。李白有《玉真公主別館苦雨贈衛尉張卿》二首及《秋山寄衛尉張卿及王徵君》，亦爲贈垍而作，參《南京師院學報》一九七八年第一期郁賢皓《李白張垍交遊新證》。

垍有二子，長子渙、次子岱，均無職官（《新表》）。

季子埱，歷仕符寶郎、以給事中充翰林學士。坐兄垍累出為宜春郡司馬。歲中還。未知所終。

《張說誌》:「季曰埱,符寶郎。」

《新傳》:「埱自給事中爲宜春郡司馬,歲中還。」

宋洪遵編《翰苑羣書》卷四韋執誼《翰林院故事》:「至(開元)二十六年,始以翰林供奉改稱學士,由是遂建學士,俾專內命,太常少卿張垍、起居舍人劉光謙等首居之,而集賢所掌,於是罷息。自後給事中張埱、中書舍人張漸、竇華等相繼而入焉。」《會要》卷五七誤作「張淑」。

埱子嵲,瀛州刺史(《新表》)。

女,張某。適滎陽鄭鎰。張說為泰山封禪使,婿從九品官驟遷至五品。

《酉陽雜俎》卷一二「語資」:「明皇封禪泰山,張說爲封禪使,說女壻鄭鎰本九品官,舊例封禪後自三公以下,皆遷轉一級,惟鄭鎰因說,驟遷五品,兼賜緋服」(《會要》卷六五、《說郛》卷十二下所引略同)。

女,張某。適崗頭盧氏。曾為其舅向父求官。

錢易《南部新書》卷四:「張說女嫁盧氏,爲其舅求官,說不語,但指揩牀龜而示之。女歸告其夫曰;舅得詹事矣。」

女某,適澤底李氏(參周睿《張說研究》)。

《國史補》卷上:「張燕公好求山東婚姻,當時皆惡之。及後與張氏爲親者,乃爲甲門四姓,唯鄭氏不離滎陽。有岡頭盧、澤底李、土門崔,家爲鼎甲。太原王氏四姓,得之爲美,故呼爲鈒鏤王家,喻銀質而金飾也。」

《太平廣記》(以下簡稱《廣記》)卷一八四「氏族」:「張說好求山東婚姻,當時皆惡之。及後與張氏親者,乃爲甲門四姓。鄭氏不離滎陽,又崗頭盧、澤底李、土門崔,皆爲鼎甲。出《國史補》」

女某,適土門崔氏

(《國史補》卷上、《廣記》卷一八四引《國史補》)(參周睿《張說研究》)。

高宗乾封二年（六六七）一歲　丁卯

【時事】

去年十二月，李勣為遼東道行臺大總管，率六總管兵以伐高麗（《新紀》）。

> 《張説誌》:「開元十有八載龍集庚午冬十二月戊申，燕國公薨於位，享年六十四」（《舊傳》、《新傳》同）。

是年，說祖母董氏五十八歲，父騭四十歲，母馮氏三十二歲，姊德十三歲，兄光、珪在七歲以下（《陳譜》）。

總章元年（六六八）二歲　戊辰

【時事】

李勣敗高麗王高藏，執之以獻。唐於平壤置安東都護府，以將軍薛仁貴領兵二萬鎮之。

> 《新唐書・高宗紀紀》（以下簡稱《新紀》）:「（總章元年）九月癸巳，李勣敗高麗王高藏，執之。十二月丁巳，俘高藏以獻。」
>
> 《舊唐書・地理志》（以下簡稱《舊志》）:「安東都護府，總章元年九月，司空李勣平高麗，高麗本五部一百七十六城户六十九萬七千。其年十二月，分高麗地爲九都督府四十二州一百縣，置安東都護府於平壤城以統之，用其酋渠爲都督刺史縣令。令將軍薛仁貴以兵二萬鎮安東府。」（《通典》卷一百八十、《新志》略同）。

夫人元氏生。《張說誌》:「夫人元氏……開元十九年三月壬戌，薨於東都康俗里第，享年六十四。」

總章二年（六六九）三歲　己巳

【時事】

裴行儉等定銓注法，取人以身、言、書、判。

> 《新書・選舉志》:「凡擇人之法有四：一曰身，體貌豐偉；二曰言，言辭辯正；三曰書，楷法遒美；四曰判，文理優長。四事皆可取，則先德行；德均以才；才均以勞。得者爲留，不得者爲放。」

總章三年（咸亨元年）（六七〇）四歲　庚午

【時事】

吐蕃陷西域十八州，又與于闐陷龜茲撥換城。命薛仁貴、郭待封等率兵攻吐蕃，大敗於大非川。罷安西四鎮。

《舊紀》：「咸亨元年……夏四月，吐蕃寇陷白州等一十八州，又與于闐合眾襲龜茲撥換城，陷之。罷安西四鎮……辛亥，以右威衛大將軍薛仁貴爲邏娑道行軍大總管，右衛員外大將軍阿史那道眞、左衛將軍郭待封爲副，領兵五萬以擊吐蕃……秋七月戊子……薛仁貴、郭待封至大非川，爲吐蕃大將論欽陵所襲大敗，仁貴等並坐除名。吐谷渾全國盡沒。」

龍朔二年所改官名復舊。

《新紀》：「（咸亨元年）十二月庚寅，復官名。」

咸亨五年（上元元年）（六七四）八歲　甲戌

【時事】

新羅納高麗反唐之眾，兼併百濟舊地。唐遣劉仁軌率兵擊新羅。

《舊紀》：「（咸亨）五年春二月壬午，遣太子左庶子同中書門下三品劉仁軌爲雞林道大總管以討新羅，仍令衛尉卿李弼、右領大將軍李謹行副之。」

八月，皇帝稱天皇，武后稱天后，改咸亨五年為上元元年。

《舊紀》：「秋八月壬辰，追尊宣簡公爲宣皇帝……太宗文皇帝爲文武聖皇帝，太穆皇后爲太穆神皇后，文德皇后爲文德聖皇后，皇帝稱天皇，皇后稱天后，改咸亨五年爲上元元年，大赦。」

上元二年（六七五）九歲　乙亥

【時事】

劉仁軌大破新羅之眾。新羅王金法敏遣使入朝謝罪，赦之，復其官爵。

《舊紀》：「（上元二年）二月，雞林道行軍大總管（劉仁軌）大破新羅之眾於七重城，斬獲甚眾。新羅遣使入朝獻方物，伏罪，赦之；

復其王金法敏官爵。」

三月，高宗因風疹，不能聽朝，政事皆決於武后。

《舊紀》：「三月……時帝風疹，不能聽朝，政事皆決於天后。自誅上官儀後，上每視朝，天后垂簾於御座後，政事大小皆預聞之，內外稱爲二聖。帝欲下詔，令天后攝國政，中書侍郎郝處俊諫止之。」

儀鳳三年（六七八）十一歲　戊寅

【時事】

唐遣李敬玄率兵攻吐蕃，敬玄與吐蕃論欽陵戰於青海之上，大敗。

《新紀》：「三年正月丙子，李敬玄爲洮河道行軍大總管以伐吐蕃……及吐蕃戰於青海，敗績，審禮死之。」

《舊紀》「（儀鳳三年）九月……丙寅，洮河道行軍大總管中書令李敬玄、左衛大將軍劉審禮等與吐蕃戰於青海之上，王師敗績，審禮被俘。」

詔以《道德經》為上經，貢舉人皆須兼通。

《舊書・禮儀志》：「儀鳳三年五月詔：自今已後，《道德經》並爲上經，貢舉人皆須兼通。」

本年張九齡生。

徐安貞《唐故尚書右丞相贈荊州大都督始興公陰堂誌銘》：「公之生歲六十有三，以開元廿八年五月七日薨。」

徐浩《唐尚書右丞相中書令張公神道碑》也說：「（開元）二十八年春，請拜掃南歸。五月七日，遘疾薨於韶州曲江之私第，享年六十三。」

調露元年（六七九）十三歲　己卯

【行年】

本年十二月乙卯（九日），父騭卒於洪洞縣丞任。

《張騭誌》：「年五十二，調露元年十二月乙卯，捐背於縣廨。」

《陳譜》：「時說兄弟俱年少，當隨父在洪洞。」按：此論乃基於籍賈河東說：張說家在洛陽亦應有住所。其時說兄弟與母在何處，未詳。《文集》卷九《九日遊茱萸山詩五首》其一：「家居洛陽下，舉目見嵩山。」說兄弟似應在洛陽讀書。

調露二年（永隆元年）（六八〇）十四歲　庚辰

【時事】

閏七月，裴行儉大破突厥。

《舊紀》：「是月，裴行儉大破突厥史伏念之眾，伏念爲程務挺急追，遂執溫傅來降，行儉於是盡平突厥餘黨。行儉執伏念、溫傅，振旅凱旋。」

春，殯父於河東。

《張騭誌》：「冬十二月大漸，九日乙卯，棄背於縣廨，春秋五十有二。光、珪、說不夭，總角在疚。明年春，奉輤槁殯於河東。」

【行年】

本年前後，說兄弟就應入學為諸學學生。據其父之品級，說似入的是四門學。

《新書・選舉上》：凡學六，皆隸於國子監。國子學生三百人，以文武三品以上子孫，若從二品以上曾孫，及勳官二品縣公，京官四品帶三品勳封之子爲之。太學生五百人，以五品以上子孫，職事官五品朞親，若三品曾孫及勳官三品以上有封之子爲之。四門學生千三百人，其五百人以勳官三品以上無封、四品有封及文武七品以上子爲之；八百人以庶人之俊異者爲之……凡生，限年十四以上，十九以下；律學十八以上，二十五以下。

開耀元年（六八一）十五歲　辛巳

【時事】

本年十二月二十七日（《陳譜》作「七日」，似誤），祖母董氏卒於鄜城縣。

《張恪誌》：「夫人隴西董氏……開耀元年十二月二十七日，終於鄜城縣世婦馮氏之別業，春秋七十有二。」

【行年】

約在國子監讀書。

永淳二年（弘道元年）（六八三）十七歲　癸未

【時事】

十二月，高宗卒，太子李顯即位，是為中宗。政事一決於武后。

《舊紀》：「十二月己酉，詔改永淳二年爲弘道元年……是夕，帝崩於眞觀殿，時年五十六。宣遺詔七日而殯，皇太子即位於柩前……軍國大事有不決者，取天后處分。」

說在諸生之時，便已非常傑出。

《張説誌》：「鷹揚虎視，英偉磊落，越在諸生之中，已有絕雲霓之望矣。」

【行年】

約在國子監讀書。

中宗嗣聖元年（睿宗文明元年、光宅元年）（六八四）十八歲 甲申

【時事】

正月，改元嗣聖。二月，武后廢中宗李顯為廬陵王，幽於別所，仍改賜名哲。立豫王李旦，是為睿宗，改元文明。

《舊紀》：「嗣聖元年春正月甲申朔，改元。二月戊午，廢皇帝爲廬陵王，幽於別所，仍改賜名哲。己未，立豫王輪爲皇帝，令居於別殿，大赦天下，改元文明。皇太后仍臨朝稱制。」

九月，改元光宅。改旗幟，又改尚書省及諸司官名。徐敬業於揚州起兵討武，十一月兵敗，駱賓王為敬業草討武后檄。

《舊紀》：「九月，大赦天下，改元爲光宅。旗幟改從金色，飾以紫，畫以雜文。改東都爲神都，又改尚書省及諸司官名……故司空李勣孫柳州司馬徐敬業僞稱揚州司馬，殺長史陳敬之，據揚州起兵，自

稱上將，以匡復爲辭。冬十月，楚州司馬李崇福率所部三縣以應敬業。命左玉鈐衛大將軍李孝逸爲大總管，率兵三十萬以討之。殺內史裴炎。丁酉，追削敬業父祖官爵，復其本姓徐氏。」

【行年】

約在國子監讀書。

垂拱二年（六八六）二十歲　丙戌

【時事】

正月，武后下詔復政於睿宗，睿宗知非太后實意，乃固讓，皇太后仍依舊臨朝稱制。

《舊紀》:「二年春正月，皇太后下詔復政於皇帝。以皇太后既非實意，乃固讓。皇太后仍依舊臨朝稱制。」

【行年】

約在國子監讀書。

永昌元年（六八九）二十三歲　乙丑

【時事】

十一月，則天始用周正，改當月為載初元年正月，夏正月為一月。

《舊紀》:「載初元年春正月，神皇親享明堂，大赦天下，依周制建子月爲正月，改永昌元年十一月爲載初元年，十二月爲臘月，改舊正月爲一月。」

本年前後，告密風起，羅織獄興，酷吏來俊臣、周興等橫噬於朝，制公卿之死命，擅王者之威力。

《舊書・酷吏傳序》:「逮則天以女主臨朝，大臣未附，委政獄吏，翦除宗枝，於是來俊臣、索元禮、萬國俊、周興、丘神勣、侯思止、郭霸、王弘義之屬，紛紛而出，然後起告密之刑，制羅織之獄……武后因之坐移唐鼎……遂使酷吏之黨，橫噬於朝，制公卿之死命，擅王者之威力。」

本年詩人孟浩然生。

《孟浩然集》附唐王士源《孟浩然集序》:「開元二十八年，王昌齡遊襄陽，時浩然疾疹發背，且愈，相得歡甚，浪情宴謔，食鮮疾動，終於治城南園，年五十有二。」

《新傳》:「張九齡爲荊州，辟置於府。府罷，開元末，病疽背卒。」

【行年】

約在國子監讀書。

本年參加詞標文苑科試。

【著作】

《永昌元年詞標文苑科制策》三道（《文集》卷二九）

此文是説集中詩文有明確年代之首篇。

則天載初元年（天授元年）（六九〇）二十四歲　庚寅

【時事】

春正月，令依周制建子月為正月，改永昌元年十一月為載初元年正月，十二月為臘月，改舊正月為一月。九月，革唐命，改國號為周，改元天授。加尊號曰聖神皇帝，降皇帝為皇嗣。

《舊紀》:「載初元年春正月，神皇親享明堂，大赦天下。依周制建子月爲正月，改永昌元年十一月爲載初元年正月，十二月爲臘月，改舊正月爲一月……九月九日壬午，革唐命，改國號爲周，改元爲天授，大赦天下，賜酺七日。乙酉，加尊號曰聖神皇帝，降皇帝爲皇嗣。丙戌，初立武氏七廟於神都。」

【行年】

約在國子監讀書。

試制舉，説對策第一，授太子校書。則天命寫策本於尚書省，頒示朝集及蕃客等，以光大國得賢之美。

《張説誌》:「初，天后稱制，舉郡國賢良，公時大知名，拔乎其萃者也。起家太子校書。」

《大唐新語·文章第十八》:「則天初革命，大搜遺逸，四方之士應制者向萬人。則天御洛陽城南門，親自臨試。張説對策爲天下第一。

則天以近古以來未有甲科，乃屈爲第二等。其警句曰：『昔三監玩常，有司既糾之以猛；今四罪咸服，陛下宜濟之以寬。』拜太子校書。仍令寫策本於尚書省，頒示朝集及蕃客等，以光大國得賢之美。」

《陳譜》：二月十四日，則天策貢士於洛城殿，數日方畢，貢士殿試自此始（見《通典》卷一五《選舉》三、《元龜》卷六四三《貢舉部・考試一》及《通鑑》卷二〇四）。

《陳譜》按：說制舉登科年，歷來有二說。《新傳》曰：「永昌中，武后策賢良方正，詔吏部尚書李景諶糊名校覆，說所對第一，後署乙等，授太子校書。」《文苑英華》卷四七七於張說《詞標文苑科策》下加題注曰：「永昌元年。」《郡齋讀書志》卷四《張燕公集》提要曰：「永昌元年賢良方正第一。」《登科記考》卷三引《記纂淵海》引《登科記》曰：「永昌九年應學綜古今科一人，張說第三等。」永昌止一年，九字當係元字之訛，故此四書俱稱說登科在永昌元年（六八九）。《唐才子傳》卷一《張說傳》則曰：「垂拱四年舉學綜古今科，中第三等。」《登科記考》卷三亦將張說繫於垂拱四年（六八八）詞標文苑科下，徐松並加按語曰：「諸書所引，或曰賢良方正，或曰詞標文苑，或曰學綜古今，實止一科也。說卒於開元十八年，年六十四。是年二十二，故曰弱冠」（《舊傳》曰：「弱冠應詔舉」）。日本吉川幸次郎先生在《張說的傳記與文學》一文（載《吉川幸次郎全集》第十一卷）第三節《張說的登第》中歷舉垂拱、永昌二說而未作判斷。今考此二說皆誤。《通典》卷一五、《元龜》卷六四三及《通鑑》卷二〇四於載初元年二月「太后策貢士於洛城殿」下均曰「貢士殿試自此試」，則說應試必不能在載初年前之永昌或垂拱年。又上引《張說誌》曰：「天后稱制，舉郡國賢良」；《大唐新語》曰：「則天初革命，大搜遺逸。」今檢《舊唐書・則天紀》：「載初元年春正月，依周制建子月爲正月，改永昌元年十一月爲載初元年正月，……遂改詔書爲制書。……九月九日壬午，革唐命，改國號曰周。改元爲天授。則天「稱制」與「革命」俱在載初元年，則說應試亦必不能在載初前。又張九齡所作之《張說誌》曰：「起家太子校書，迄於左丞相，官政四十有一。」載初元年爲六九〇年（按：萬國鼎《紀年表》作六八九），開元十八年爲七三〇年，前後正是四十一年，可見說制舉登科在載初元年。

愚按：陳氏此說誤。《張說誌》說得很清楚，是「起家太子校書，迄於左丞相，官政四十有一。」指從政後所歷官職共四十一個，而不是指從政四十一年。說集卷二九有《永昌元年詞標文苑科制策》三道，說參加永昌元年制舉試似不用懷疑。應是永昌試，載初錄取授官。

【著作】

《虛室賦》（《文集》卷一）

《陳譜》不繫此文作年。周睿《張說研究・張說詩文繫年》（以下簡稱《周考》）載初元年天授元年（六九〇）：「《虛室賦》、《與鳳閣舍人書》是其早期入仕之作，且繫於此。」

愚按：集原附吏部侍郎魏仁歸（即魏克己）《宴居賦》言：「張校書作《虛室賦》以示予，文旨清峻，玄義深遠，予味之有感，聊爲《宴居賦》以和之。」《會要》卷七四：「弘道元年十二月，吏部侍郎魏克己銓綜人畢，放長榜，遂出得留人名。於是衢路諠譁，大爲冬集人援引指擿，貶爲太子中允。」《封氏聞見記》卷三則謂出爲同州刺史。集本署魏仁歸「吏部侍郎」，當是以其最高官職「天官侍郎」尊之。魏氏既稱張說作「校書」，必在張說登第授太子校書後，最早當作於天授元年（六九〇）前後。也就是說，此年魏氏或在太子中允任。太子中允與太子校書均爲太子屬官，故得在一起唱和。郁賢皓《刺史考》「同州」據《封氏聞見記》繫魏克己（仁歸）作同州刺史在弘道元年（六八三？），《郁考》置一「？」有理，據張說行年，《會要》與《封氏聞見記》必有一誤。

天授二年（六九一）二十五歲　辛卯

【時事】

武則天下制，令釋教在道法之上，僧尼處道士、女冠之前。

《舊紀》：「夏四月（《唐大詔令集》作「天授二年三月」），令釋教在道法之上，僧尼處道士、女冠之前。」

《唐大詔令集》（以下簡稱《大詔令》）卷一百十三《釋教在道法之

上制》：「朕先蒙金口之記，又承寶偈之文……自今已後，釋教宜在道法之上，緇服處黃冠之前，庶得道有識以歸依，拯羣生於迴向，佈告遐邇，知朕意焉。」

【行年】

本年在司經局太子校書任。

《舊志》：「司經局：……太子文學三人，正六品。校書四人，正九品……校書、正字，掌典校四庫書籍。」按：《舊志》前「正第九品下階」有「太子校書」，注：「永徽令改入上階，垂拱令復舊。」

長壽元年（六九二）二十六歲　壬辰

【時事】

王孝傑大破吐蕃，復龜茲、于闐、疏勒、碎葉四鎮。

《舊紀》：「九月，大赦天下，改元爲長壽……冬十月，武威軍總管王孝傑大破吐蕃，復龜茲、于闐、疏勒、碎葉鎮。」

【行年】

本年在司經局太子校書任，與谷倚（一作倚相）等交遊。

《文集》卷二八《會諸友詩序》：「谷子者，昔與說聯務蓬山，出入三載。」

長壽二年（六九三）二十七歲　癸巳

【行年】

本年在司經局太子校書任，與谷倚、楊炯等交遊。

《新書·楊炯傳》：「遷盈川令，張說以箴贈行，戒其苛。」《文集》卷一三有《贈別楊盈川炯箴》。

《文集》卷二八《會諸友詩序》：「谷子者，昔與說聯務蓬山，出入三載。」「谷子」，據本人考證，即秘省校書谷倚（一作谷倚相）。據此序，張說在太子校書任至少「出入三載」，從天授元年（六九〇）春至本年春，即滿三載，故繫其遷新職在本年中。

關於楊炯出任盈川令的時間，《陳譜》據傅璇琮《盧照鄰·楊炯簡譜》)(中華書局《盧照鄰集·楊炯集》)置長壽元年(六九二)。傅璇琮《才子傳·楊炯傳校箋》亦云:「又《舊書》炯本傳載:『如意元年七月望日(按炯集作「八月」,無「望日」二字),宮中出盂蘭盆,分送佛寺,則天御洛南門,與百僚觀之。炯獻《盂蘭盆賦》,詞甚雅麗。』……則如意元年(六九二)秋尚在洛陽。炯赴盈川,宋之問在洛城餞送……《元和郡縣圖志》卷二六衢州盈川縣亦云:『本漢太末縣地,如意元年分龍丘縣置。』則盈川置縣最早在如意元年……炯或於是年七月獻《盂蘭盆賦》後,因盈川置縣而選授此任。」傅璇琮主編《唐五代文學編年史》(以下簡稱《編年史》)之《初盛唐卷》「周武則天長壽二年癸巳」則言:「二月:本月或稍後,楊炯出爲盈川令,張說以箴贈行。……按《楊炯集》卷六《後周明威將軍梁公神道碑》,梁待賓長壽元年正月卒於洛陽,本年二月遷葬長安,故炯之出守盈川當在本年二月或稍後。」楊炯出爲盈川令,以說仕歷校之,在本年春三月以後似亦可,但不宜太晚。

年中,遷京畿吏職。

關於張說從太子校書遷京畿任吏職之事,將在下再作補證。

【著作】

《贈別楊盈川炯箴》(《文集》卷一三)

長壽三年(延載元年)(六九四)二十八歲　甲午

【時事】

梁王武三思勸率諸蕃酋長,奏請造天樞立頌以紀則天之功業。

《舊紀》:「秋八月……梁王武三思勸率諸蕃酋長,奏請大徵斂東都銅鐵,造天樞於端門之外,立頌以紀上之功業。」

【行年】

本年春在京畿任吏職,首度使蜀,至年末仍未返家。

《文集》卷八《再使蜀道》云:「芸閣有儒生,軺車倦馳逐。」集中共有使蜀詩十一首,賦一篇,張說一生中應有兩度使蜀之經歷。

《陳譜》:「天冊萬歲元年乙未(六九五)二十九歲。說於天授二年至本年間兩度使蜀。」並作考證說:「說集中有蜀道詩十首,爲兩次出使所作。一次是春去秋歸（卷九《蜀路》之二：『憶昨出門日，春風發鮮榮。及茲旋轅地，秋風滿路生』)，另一次則長達一年（卷八《正朝摘梅》:『偏驚萬里客，已復一年來』)。兩度使蜀之時間與事由俱無從細考。卷八《再使蜀道》云:『芸閣有儒生，軺車倦馳逐』，可見時典圖書之任。說萬歲通天元年後活動頻繁，無使蜀之可能，故兩次使蜀只能在此五年間。」

《陳譜》謂張說兩次使蜀只能在天授二年至天冊萬歲元年這五年中，這一結論基本是接近事實的。雖然張說兩次使蜀史書沒有任何記載，從張說使蜀詩文中也很難察知端倪。但上引《會諸友詩序》，卻是考知其早期仕歷之珍貴材料，《陳譜》與《張說研究》等似均未發現。《序》不長，現全文轉錄如下：

谷子者，昔與說聯務蓬山，出入三載，事志相得，情深友于。尋屬吾人秩遷，迫吏畿劇，愛而不見，春也再華。今說復謝筆書坊，補他職，窮猿之意，不擇儒林。喜且把袂舊筵，解帶餘日，臥玩文墨，笑談平生。茲歡豈多，後面方永，沉沉春雨，人亦淹留。

張說兩度使蜀，若如《陳譜》所言，只能在天授二年至天冊萬歲元年這五年中，那麼我據此序，則可確定地說，其兩度使蜀，不在任太子校書「出入三載」之時，而在其所遷新職之日。對此，《陳譜》、《周考》均未考及。序言:「尋屬吾人秩遷，迫吏畿劇，愛而不見，春也再華。」張說這樣說，我們可以理解爲一是所遷新職事務繁多，二是京畿與秘省不在一地，故不常見面。但個人認爲，「愛而不見，春也再華」，兩三年不得一見的眞正原因，當是張說人根本就不在京畿。說兩三年時間人不在京畿，卻又說「迫吏畿劇」，這就只能認爲他是以畿吏身份出差去了。又《江路憶郡》:「臥聞峽猿響，起視榜人發。」從這首蜀道詩中，我們也可以看出張說是從某郡出發使蜀的。

「畿吏」據其下曾爲西京留守武某撰《爲留守奏慶山醴泉表》等五表這一情況看，張說任校書後所遷第一個新職，當是在京兆府舊領十八縣某縣任丞尉之類吏職。

《文集》卷八《過蜀道山》詩言:「我行春三月，山中百花開。」春三月即在過蜀道山，可證其從京都出發應在本年初。又，《正朝摘梅》

詩言:「偏驚萬里客,已復一年來。」其次年元旦謂出使「已復一年」,故首度出使時間至少長達一年。《蜀道後期》隱約道出了為何使蜀花了那麼長時間,因為當時出了某種延期的「狀況」。

張說此次出使,似有深層原因。按《會要》卷四一:「長壽元年,有上封事人言,嶺南流人有陰謀逆者,乃遣司刑評事萬國俊攝監察御史就案之。若得反狀,便許斬決。國俊至廣州,徧召流人,擁之水濱,以次加戮。三百餘人,一時併命,然後鍛鍊曲成反狀。」此事雖發生在嶺南,疑西蜀也是重點防犯之地,張說出使,或與省察流人情況有關。如《文集》卷八《再使蜀道》:「歲月鎮羈孤,山川長返覆。魚遊戀深水,鳥遊戀喬木。如何別親愛,坐去文章國。蟋蟀鳴户庭,蠨蛸網琴築。」詩中交待「如何別親愛,坐去文章國」的原因,用了「蟋蟀鳴户庭,蠨蛸網琴築」這種象徵的手法,但似乎跟「有上封事人言,嶺南流人有陰謀逆者」完全可以聯繫起來。而兩度出使,更說明西蜀情況的複雜性。具體原因是什麼,《過蜀道山》詩言:「誰知高深意,緬懷心幽哉。」似乎當局派遣使者的「高深意」也很難揣知。由於材料缺乏,更難確考。

【著作】

《被使在蜀》

詩言:「即今三伏盡,尚自在臨邛。」

《蜀道後期》

詩言:「客心爭日月,來往預期程。秋風不相待,先至洛陽城。」是什麼原因延誤了首度使蜀之歸期,從詩中難以測知。其他蜀道詩也未言及。這大約是首度使蜀時間超過一年的原因所在。

《過蜀道山》

詩言:「我行春三月,山中百花開。」

《深渡驛》

《陳譜》未考深渡驛地在何處,便將此詩入「蜀道詩」,似難憑信。按:《通鑒》卷二百七十三:(同光三年冬十月)「庚辰,(蜀主)以隨駕清道指揮使王宗勳、王宗儼兼侍中、王宗昱為三招討,將兵三萬逆戰,從駕兵自綿漢至深渡,千里相屬。」注:「深渡,在利州綿谷縣北大漫天、小漫天之間。」由此知詩作於使蜀間無疑。但詩作於首度使蜀還是再度使蜀，則難以考定，暫繫長壽三年（六九四）。

《下江南向夔州》

詩言：「天明江霧歇，洲浦棹歌來。綠水逶迤去，青山相向開。」應爲春夏間景致。

《江路憶郡》（以上《文集》卷八）

《陳譜》將此詩繫〔蜀道詩〕（辛卯至乙未）。《周考》天授二年至證聖元年：「案《年譜》將《江路憶郡》繫於此年，稍顯牽強，更似荊楚詩，故不繫於此。」又於「神龍元年」下案語言：「《年譜》繫《江路憶郡》於蜀道詩，從行役和思閥的感情角度考辨，更似神龍元年還至荊州所作。」按：「臥聞峽猿響」，當爲行於三峽時所聽到的，謂「蜀道詩」，似不爲無據。暫繫長壽三年（六九四）首度使蜀。

《新都南亭送郭元振盧崇道》（《文集》卷九）

此詩《文粹》卷十五下、《紀事》卷十三、《品彙》卷一、《唐詩類苑》卷一百六十一併作盧崇道詩。明曹學銓《石倉歷代詩選》卷二七、卷一百十五兩收，一作張說，一作盧崇道。《全詩》亦兩收，一見卷八六，作張說詩，題下注：「一作盧崇道詩，題云：新都南亭送郭大元振。」一見卷一百十三，作盧崇道詩，無互注。佟培基《全唐詩重出誤收考》以爲盧崇道詩，謂「可能此詩初附張說集，後人將盧崇道三字併入詩題，遂誤。」朱玉麒謂此詩極有可能是後人誤讀詩題，應爲張說「使蜀最可靠之繫年作品」（《張說詩文重出誤收考》）。按：除此詩外，盧崇道名下無任何詩作，此其一；其二，若謂爲集中所附他人唱和之作，則說集今無同題之作，故朱玉麒定爲張說作品，是。此詩亦是確定張說此間使蜀之重要材料，沒有硬證，不可輕易否定。

《周考》「天授二年至證聖元年天冊萬歲元年」案：「《年譜》未繫《新都南亭送郭元振盧崇道》，詩題『新都』在今成都近郊，據陳子昂《館陶郭公姬薛氏墓誌銘》載郭元振姬薛氏長壽二年卒於通泉縣館舍，而郭元振『舉進士，授通泉尉』前後，張說與郭元振均在四川。」按：陳子昂《館陶郭公姬薛氏墓誌銘》言：「（夫人）以長壽二年太歲癸巳二月十七日，遇暴疾而卒於通泉縣之官舍。」張說使蜀遇郭元振、盧崇道，撰《新都南亭送郭元振盧崇道》詩當在郭氏夫人卒後。時郭元振在蜀，但應丁憂離開了通泉尉任。暫繫長壽三年（六九四）。

證聖元年、天冊萬歲元年（六九五）二十九歲　乙未

【時事】

四月，大周萬國頌德天樞鑄成。九月，加尊號天冊金輪大聖皇帝。

> 《新紀》:「四月戊寅，建大周萬國頌德天樞……九月甲寅，祀南郊，加號天冊金輪大聖皇帝，大赦改元。」

【行年】

本年春，首度使蜀回；旋即再度使蜀。

【著作】

《正朝摘梅》

> 詩言：「蜀地寒猶暖，正朝發早梅。偏驚萬里客，已復一年來。」詩人應是在出使近年時所撰。故其「正朝」應爲本年正月初[illegible]，時人仍在蜀地。

《再使蜀道》（以上《文集》卷八）

> 詩言：「芸閣有儒生，軺車倦馳逐。青春客岷嶺，白露摇江服。」似是春去秋返。

《蜀路》二首（《文集》卷九）

> 其一言：「雲埃夜澄廓，山日曉晴鮮。葉落滄江岸，鴻飛白露天。」
>
> 其二言：「徭蜀時物〔二〕改，別家鄉念盈。憶昨出門日，春風發鮮榮。及兹旋轅地，秋風滿路生。」。《陳譜》繫再度使蜀回歸途中所寫，從之，但改繫本年。

《畏途賦》（《文集》卷一）

> 《周考》「天授二年至證聖元年天冊萬歲元年」案：「《畏途賦》所寫蜀道之難，應爲此間所作。」《畏途賦》的寫作時間難以確考，似應爲首度使蜀時作，最遲作於本年前，故暫繫於此。

天冊萬歲二年（萬歲登封元年、萬歲通天元年）（六九六）三十歲　丙申

【時事】

五月，契丹首領李盡忠與其妻兄歸誠州刺史孫萬榮舉兵反，盡忠自號

可汗。則天命鷹揚將軍曹仁師等二十八將討之。

《舊紀》:「五月，營州城傍契丹首領松漠都督李盡忠與其妻兄歸誠州刺史孫萬榮殺都督趙文翽，舉兵反，攻陷營州。盡忠自號可汗。乙丑，命鷹揚將軍曹仁師、右金吾大將張玄遇、右武威大將軍李多祚、司農少卿麻仁節等二十八將討之。」

制改李盡忠為盡滅，孫萬榮為萬斬。李盡滅死，孫萬斬代領其眾，陷冀州，刺史陸寶積死之。

《舊紀》:「七月……制改李盡忠爲盡滅，孫萬榮爲萬斬……李盡滅死，其黨孫萬斬代領其眾。冬十月孫萬斬攻陷冀州，刺史陸寶積死之。」

【行年】

本年六月前，在京畿任吏職。

《文集》卷二四有《爲留守奏慶山醴泉表》、《爲留守奏瑞禾杏表》、《爲留守作賀崛山》、《爲留守奏羊乳獐表》、《爲留守奏嘉禾表》等五表，《英華》錄其中三表，題下均注「武后」二字，大約是指武后朝作，是。從五表均稱武氏爲「天冊金輪聖神皇帝」可知。此五表均爲與「留守」某人代撰。張說表中所稱之「留守」爲何人，兩唐書不記，陳氏亦未考知。按:《爲留守作賀崛山》表云:「臣……系葉皇柯」;《爲留守奏瑞禾表》云:「臣籍慶宗枝」。「籍慶宗枝」、「系葉皇柯」，說明這位留守大人姓武氏。《通鑒》卷二百四:天授二年「夏四月壬寅朔，日有食之。癸卯……命建安王攸宜留守長安。」同上卷二百六:久視元年「秋七月，命建安王武攸宜留守西京，代會稽王武攸望。」同上卷二百七:長安三年秋九月「丁未，以左武衛大將軍武攸宜充西京留守。」據此，知武后朝留守西京的武氏有攸望、攸宜二人，且武攸宜前後三次留守西京。又這位「留守」在表中一再稱自己時「辱司京尹，忝寄留臺」、「守符京」、「忝尹京都」，則這位留守大人其時是以京兆尹兼西京留守。郁賢皓《刺史考》據《姓纂》卷六，考得武氏尹京兆者爲武攸宜，未列武攸望，且未考得攸宜刺雍之具體年月，僅云「武后時」。《陳譜》置此五表萬歲通天元年（六九六）七月，其按語曰:「表稱則天爲『天冊金輪聖神皇帝陛下』，檢《舊紀》，此尊號於證聖元年（六九五）秋九月上（因改元天冊萬歲），於聖曆三年（七〇〇）五月停，則此表當作於此段時間內。因『臣於六月二十五日得所部萬年縣令狀，稱六月十四日縣界霸陵鄉（亦非館臣所謂霸陵縣）有慶山、見醴泉出，臣謹差户曹參軍孫履直對山中百姓檢問得狀』後方上表，當已七月初，而本年九月說已從軍，故此表只能作於萬歲通天元年。」據《陳譜》，張說與其「留守」撰此五表，「只能作於萬歲通天元年。」而據《通鑑》，從天授二年至久視元年這十年間之武氏西京留守，就只有武攸宜同武攸望。但張說與攸望之間有何聯繫，史不見載；而同武攸宜之關係，則很密切。據此，本年武氏刺雍留守西京者似應爲武攸宜。但《通鑑》卷二百五本年九月明記「以同州刺史、建安王武攸宜爲右武威衛大將軍充清邊道行軍大總管以討契丹」（《新紀》略同）。如果這個「同州刺史」無誤，則本年七月前，尹京兆者當爲武攸望（當然，也可能是其他武氏顯貴如懿宗等）而非攸宜，則說時仍在京畿任吏職。

約七、八月間遷新職，似為同州六曹參軍之類。

《會諸友詩序》:「谷子者，昔與說聯務蓬山，出入三載，事志相得，情深友於。尋屬吾人秩遷，迫吏畿劇，愛而不見，春也再華。今說復謝筆書坊，補他職，……後面方永，沉沉春雨，人亦淹留。」張說在「迫吏畿劇」「春也再華」至少經歷了兩三年之後，「復謝筆書坊，補他職。」由張說在京畿任吏職時，所檢校之職務仍應是「書坊」（司經局）之職務，但是否太子校書，難以考定。張說由畿吏所補之「他職」是什麼，《陳譜》、《周考》均未及，本人據說此後從建安王武攸宜出討契丹爲節度管記一事看，其所補之職應爲同州六曹參軍等吏職。

九月，與右拾遺陳子昂從武攸宜出討契丹，說為節度管記（檢校職未詳）；子昂為節度參謀。

《舊紀》:「（萬歲通天元年）九月，命右武衛大將軍、建安王攸宜爲大總管以討契丹。」

《通鑑》卷二百五:「（萬歲通天元年九月）以同州刺史建安王武攸

宜爲右武威衛大將軍，充清邊道行軍大總管以討契丹，右拾遺陳子昂爲攸宜府參謀。」

《舊書・王孝傑傳》:「萬歲通天（元）年，契丹李盡忠、孫萬榮反叛，復詔孝傑白衣起爲清邊道總管，統兵十八萬以討之。孝傑軍至東峽石谷……爲賊所乘，營中潰亂，孝傑墮谷而死，兵士爲賊所殺及奔踐而死殆盡。時張說爲節度管記，馳奏其事。」

《英華》卷七九三盧藏用《陳子昂別傳》:「屬契丹以營州叛，建安王攸宜親總戎律。臺閣英妙，皆署軍麾，特敕子昂參謀帷幕。」

【著作】

《爲留守奏慶山醴泉表》(《文集》卷二四)

表稱:「伏惟天冊金輪聖神皇帝陛下，金鏡御天……所部萬年縣令鄭國忠狀稱云，六月十四日，縣界霸陵鄉有慶山，見醴泉出。」

上年九月，武則天始加此尊號，文必撰於此後；本年九月，說已入武攸宜幕，從討契丹。故此表只能撰於本年七、八月間。

按:《四庫全書總目》卷一四九《張燕公集提要》:「《爲留守奏慶山醴泉表》，稱萬年縣令鄭國忠狀，六月十四日霸陵縣界有慶山、見醴泉出，而《唐書・武后傳》載此事乃作新豐縣，皆與史傳頗有異同。然說在當時，必無僞誤，知《唐書》之疏舛多矣，此書所以貴舊本也。」今考四庫館臣乃誤認二者爲一。先看新豐出慶山事。《新書・則天紀》:「垂拱二年十月己未，有山出於新豐縣，改新豐爲慶山。」館臣即以說之集證此條記載之」誤」。今檢《舊書》卷三八《地理一》:「昭應，隋新豐縣，……垂拱二年，改爲慶山縣。」(《舊書》卷三七《五行志》略同）更有《文苑英華》卷五五四載崔融《爲涇州李使君賀慶山表》(題注：垂拱二年)，稱:「奉某月詔書，新豐縣有慶山出，曲赦縣囚徒，改新豐爲慶山縣。」崔融亦爲當時人，則新豐出慶山「必無僞誤」矣。再看此表所稱萬年出慶山事……萬歲通天元年萬年縣出慶山，與十年前（垂拱二年）新豐出慶山，乃先後兩事，表與《新紀》俱無誤。其實此表已自說明:「自永昌之始，迄於茲辰，地寶屢升，神山再聳，」垂拱二年唯有慶山，而此次尚見醴泉，故表又曰:「羣瑞同區，二美並舉，高視古今，曾無擬議。」再者，垂拱年出慶山在十月，而本年在六月。四庫館臣將兩事混爲一談，且以此證「書所以貴舊本」，則失之疏漏矣（《陳譜》）。

《爲留守奏瑞禾杏表》（《文集》卷二四）

《爲留守作賀崛山表》（《文集》卷二四）

《爲留守奏羊乳獐表》（《文集》卷二四）

《爲留守奏嘉禾表》（《文集》卷二四）

《爲河內王作祭陸冀州文》（《文集》卷二三）

《舊紀》：「冬十月，孫萬斬攻陷冀州，刺史陸寶積死之。」

按：《舊紀》：萬歲通天二年「五月，命右金吾大將軍、河內王懿宗爲大總管，右肅政御史大夫婁師德爲副大總管，右武威衛大將軍沙吒忠義爲前軍總管，率兵二十萬以討孫萬斬。六月……孫萬斬爲其家奴所殺，餘黨大潰。」《新紀》：神功元年四月「癸未，右金吾衛大將軍武懿宗爲神兵道行軍大總管，及右豹韜衛將軍何迦密以擊契丹。五月癸卯，婁師德爲清邊道行軍副大總管，右武衛將軍沙吒忠義爲清邊中道前軍總管，以擊契丹。」《通鑒》記此事與《新紀》同，《舊紀》似有誤。張說爲河內郡王武懿宗撰此文必在二年四月癸未後。又據《舊書・契丹傳》：「萬歲通天年中，契丹賊帥孫萬榮寇河北，命懿宗爲大總管討之，軍次趙州，及聞賊將至冀州，懿宗懼，便欲棄軍而遁……遂退據相州，時人嗤其怯懦，由是賊眾進屠趙州而去。尋又令懿宗安撫河北諸州。」《新紀》不記武懿宗安撫事，但記本年六月「辛卯，婁師德安撫河北。」文言武懿宗時兼「河北道安撫使」，武懿宗「安撫河北諸州」應確有其事，文當撰於此時。而此文卻謂：「維萬歲通天元年 月朔日，神兵道大總管、河北道按撫使、右金吾衛大將軍、河內郡王，以少牢之奠，致祭故冀州刺史陸君之靈。」「萬歲通天元年」似與史相左，暫依集文繫本年。

《會友序》（《文集》卷二四）

《陳譜》不繫此序作年。據序，當爲說：「復謝筆書坊，補他職」時所撰。說見上考。

萬歲通天二年（神功元年）（六九七）三十一歲　丁酉

【時事】

三月，王孝傑率兵討契丹，於峽石谷敗績身死。

《通鑒》卷二百六神功元年：「春三月戊申，清邊道總管王孝傑、蘇宏暉等將兵十七萬與孫萬榮戰於東峽石谷，唐兵大敗，孝傑死之。」

九月，契丹李盡滅等平。

《舊紀》：「九月，以契丹李盡滅等平，大赦天下，改元爲神功，大酺七日。」

【行年】

在右武威衛大將軍、清邊道行軍大總管、建安王武攸宜總管府任節度管記。王孝傑兵敗，說向朝廷馳奏其事。

《通鑒》卷二百六神功元年：「春三月戊申，清邊道總管王孝傑、蘇宏暉等將兵十七萬與孫萬榮戰於東峽石谷……宏暉先遁，孝傑墜崖死，將士死亡殆盡。管記洛陽張說馳奏其事。」

《舊書・王孝傑傳》：「時張說爲節度管記，馳奏其事。」

約本年秋末或冬初，武攸宜改官羽林衛大將軍兼檢校司賓卿，府散，說應同時回朝任職。

說參下《爲建安王讓羽林衛大將軍兼檢校司賓卿表》之考證。

【著作】

《爲清邊道大總管建安王奏失利表》（《文集》卷二四）

按：《英華》此文題下注：「萬歲通天初。」五字似爲此文作年，但《舊紀》言：「（萬歲通天二年）春二月，王孝傑、蘇宏暉等率兵十八萬與孫萬斬戰於硤石谷，王師敗績，孝傑沒於陣，宏暉棄甲而遁。」萬歲通天只有二年，二年九月，改元「神功」。張說爲武攸宜奏失利在二年，言「萬歲通天初」，非妥。《通鑒》卷二百六記此事在神功元年春三月戊申（十二日），其記「管記洛陽張說馳奏其事」在此後。疑《舊紀》「二月」或爲「三月」之誤。

《弔國殤文》（《文集》卷二三）

按：《舊紀》：神功元年「春二月（《通鑒》卷二百六作「三月」），王孝傑、蘇宏暉等率兵十八萬與孫萬斬（即萬榮）戰於硤石谷，王師敗績。孝傑沒於陣，宏暉棄甲而遁。」張說時在軍爲節度管記，曾「馳奏其事」(《舊書・王孝傑傳》)。其弔國殤之文當撰寫於此後。

《卿士誥》(《文集》卷二九)

按誥言:「維皇周正位四海，肇有八載，東胡淪邑，遼戎方興。」武則天宣佈「革唐命，改國號爲周」在天授元年(六九〇)，故其「正位四海，肇有八載」在萬歲通天二年。其年九月，「以契丹李盡滅等平，大赦天下，改元爲神功」(《舊紀》)。時説應在建安王幕任書記，此文似爲「馳奏其事」之本，或有缺失。

《爲建安王謝賜衣及藥表》(《文集》卷二四)

按:表言:「臣受律虧方，扞城無寄……誠合歸罪司寇，以厭深責；豈圖天寵猥臨，宸慈寬假。當從褫服，轉承且吉之衣；宜肆輿州，翻加有喜之藥。」武則天賜武攸宜衣及藥，應在接張説代奏失利之疏後不久。

《神兵道爲申平冀州賊契丹等露布》(《文集》卷三十)

按:題一作「爲河内郡王武懿宗平冀州賊契丹等露布」。《通鑒》卷二百六:「(神功元年六月)辛卯，制以契丹初平，命河内王武懿宗、婁師德及魏州刺史狄仁傑分道安撫河北。」武懿宗「遣傔人天官常選李祐，別奉左衛長上校尉張德俊，奉露布以聞。」事當在六月辛卯前。參下《論神兵軍大總管功狀》解題。

《爲建安王讓羽林衛大將軍兼檢校司賓卿表》(《文集》卷二四)

按:表言:「頃屬山戎自擅，王師震加，謬當推轂之禮，竟空汗馬之績。實賴睿謨幽贊，靈兵潛討，滅犬羊於遼海，卷旌麾於燕薊。臣得歸功北闕，待罪東藩。」據《新書・契丹傳》記載，孫萬榮爲其家奴斬首，「餘衆潰，(武)攸宜凱而還，後喜，爲赦天下，改元爲神功。」《舊紀》:記契丹李盡滅等平事在神功元年九月，授其新職當在九月改元后不久。《陳拾遺集》卷四《爲河内王等論軍功表》記其職務爲:「司賓卿兼羽林大將軍」，亦可與表互證授新職在回朝論功行賞之時。暫繫本年冬。

《論神兵軍大總管功狀》(《文集》卷三十)

按:《新書》卷二百十九《北狄・契丹傳》:「武后聞盡忠死，更詔夏官尚書王孝傑、羽林衛將軍蘇宏暉率兵十七萬討契丹，戰東硤石，師敗，孝傑死之。萬榮席已勝，遂屠幽州。攸宜遣將討捕，不能克，乃命右金吾衛大將軍河內郡王武懿宗爲神兵道大總管，右肅政臺御史大夫婁師德爲清邊道大總管，右武威衛大將軍沙吒忠義爲清邊中道前軍總管，兵凡二十萬擊賊。萬榮鋭甚，鼓而南，殘瀛州屬縣，恣肆無所憚。於是神兵道總管楊玄基率奚軍掩其尾，契丹大敗，獲何阿小，降別將李楷固、駱務整，收仗械如積。萬榮委軍走，殘隊復合，與奚搏。奚四面攻，乃大潰。萬榮左馳，張九節爲三伏伺之，萬榮窮，與家奴輕騎走潞河東。憊甚，臥林下，奴斬其首。九節傳之東都，餘眾潰。攸宜凱而還，後喜，爲赦天下，改元爲神功。」《舊紀》、《舊傳》、《通鑒》二百六所記略同。《舊紀》：「（萬歲通天二年）九月，以契丹李盡滅等平，改元爲神功。」《通鑒》：「九月壬辰大享通天宮，大赦改元。」論功應在九月壬辰（九日）前。

《貞節君碣》（《文集》卷一九）

按碣言：「神功元年十月乙丑，陽鴻卒於雩都縣。友人沛國朱敬則、清河孟乾祚、范陽盧禹等，哀鴻抱德歿地，繼體未識，考行定諡，葬於舊域。」

聖曆元年（六九八）三十二歲　戊戌

【時事】

夏五月，突厥默啜有女請和親秋。七月，令淮陽王武延秀往突厥納默啜女為妃。八月，突厥默啜以延秀非唐室諸王乃囚於別所，率眾入寇媯、檀等州，陷定州，刺史孫彥高死之。命司屬卿高平王重規等率兵二十萬逆討。

《舊紀》：「（夏五月）突厥默啜上言，有女請和親。秋七月，令淮陽王武延秀往突厥，納默啜女爲妃。遣右豹韜衛大將軍閻知微攝春官尚書，赴虜庭。八月，突厥默啜以延秀非唐室諸王，乃囚於別所，率眾與閻知微入寇媯、檀等州。命司屬卿高平王重規、右武威衛大將軍沙吒忠義、幽州都督張仁亶、右羽林衛大將軍李多祚等率兵二十萬逆擊，乃放延秀還。己丑，默啜攻陷定州，刺史孫彥高死之。焚燒百姓廬舍，遇害者數千人。」

九月，立廬陵王李哲為皇太子，李哲復舊名顯。

《舊紀》:「(九月)丙子,廬陵王哲爲皇太子,令依舊名顯,大赦天下。」

【行年】

在右補闕任。

說回朝所任何職,據其後以右補闕上疏諫武后避暑三陽宮一事看,「右補闕」應是說在武府散後回朝所任之第一職務。詳下年《諫避暑三陽宮疏》考證。

【著作】

《大周故宣威將軍楊君碑》(《文集》卷一九)

按碑言:「(楊令一)年四十一,聖曆元年夏六月辛丑,遘疾而卒……粵乙卯,假葬於合宮縣平樂鄉之北阜。」陳氏當據此繫年。

聖曆二年(六九九)三十三歲　己亥

【時事】

臘月,賜太子姓武氏。六月(《舊紀》作七月),令太子、相王、太平公主與武三思、武攸暨等立誓明堂,銘之鐵券,藏於史館。

《通鑑》卷二百六:「(聖曆二年臘月)辛亥,賜太子姓武氏……(六月)太后春秋高,慮身後太子與諸武不相容,壬寅,命太子、相王、太平公主與武攸暨等爲誓文,告天地於明堂,銘之鐵券,藏於史館。」

《舊紀》:「秋七月,上以春秋高,慮皇太子、相王與梁王武三思、定王武攸寧等不協,令立誓文於明堂。」

約本年,則天令張易之、張昌宗與文學之士李嶠等修《三教珠英》於內殿。

關於則天令修《三教珠英》之時間,有聖曆二年、二年左右、久視元年三說。

《通鑑》卷二百六:「(久視元年)六月,改控鶴府爲奉宸府,以張易之爲奉宸令。太后每內殿曲宴,輒引諸武、易之及弟秘書監昌宗飲博嘲謔。太后欲掩其跡,乃命易之、昌宗與文學之士李嶠等修《三教珠英》於內殿。」

《陳譜》按：「《新書·張昌宗傳》曰：『聖曆二年，始置控鶴府，拜易之爲監。久之，更號奉宸府，以易之爲令。』然後乃有修《珠英》之舉。傅振倫《劉知幾年譜》即據此定修《三教珠英》於聖曆二年。而《舊書·張昌宗傳》曰：『聖曆二年，置控鶴府官員，以易之爲控鶴監内供奉，餘官如故。久視元年，改控鶴府爲奉宸府，又以易之爲奉宸令』，與《通鑒》同。《新書》所謂『久之』，即《舊書》之由聖曆入久視也。傅先生推前一年矣。又，《會要》卷三六（見下引）所謂『聖曆中』，當是指聖曆三年。然五月已改元久視，故亦未妥。」《陳譜》極力主張久視元年。

傅璇琮主編《編年史·初盛唐卷》「周武則天聖曆二年己亥」：「本年左右，武后令張昌宗召李嶠……蔣鳳等人修《三教珠英》。」

愚按：《三教珠英》一千三百卷之巨，非短期所能成。且據《舊書·徐堅傳》：「時麟臺監張昌宗及成均祭酒李嶠總領其事，廣引文詞之士，日夕談論，賦詩聚會，歷年未能下筆。」令下，有將近一年時間祇是「日夕談論」，「未能下筆」。故謂久視元年六月始下令，次年十一月便書成奏御，編撰豈不只用了半年多時間？此說似不切實際。主張久視元年者，僅《通鑒》一書。而《會要》、《新傳》則明記「聖曆」。故不依《陳譜》，移置本年。

關於預修《三教珠英》的修書學士究竟有多少人，一稱二十六人，一稱四十七人。《三教珠英》卷末原本列預修書學士姓名，但原書久佚，今見著錄又有缺誤。現略考如下：

《會要》卷三六「修撰」：「大足元年十一月十一日，麟臺監張昌宗撰《三教珠英》一千三百卷成，上之。初，聖歷中，上以《御覽》及《文思博要》等書，聚事多未周備，遂令張昌宗召李嶠、閻朝隱、徐彥伯、薛曜、員半千（四庫本作李尚隱）、魏知古、於季子、王無競、沈佺期、王適、徐堅、尹元凱、張説、馬吉甫、元希聲、李處正、高備、劉知幾、房元陽、宋之問、崔湜、常元旦、楊齊哲、富嘉謩、蔣鳳等二十六人同撰。於舊書外，更加佛道二教，及親屬、姓名、方域等部。」

上述二十六人中，「高備」爲「喬備」之誤，喬備預修《珠英》，見

《舊書·喬知之傳》。「常元旦」爲「韋元旦」之誤，《玉海》卷五四引《會要》即作「韋元旦」，初唐無「常元旦」其人，韋元旦傳見《新書》卷二百二。王適，兩唐書本傳均未及其預修《珠英》事，當爲李适之誤。《新書·李适傳》即言適與修書事，敦煌殘卷《珠英集》即收李适詩三首。

《郡齋讀書志》卷四《珠英學士集》提要則稱，「預修書者凡四十七人」。《玉海》卷五四：「《志·摠集》有《珠英學士集》五卷，崔融集學士李嶠、張説等四十七人詩，摠二百七十六首。」於《會要》所舉二十六人外，《新書》卷五九《藝文三》尚有喬侃，卷二〇二《新書·李适傳》尚有劉允濟，《玉海》卷五四《唐三教珠英》條有喬備，注文則曰「無喬侃……一本吳少微亦預修。」王重民《補全唐詩》（載《全唐詩外編》）引敦煌殘卷伯三七七一《珠英集》有「蒲州安邑令宋國喬備」及「恭陵丞安定胡皓」，今檢《舊書·喬知之傳》，知之有侃、備二弟，「備，預修《三教珠英》」，張説有《送喬安邑備》詩相送（見長安元年），可以確定，喬備曾預修《珠英》。《新書·藝文三》謂喬侃預修，疑爲「喬備」之訛。吳少微預修《珠英》，見《新書·富嘉謨吳少微傳》，但《舊書·文苑·吳少微傳》則隻字未及此事。故疑吳少微預修《珠英》之說法，「似是出於對《新唐書》吳富傳模糊認識之訛傳」（參徐俊《敦煌詩集殘卷輯考·斯二七一七、伯三七七一崔融《珠英集》考證）。

《陳譜》：「所謂二十六人，當是此書開修時人數。《文苑英華》卷八九八崔湜《故吏部侍郎元公碑》謂元希聲預修《三教珠英》，『首膺嘉命，議者榮之』，可見其爲第一批。此後人員有進出（如本年尹元凱取妻子，次年喬備放外任，均見說之集），故實際預修者，總數當是四十七人。」此說近之。

【行年】

以右補闕預修《三教珠英》。預修者，皆天下選。時修書者歷年未能下筆，徐堅獨與說共同構意，方得成事。

《陳譜》按：「《全文》卷二二三《諫避暑三陽宮疏》、《冊府元龜》卷五三二《規諫》九、《舊傳》、《舊書》卷一〇二《徐堅傳》均稱右補闕，《唐會要》卷三〇《三陽宮》條、《新傳》作左補闕。說以後自稱『五入西掖』（見《讓右丞相表》），西掖，中書省也。右補闕屬中書省，故此時說當爲右補闕，是其入西掖之始。」

《新書・徐彥伯傳》：「武后撰《三教珠英》，取文辭士，皆天下選，而彥伯、李嶠居首。」

《舊書・徐堅傳》：「又與給事中徐彥伯、定王府倉曹劉知幾、右補闕張說同修《三教珠英》。時麟臺監張昌宗及成均祭酒李嶠總領其事，廣引文詞之士，日夕談論，賦詩聚會，歷年未能下筆。堅獨與說構意撰錄。」

【著作】

《送毛明府詩序》（《文集》卷二八）

按：序曰：「聖曆之際，任賢稽古。」又曰：「彼燕趙頃罹戎寇，金革毒三北之師，」檢《舊紀》：「聖曆元年八月，突厥默啜率眾入寇嬀、檀等州。己丑，默啜攻陷定州，刺史孫彥高死之。九月，默啜攻陷趙州，刺史高睿又遇害。」（按，以上所引，非《舊紀》原文）此即所謂「金革毒三北之師」，序又曰：「孟夏涉河，路踐芳草」，知作於二年四月。

《唐故涼州長史元君石柱銘》（《文集》卷二〇）

《陳譜》置此銘聖曆二年己亥（六九九），未作考證。按銘言：「粵以聖曆二年，歲次月朔，別卜宅於咸陽縣胏浮原合葬焉。」銘或撰於此年。

《送郭大〔夫〕元振再使吐蕃》（《文集》卷六）

《陳譜》不繫此詩作年。《周考》神龍二年案：「《送郭大夫元振再使吐蕃》，郭元振曾於則天萬歲通天元年『授右武衛鎧曹，充使聘於吐蕃』，詩題云「再」，與史實『神龍中，（郭元振）遷左驍衛將軍，兼檢校安西大都護』相符，且繫於此。」按：郭元振首使吐蕃在則天萬歲通天元年（六九六），史未明記其「再使吐蕃」。《通鑒》卷二百六：「（聖曆二年）夏四月，贊婆帥所部千餘人來降，太后命左武衛鎧曹參軍郭元振，與河源軍大使夫蒙令卿將騎迎之……冬十月丁亥，論贊婆至都，太后寵待，賞賜甚厚，以爲右衛大將軍，使將其眾守洪源谷。」「再使」似爲此行。此事《舊紀》謂「聖曆二年夏四月，吐蕃大論贊婆來奔。」《新紀》謂：「十月丁亥，吐蕃首領贊婆來。」乃一記出發之日，一記至京之日矣。其時郭元振仍官左武衛鎧曹參軍，斷無稱「大夫」之理。郭元震行大，說集本卷下有《新都南亭送郭大元振盧崇道》，亦可證此詩「夫」字衍。

久視元年（七〇〇）三十四歲　庚子

【時事】

五月，去天冊金輪大聖之號。十月，復舊正朔，改一月為正月，仍以為歲首，正月依舊為十一月。

《通鑒》卷二百六：「（久視元年五月）癸丑，赦天下，改元久視，去天冊金輪大聖之號。」

《舊紀》：「冬十月甲寅，復舊正朔，改一月爲正月，仍以爲歲首，正月依舊爲十一月。」

本年，神秀禪師應詔至洛陽，被推為兩京法主，三帝國師，自是佛教北宗盛行於兩京。

《唐玉泉寺大通禪師碑銘》（《文集》卷十九）：「久視年中，禪師春秋高矣，詔請而來，趺坐覲君，肩輿上殿，屈萬乘而稽首，灑九重而宴居。傳聖道者，不北面；有盛德者，無臣禮。遂推爲兩京法主，三帝國師。」

【行年】

以右補闕預修《三教珠英》。修書期間，與沈佺期、徐堅、尹元凱、魏知古、馬吉甫、元希聲、喬備、宋之問、崔湜等交密。

如《舊書·文苑中·尹元凱傳言》：「尹元凱者，……與張說、盧藏用特相友善。」見後與上述諸人交遊唱和詩文之考證。

七月，以則天避暑三陽宮，自夏涉秋，不時還都，上表諫之。

說見下《諫幸三陽宮表》（一作《諫避暑三陽宮疏》）考證。

是年，宰相宗楚客為相，令人告變，言涼州都督兼隴右諸軍大使郭元振有異圖，說與狄仁傑等二十五人，以身死籍沒作保，抗表請保郭元振無異圖。

說見下《兵部尚書代國公贈少保郭公行狀》考證。

【著作】

《諫幸三陽宮表》(《文集》卷二七)

《英華》六百題下注:「久視元年爲右補闕。」《舊紀》:久視元年「夏四月戊申,幸三陽宮。」「秋七月,至自三陽宮。」《唐會要》:「久視元年七月三日,左(應爲右之誤)補闕張說以車駕在三陽宮,不時還都,上疏(諫)。」《舊傳》:「久視年,則天幸三陽宮,自夏涉秋,不時還都,說上疏諫曰云云。」所諫即此文,當撰於則天久視元年(七〇〇)七月。《陳譜》置是年七月,從之。

《論災異表》(一作「諫內宴至夜表」)(《文集》卷二七)

《陳譜》不置此文作年。《周考》「聖曆三年」案:「《諫內宴至夜表》《年譜》未錄,篇末云『臣職忝補闕,昧死陳愚』,可見時爲補闕之職,又云「見近日內宴,夜深方罷,小臣無識,抑所未安」,亦是初涉政壇的青澀,當是與《諫避署三陽宮疏》同時之作。」

按表言:「臣職忝補闕,昧死陳愚。」則表當上於任右補闕時。應在長安元年(七〇一)遷右史內供奉之前,表又言:「臣伏見去年十月十七日,月滿猶望,應虧不虧;今月十七日,(月)亦未虧。」由十月後即言「今月」,又言「過歲逾時」,據此,文似撰於「復舊正朔」之久視元年十一月前,約與上表所上時間略同。

《兵部尚書代國公贈少保郭公行狀》(《文集》無,《英華》卷九七二)

狀云:「拜公爲涼州都督兼隴右諸軍大使……公以涼州西拒吐蕃,北有突厥,久示其弱,未揚天威,因徵隴右兵馬一百二十萬,號二百萬,集於湟州,營幕千里,舉烽號令。時宗楚客爲相,素與公不協,令人告變。則天惶懼,計無所出。狄仁傑、魏元忠、韋安石、李嶠、宋璟、姚崇、趙彥昭、韋嗣立、張說二十五人抗表請保,如公有異圖,並請身死籍沒。則天由是稍安。兵既大集,人又知教,分兵十道齊進,過青海,幾至贊普牙帳。贊普屈膝請和,獻馬三千匹,金三萬斤,牛羊不可勝數。公大張軍威,受其番禮而還。」《陳譜》按:「《舊書》卷九七《郭元振傳》:『大足元年,遷涼州都督、隴右諸軍州大使。』然狄仁傑卒於久視元年九月,故此事當在久視元年九月前。此段史實，各書均未見記載，亦可補史之不足。」

《和張監觀赦》（《文集》卷七）

按：詩云：「歲復建寅春」，《通鑒》：「（十月）甲寅，制復以正月爲十一月，一月爲正月，赦天下。」詩當作於此時。

長安元年（七〇一）三十五歲　辛壬

【時事】

本年詩人李白、王維生。

清王琦《李太白集集注》卷三一「序志碑傳」唐李華《故翰林學士李君墓誌》：「有唐高士李白之墓……其上爲王師，下爲伯友，年六十有二不偶，賦《臨終歌》而卒。」

同上李陽冰《草堂集序》：「陽冰試弦歌於當塗……臨當掛冠，公又疾亟，草槁萬卷，手集未脩，枕上授簡，俾予爲序……時寶應元年十一月乙酉也。」

清趙殿成《王右丞集箋注》附錄四《右丞年譜》：「舊史稱右丞全歸之日，在乾元二年七月，新史則云上元初卒，年六十一。……則新史之說爲優也。自上元二年起，逆數而前，至中宗長安元年，得六十一歲，故斷自是年始。」

按：王維生年，聖曆、久視、長安數說，今取長安說。

【行年】

以右補闕預撰《三教珠英》。書成奏御，遷右史、內供奉。

《舊志》：「龍朔二年二月甲子，改百司及官名……七日，又制廢尚書令，改起居郎爲左史，起居舍人爲右史。」

《舊傳》：「長安初，修三教珠英畢，遷右史、內供奉。」

【著作】

《文昌左丞陸公墓誌》（《文集》，補遺卷五）

《送田郎中從魏大夫北征篇序》（《全文》卷二二五）

《舊紀》：「（五月）命左肅政御史大夫魏元忠爲總管以備突厥。」按：序言：「歲纏奮若，月交皐且，皇帝有天下之十二載也。」太歲在丑曰「赤奮若」，此年爲丑，五月爲皋，六月爲且。武后改唐爲周在天授元年（六九〇），「皇帝有天下之十二載」爲長安元年，即辛丑年，亦與「歲纏奮若」符。魏元忠出爲總管，史不記其月，據序，當在五月底，或六月初離京上任。

《司屬主簿博陵崔訥妻劉氏墓誌》（《文集》卷二二）

按誌言：「（夫人劉氏）年若干，以大足元年七月某日，寢疾而卒；粵二十九日某辰，假葬於某里。」大足元年冬十月，改元長安，此誌既稱「大足」，必撰於改元前。

《徐氏子墓誌銘》（《文集》卷二二）

按誌言：徐堅子徐岩「年十有三歲，大足元年九月，遭疾而沒。」時堅官「司封員外郎」。張九齡撰《徐堅碑》：「自太子文學撰《三教珠英》，書成奏御，拜司封員外。尋加朝散大夫，即拜郎中。」按：大足元年十月，改元長安。長安元年十一月十二日，《三教珠英》撰成奏御（《會要》三六），此前徐堅尚在太子文學任，拜封外應在本年十一月十二日後。長安三年正月一日，徐堅即在封中任（《會要》六三），其拜封中約在長安二年中。故此誌當撰於長安元年底或二年初。

《侍宴蘘荷亭應制》（《文集》卷一）

《陳譜》不繫此詩作年。此詩應與上詩同作於右史内供奉或鳳閣舍人期間。《品彙》卷五八、四庫本《河南通志》卷七四此詩均題作《嵩山蘘荷亭侍宴應制》，則蘘荷亭在河南嵩山，永淳元年七月造奉天宮於嵩陽，文明元年二月改爲嵩陽觀。聖歷三年，造三陽宮於嵩陽縣。長安四年正月二十二日，毀三陽宮（《會要》三十）。青嶽觀，或即嵩陽觀。

《侍宴臨渭亭應制》

《陳譜》繫此詩景雲元年三月作。此詩《英華》卷一七二題作「奉和三日祓禊渭濱」，同時奉和應制者有韋嗣立、徐彥伯、劉憲、沈佺期、李乂、張說等六人（《歲時雜詠》卷十六同）。但《唐詩紀事》卷九及說郛本《景龍文館記》，只記沈佺期、李乂二人此日有應制之作，不及張說等四人，說詩或如集所言，爲長安中作。

《侍宴滻水應制賦得濃字》

《陳譜》繫此詩景雲元年作。《歲時雜詠》卷九「晦日滻水侍宴應制」

下收詩三首，分別爲宗楚客、沈佺期、張說。宗楚客詩，《全詩》於詩題下注：「景龍四年。」沈佺期詩，陶敏《沈佺期集校注》注：「《唐詩紀事》卷九：景龍四年正月『二十九日晦，幸滻水。』詩此日作。」據《雜詠》，張說詩似應與宗、沈二人同時作，但張集明記長安應制，故不從《雜詠》及《陳譜》。

《桃花園馬上應制》（《文集》卷一）

《陳譜》繫此詩景雲元年作，不從。《御覽》九六七引《唐景龍文館記》曰：「（景龍）四年春，上宴於桃花園，群臣畢從。學士李嶠等各獻桃花詩，上令宮女歌之，辭既清婉，歌仍妙絕。獻詩者舞蹈稱萬歲。上敕太常簡二十篇入樂府，號曰《桃花行》。」《英華》卷一六九收《侍宴桃花園詠桃花應制》七言四句詩一組共五篇，作者分別爲李嶠、趙彥昭、徐彥伯、李乂、蘇頲。中「源水叢花無數開」一詩，楊慎謂「惜不知作者名」，又說：「宋元近時選唐詩者將百家，無有選此者，未之見耶，不之識耶」（《升庵集》卷五七）？楊氏顯誤，明陳耀文已正其失（《正楊》卷四）。張說詩亦七言四句，與李嶠等作體同，但《英華》不錄，詩似應如集所言，與上諸詩同爲長安間應制之作。桃花園，在長安西苑。

《修書學士奉敕宴梁王宅賦得樹字》（《文集》卷五）

按：《全詩》卷四六魏元忠有《修書院學士奉勅宴梁王宅賦得門字》，此詩《品彙》又題作《侍宴梁王宅應制》，似應以《全詩》所題爲是。《通鑒》卷二百七：「（長安二年五月）乙未，以相王爲并州牧，充安北道行軍元帥，以魏元忠爲之副。」詩最遲當作於長安二年五月乙未前。暫繫元年。

《送尹補闕元凱琴歌》（《文集》卷六）

《陳譜》「久視元年」：「考詩意，乃元凱於修書期間去故山取妻子。『明年阿閣梧桐花葉開』，此詩當作於是年冬。」按：《會要》卷三六：「大足（應爲長安，本年冬十月改元長安）元年十一月十一日，麟臺監張昌宗撰《三教珠英》一千三百卷成，上之。」尹元凱既爲《珠英》修書學士，其回家取妻子入京，當在書成奏御，遷左史之後。張說詩言：「明年阿閣梧桐花葉開，羣飛鳳歸來。」意思是說，明年春梧桐花葉開時節，望其攜妻子歸來。故張說送尹元凱離京應在長安元年（701）十一月或十二月。尹元凱長期與張說同官共事，同作右補闕，同遷左右史，同在魏元忠并州幕，同爲鳳閣舍人。

長安二年（七〇二）三十六歲　壬寅

【時事】

本年春正月，初設武舉。

《通鑑》卷二百七：「（長安）二年春正月乙酉，初設武舉。」

《唐六典》卷五「尚書兵部」：「二曰武舉，其試用有七：一曰射長垛，二曰騎射，三曰馬槍，四曰步射（射草人），五曰材質，六曰言語，七曰舉重。皆試其高第者，以奏聞其科第之優劣，勳獲之等級，皆審其實而授敘焉。」

【行年】

夏五月，魏元忠任并州道行軍大總管以禦突厥，說以右史、內供奉出為并州大總管府判官。

《通鑑》卷二百七：「（長安二年）五月，乙未，以相王爲并州牧，充安北道行軍元帥。以魏元忠爲之副。」

《新書・崔日知傳》：「（日知）與張說同爲魏元忠朔方判官，以健吏稱。」

秋初回京，仍復舊職右史、內供奉。

《陳譜》按：「說前爲從六品上之右史，出任朔方判官，回京後遷鳳閣舍人（正五品上），方合常例。」不取。說參三年遷鳳閣舍人下考證。

【著作】

《送李侍郎迥秀薛長史季昶同賦得水字》（《文集》卷六）

《通鑑》：「三月，庚寅，突厥破石嶺，寇并州。以雍州長史薛季昶攝右臺大夫，充山東防禦軍大使。」

《新書・宰相表》：「二年三月丙戌，迥秀充使山東諸州安置軍馬並檢校武騎兵。」

《爲魏元忠作祭石嶺戰亡兵士文》（《文集》卷二三）

祭文言：「維長安二年月朔日，勑并州道行軍大總管兼宣勞使、左肅政御史大夫、同鳳閣鸞臺三品兼知并州事魏元忠，遣裴思益以酒脯時果之奠，致祭於石嶺戰亡兵士之靈。」

《送喬安邑備》（《文集》卷六）

《陳譜》置長安元年，按曰：「詩云：『書閣移年歲』、『恨別夏雲滋』，當爲是年夏修《三教珠英》期間喬備出任安邑令。」

愚按：敦煌殘卷伯三七七一《珠英集》有「蒲州安邑縣令宋國喬備」，張說（徐俊《輯考》卷下作宋之問）此詩當爲送喬備出任安邑令時所作。但是在長安元年還是二年，難以確考，愚意似應爲長安元年十一月書成奏御，授官以後赴任時張說相送所作。沒有書未成而編撰先離去之理，這從編纂學士由原二十六人增至四十七人可知。

《爲魏元忠作祭石嶺沒陷士女文》（《文集》卷二三）

祭文言：「維長安二年月朔日，勅（并州道行軍大總管兼宣勞使左肅政同鳳閣鸞臺三品兼知并州事）魏元忠，（遣裴思益）以酒脯時果之奠，致祭石嶺死喪百姓之靈。」

《祭霍山文》（《文集》卷二三）

祭文言：「長安二年月日，皇帝使并州道大行軍副大總管尹元凱等，敬薦酒脯時果，敢告霍山之神。」

長安二年夏五月乙未，以相王爲并州牧，充安北道行軍元帥。以魏元忠爲之副（《通鑑》卷二百七）。此文當是張說爲魏元忠判官時所撰。《陳譜》謂說本年秋季回京，則此文並上二文均應撰於本年夏秋間。此文撰在前，上二文略在後。

《四門助教尹先生墓誌》（《文集》卷二三）

按：誌言：「長安二年六月十日晝寢，忽夢麟臺兩局，爭召修文，覺而歎曰：十二日稷，吾當往矣。因命親族序訣，至日，安枕俟期，俄然而卒，春秋四十……粵七月十七日，葬於高陽原先君之舊塋。」誌當撰於本年七月十七日葬前。

《送王晙自羽林赴永昌令》（《文集》卷六）

《新書·地理二》：「垂拱四年析河南、洛陽置永昌縣。」

《舊書》卷九三《王晙傳》：「時朔方軍元帥魏元忠討賊失利，歸罪於副將韓思忠，奏請誅之。晙以思忠既是偏裨，制不由己，又有智勇可惜，不可獨殺非辜，乃廷議爭之。思忠竟得釋，而晙亦由是出爲渭南令」(《新書》同)。

按：詩云「不負剛腸譽，還追強項名」，顯指此事。又首句「將星移北洛」，證其確赴永昌令，亦可正兩《唐書》「渭南令」之誤。王晙「自羽林」亦史所不載。詩有「黃葉散昆明」句，可知説等秋天已返京矣。又，説贊王晙「剛腸」,「強項」，似與魏元忠不協，殆即三年「二張」引説證元忠謀反之端由耶。

《送廣武令岑羲序》(《文集》卷二八)

《同王僕射山亭餞岑廣武羲得言字》(《文集》卷六)

《陳譜》不繫詩與文作年。按《舊傳》:「長倩子羲，長安中爲廣武令，有能名。則天嘗令宰相各舉堪爲員外郎者，鳳閣侍郎韋嗣立薦羲。」《通鑒》卷二百七：長安四年（七〇四）冬十月壬午「太后命宰相各舉堪爲員外郎者，韋嗣立薦廣武令岑羲。」《通鑒》所記，想必有據。張説另有《送廣武令岑羲序》，言「高堂自風，良木退暑。不可留者光影，不得已者別離。」故岑羲爲廣武令約在長安二年——四年（七〇二～七〇四）間，詩與文約撰於長安二年「良木退暑」之時，即本年秋。

《安樂郡主花燭行》(卷一)

《舊書・武崇訓傳》:「長安中，(崇訓)尚安樂郡主。……三思又令宰臣李嶠、蘇味道、詞人沈佺期、宋之間，徐彥伯、張説、閻朝隱、崔融、崔湜、鄭愔等賦《花燭行》以美之。」

《陳譜》置長安三年（七〇三）其按云:「檢《新書・宰相表》，蘇味道長安二年十月同三品，李嶠三年閏四月同三品，而説九月流欽州，故此事當在三年閏四月至九月間。」

《周考》聖曆二年案曰:「《年譜》繫《安樂郡主花燭行》於長安三年,《舊唐書・外戚傳》崇訓，三思第二子也。長安中，尚安樂公主。時三思用事於朝，欲寵其禮，中宗爲太子在東宮，三思宅在天津橋南，自重光門內行親迎禮，歸於其宅，三思又令宰臣李嬌、蘇味道，詞人沈佺期、宋之問、徐彥伯、張説等賦《花燭行》以美之。安樂郡主出降當在長安年間，蘇、李同爲宰臣，查《新唐書・宰相表上》，只能在長安三年。張說詩句中有『星昴殷冬獻吉日』,《尚書·堯典》:『日短星昴。』傳曰:『日短,冬至之日,白虎之中星,亦以七星並見,以正冬之三節。』但是,《資治通鑒》載長安三年九月丁酉,貶魏元忠高要尉、說皆流嶺表,則與《花燭行》作於長安三年冬至矛盾。《資治通鑒》聖曆元年,中宗九月立爲東宮太子,蘇、李同爲宰臣,當是聖曆年間。是年冬至,中宗尚未封廬陵王,三年七月,李嶠罷爲成均祭酒,故該詩作於聖曆二年冬至。」

愚按:《舊書·武承嗣傳附武三思子崇訓傳》:「長安中,(崇訓)尚安樂郡主,時三思用事於朝,欲寵其禮……三思又令宰臣李嶠、蘇味道、詞人沈佺期、宋之問、徐彥伯、張說、閻朝隱、崔融、崔湜、鄭愔等賦《花燭行》以美之。」《全詩》今僅見張說此一首,《詩淵》又錄宋之問《花燭行》,陶敏《宋之問集校注》謂詩作於長安三年十一月。安樂生於中宗貶房陵之嗣聖元年(六八四),聖曆二年不過十五六,長安三年剛好二十歲,兩傳謂安樂與武崇訓婚於「長安中」似不用懷疑。據張說詩「星昴殷冬獻吉日」,其大婚時在本年冬至,張說長安三年九月即貶欽州,故我以爲,此詩似以作於長安二年冬十一月爲妥。至於《舊傳》稱「宰臣李嶠、蘇味道」,長安二年前,蘇李二人均做過宰相,稱「宰臣」並沒有什麼不對。似不必拘泥於二人同時在相位。故移置本年。

長安三年(七〇三)三十七歲　癸卯

【行年】

本年春,以右史、內供奉兼知考功貢舉事,並擬《試洛州進士策問》四道(見《文集》卷三十)。

《舊傳》:「長安初,修《三教珠英》畢,遷右史、內供奉,兼知考功貢舉事。」

《陳譜》長安二年(開〇二)按:「《登科記考》即據此定說知長安元年貢舉,似不妥。現考說本年遷右史,長安二年知貢舉,其因有三。本年正月改元大足,十月車駕至西京改元長安。《唐會要》載十一月十三日書成奏上,即『長安初』也。如本年初,當稱『大足初』。

故《舊傳》稱『長安初』，復指明『修《三教珠英》畢』，知貢舉當在長安二年。此其一。右補闕爲從七品上階，右史（即起居舍人）與考功員外郎同爲從六品上階，《舊傳》亦謂說以右史兼知考功貢舉事。如說本年知貢舉，則至遲年初已遷右史，但與修書學士多於修書畢陞遷，如徐堅『書成奏御，拜司封員外』(《曲江集》卷一九《徐文公神道碑銘》)；元希聲，『書成，克厭帝旨，遷太子文學，主客、考功二員外，賞勤也。』(《文苑英華》卷八九八崔湜《故吏部侍郎元公碑》) 此外劉知幾、尹元凱、崔湜亦可考知於書成後陞遷，故說遷右史當亦在書成後，則知貢舉在二年矣。此其二。據上述，珠英學士『歷年未能下筆』，本年初，說與堅正當『構意撰錄』之時，恐無暇他顧，此其三。唯《登科記考》定二年知貢舉爲沈佺期，而三年闕如，今姑存疑。又，說擢拜鳳閣舍人，更在任朔方判官後，見二年譜文。」

孟二冬《登科記考補》長安二年：「知貢舉：沈佺期……孟按：以預修《三教珠英》及歷官考察，定張說爲本年知舉似可成立，然尚有以下疑問需待解決：第一，《通志・氏族略》：『唐長安元年，右史知貢舉張說下進士章仇嘉勉。』第二，徐浩《張九齡神道碑》：『張九齡……弱冠鄉試進士。考功郎沈佺期尤所激揚，一舉高第……』《讀書志》：『張九齡，曲江人。長安二年進士。』第三，沈佺期亦預修《三教珠英》……其由通事舍人轉爲考功員外郎，亦當與張說等人同時……是定沈佺期爲大足元年知舉，非。予以爲張說與沈佺期知舉事可存疑俟考，暫仍徐考舊說。」

愚按：關於張說知貢舉之年，《登科記》據《舊傳》作長安元年、《陳譜》作二年，《孟補》謂「存疑俟考」。

張說長安間以右史、內供奉兼知考功貢舉事，茲略考如下。首先，長安元年，二人知貢舉均無可能，徐考據《舊傳》：「長安初，修《三教珠英》畢，遷右史、內供奉，兼知考功貢舉事。」定張說知長安元年貢舉，非。修《珠英》畢，在長安元年十一月；「遷右史、內供奉」在其後；「兼知考功貢舉事」更在其後；何來說長安元年春知貢舉？其次，《舊傳》爲史家敘事，常有省略。《通志・氏族略》謂「唐長安元年，右史知貢舉張說下進士章仇嘉勉。」看似獨家新聞，但有兩種可能：一是「元年」爲「三年」之誤，二是由《舊傳》誤讀。沈佺期爲長安二年知貢舉，有徐浩《張九齡神道碑》及《郡齋讀書志》等硬證，不容輕易否定。第三，張說以右史、内供奉，兼知考功貢舉事，應在長安三年。理由亦有三：在珠英學士中，沈佺期官通事舍人（從六品上），張說官右補闕（從七品上），沈佺期之官階在張說之上。《珠英集》書成奏御，沈佺期轉考功員外郎（從五品上），張說遷右史（從六品上）、内供奉，沈佺期之官階仍然高出張說一品。故命知貢舉這樣的顯差，當以官階高者在先；其次，唐考功員外郎在開元二十四年前，專知貢舉。武則天擢沈佺期爲考功，就是這個用意，故長安二年知貢舉，必爲沈佺期。第三，據徐浩《張九齡神道碑》：「弱冠鄉試進士。考功郎沈佺期尤所激揚，一舉高第。時有下等，謗議上聞，中書令李公，當代詞宗，詔令重試。」沈佺期知本年貢舉，曾激起落榜人「謗議」。《新傳》：「考功受賕，劾未究，會張易之敗，遂長流驩州。」《舊傳》：「再轉考功員外郎，坐贓配流嶺表。」「坐贓」就是指在考功知貢舉「受賕」之事。專知考功之人出了問題，臨時任命右史、内供奉權知貢舉，必在沈佺期知一年貢舉之後，所以張說知貢舉，在長安三年無疑。

約本年夏知貢舉畢，擢拜鳳閣舍人。

《舊傳》：「遷右史、内供奉，兼知考功貢舉事，擢拜鳳閣舍人。」

《陳譜》謂說長安二年秋由魏元忠幕返京，即遷鳳閣舍人，恐非。

上已證說以右史、内供奉兼知考功貢舉事在本年春，再從張說之仕歷看，說遷右史、内供奉在長安元年十一月《三教珠英》書成奏御之後，如長安二年秋即遷鳳閣舍人，時才年餘，與唐三考三銓之選舉法規不合。另外，說其時與宰相魏元忠在一些問題上意見不合，且很激烈，以至「廷議爭之」，元忠也不可能越規提拔張說。其三，魏元忠此次出禦突厥，「討賊失利」，雖「歸罪於副將韓思忠，奏請誅之」（《舊書・王晙傳》，《新傳》略同），但張說等幕僚雖無罪，也應無功，沒有超遷之可能。故不從《陳譜》。

約本年前後，與崔融評「四傑」。

《舊書・楊炯傳》:「炯與王勃、盧照鄰、駱賓王以文詞齊名,海內稱爲『王楊盧駱』,亦號爲四傑。炯聞之,謂人曰:『吾愧在盧前,恥居王後。』當時議者,亦以爲然。其後崔融、李嶠、張說俱重四傑之文。崔融曰:『王勃文章宏逸,有絕塵之跡,固非常流所及。炯與照鄰可以企之,盈川之言信矣。』說曰:『楊盈川文思如懸河注水,酌之不竭,既優於盧,亦不減王。恥居王後,信然;愧在盧前,謙也。』」

《陳譜》長安二年按:「據《舊書》卷九四《崔融傳》,融卒於神龍二年。融,『長安二年,再遷鳳閣舍人』,時與說同掌論誥。兩人對四傑所作之品題姑繫於此。」因說本年始遷舍人,故移置本年。

在鳳閣舍人任,嘗問道於僧神秀,執弟子之禮。

《舊書》卷一九一《方伎傳》:「則天聞其(神秀)名,追赴都,肩輿上殿,親加跪禮,敕當陽山置度門寺以旌其德。時王公以下及京都士庶,聞風爭來謁見,望塵拜伏,日以萬數……中書舍人張說嘗問道,執弟子之禮。退謂人曰:『禪師身長八尺,龐眉秀耳,威德巍巍,王霸之器也。』」因本年秋末,張說即南貶欽州離京,其在京以中書舍人問道,當在南貶前,故置此。

九月,張易之與其弟昌宗構陷魏元忠,引說令證其事,說佯應之;廷對則證元忠實不反。元忠由是免誅,說坐忤旨,配流欽州。

《通鑒》卷二百七:「司禮丞高戩,太平公主之所愛也。會太后不豫,張昌宗恐太后一日晏駕,爲元忠所誅,乃謂元忠與戩私議云:『太后老矣,不若挾太子爲久長。』太后怒,下元忠、戩獄,將使與昌宗廷辨之。昌宗密引鳳閣舍人張說,賂以美官,使證元忠;說許之。明日,太后召太子、相王及諸宰相,使元忠與昌宗參對,往復不決。昌宗曰:『張說聞元忠言,請召問之。』太后召說。說將入,鳳閣舍人南和宋璟謂說曰:『名義至重,鬼神難欺,不可黨邪陷正以求苟免!若獲罪流竄,其榮多矣。若事有不測,璟當叩閤力爭,與子同死。努力爲之,萬代瞻仰,在此舉也!』殿中侍御史濟源張廷珪曰:『朝聞道,夕死可矣!』左史劉知幾曰:『無汙青史,爲子孫累!』乃入,太后問之,說未對。元忠懼,謂說曰:『張說欲與昌宗共羅織魏元忠邪！』說叱之曰：『元忠爲宰相，何乃效委巷小人之言！』昌宗從旁迫趣說，使速言。說曰：『陛下視之，在陛下前，猶逼臣如是，況在外乎！臣今對廣朝，不敢不以實對。臣實不聞元忠有是言，但昌宗逼臣使誣證之耳！』易之、昌宗遽呼曰：『張說與魏元忠同反！』太后問其狀，對曰：『說嘗謂元忠爲伊、周；伊尹放太甲，周公攝王位，非欲反而何？』說曰：『易之兄弟小人，徒聞伊、周之語，安知伊、周之道！日者元忠初衣紫，臣以郎官往賀，元忠語客曰：無功受寵，不勝慚懼。』臣實言曰：『明公居伊、周之任，何愧三品！』彼伊尹、周公皆爲臣至忠，古今慕仰。陛下用宰相，不使學伊、周，當使學誰邪？且臣豈不知今日附昌宗立取臺衡，附元忠立致滅族！但臣畏元忠冤魂，不敢誣之耳。』太后曰：『張說反覆小人，宜並繫治之。』他日，更引問，說對如前。太后怒，命宰相與河內王武懿宗共鞫之，說所執如初。朱敬則抗疏理之曰：『元忠素稱忠正，張說所坐無名，若令抵罪，失天下望。』……丁酉，貶魏元忠爲高要尉，戩、說皆流嶺表。」

《舊傳》：「說坐忤旨，配流欽州。」

《陳譜》按：「說此舉，當時及後世多譽之者。中宗稱其『不屈二凶之威，獨全一至之節。』（《全文》卷一六中宗《答張說讓起復黃門侍郎制》）玄宗爲說親製神道碑曰：『人謂此舉，義重於生。由是長流欽州，守正故也』（見《大唐新語》卷一一）。《大唐新語》載此事於卷二《剛正》節，《冊府元龜》載卷四六〇《正直》節，《舊書・魏元忠傳》則稱『說初僞許之』，亦有譏之者，如《唐會要》卷三六謂『時人』或稱其『巧詐』，《新書》卷一三二《吳兢傳》則稱兢撰實錄頗言『說已然可』，又謂說爲相時屢請兢修改。《通鑒》敘此事較平允，故全錄之。又，說流欽州，由西京出發，大致路線可參閱本年及次年著作。」

本年冬，張說過嶺而南，經韶州，與張九齡相見。說一見九齡文章，就非常看好。此當為後二人敘為昭穆之基礎。

《曲江集》附徐浩撰《張九齡碑》：「燕公過嶺，一見文章，並深提拂，厚爲禮敬。」（《新書・張九齡傳》略同）

《曲江集》卷一七《祭張燕公文》:「追惟小子，夙荷深期，一顧增價，二紀及茲。非駑駘之足數，蓋枝葉以見貽。」

《舊傳》:「時張説爲中書令，與九齡同姓，敘爲昭穆，尤親重之。常謂人曰：後來詞人稱首也。」

【著作】

《試洛州進士策問》四道（《文集》卷三十）

《陳譜》長安二年（七〇二）:「《登科記考》卷四引策問下按語:『原題曰試洛州進士，蓋時在東都也。』」據上考，移置本年。

《和戎篇送桓侍郎序》（《文集》卷二八）

序言:「長安三年，吐蕃乞附。中國有聖，殊俗向風。納虎豹之文，修葡萄之貢……季春令日，張旃首路，置酒中省，歡言少留。」《舊書・吐蕃傳》:「長安二年，贊普率眾萬餘人寇悉州，都督陳大慈與賊凡四戰，皆破之，斬首千餘級。於是吐蕃遣使論彌薩等入朝，請求和……明年，又遣使獻馬千匹，金二千兩以求婚，則天許之。」《通鑑》卷二百七:「（長安）三年……夏四月，吐蕃遣使，獻馬千匹，金二千兩以求昏。」（《元龜》卷九七九）三年）作）二年））序當撰於吐蕃兩次遣使期間，張説貶嶺南之前。《陳譜》繫長安三年（七〇三）三月，或可從。

《鳳閣尹舍人父墓銘》（《文集》卷二三）

《（尹仁弘）子曲阿令誌銘》（《文集》卷二三）

《陳譜》不繫此二文作年。據尹元貞仕歷，疑張説遷鳳閣舍人應與尹氏同時，故繫本年。

《鄴公園池餞韋侍郎神都留守序》（《文集》卷二八）

《陳譜》按:「鄴公爲張昌宗，韋侍郎爲韋安石。《舊書》卷九二《韋安石傳》:『長安三年，爲神都留守。』又本序:『歲臨單閼，月在長嬴』，單閼爲卯年，長嬴爲夏天。」

《送敬丞》（《文集》卷六）

《陳譜》不繫此詩作年。敬丞，疑爲中臺右丞敬暉。據《新傳》，敬暉爲中臺右丞在長安二年（《舊傳》作三年）。張説貶嶺南在三年九月，故詩應作於敬暉被任命爲中臺右丞至張説貶嶺南前一段時間。若敬暉爲右丞在二年夏后，則只能作於長安三年（七〇三）暮春。

《代書寄吉十一》（《文集》卷七）

《陳譜》僅言：「作於衡陽。」未作考證。按詩言：「一雁雪上飛，值我衡陽道。口銜離別字，遠寄當歸草。」張說一生僅長安三年南貶及神龍元年北歸途經「衡陽」者。言「遠寄當歸草」，寓當歸來之意，故定爲南貶時作。

《冬日見牧牛人擔青草歸》（《文集》卷九）

《陳譜》繫此詩長安三年（七〇三）冬，未舉證。按：詩言：「塞上綿應折，江南草可結。欲持梅嶺花，遠競榆關雪。」詩當是貶欽州過梅嶺前後所作。

《清遠江峽山寺》（《文集》卷八）

《陳譜》按：「清遠屬嶺南道廣州。」峽山寺在今廣東省清遠市清遠江邊，故詩應作於南貶來回途經清遠峽山寺之時。詩言：「流落經荒外，逍遙此梵宮」，當爲南行時作。

《廣州江中作》（《文集》卷八）

詩言：「去國歲方晏，愁心轉不堪。離人與江水，終日向西南。」當爲南貶途經廣州時作。

《端州別高六戩》（《文集》卷六）

《陳譜》繫此詩長安四年（七〇四）春。按：詩言：「異壤同羈竄，途中喜共過。」詩當爲南貶時作。長安三年（七〇三）九月，張易之兄弟誣御史大夫魏無忠與司禮丞高戩謀反，張說爲之辯白，武則天怒，貶元忠爲高要縣尉，流張說於欽州，流高戩於嶺南。見兩《唐書‧張說傳》、《元龜》卷九三三、《會要》卷六四、《通鑑》卷二〇七。北返至此，高戩已死，張說作《還至端州驛前與高六別處》詩悼之。說於端州與高戩道別，時當爲三年冬。故不從《陳譜》，而移置本年。

《和朱使欣道峽似巫山之作》

《和朱使》二首（《文集》卷七）

朱欣似爲此次押送張說至欽州之使人，其與張說唱和應在貶欽州途中。岑仲勉《讀全唐詩劄記》：「同人《和朱使欣道峽似巫山之作》。又《和朱使欣》二首。余按嘉靖伍氏本，後題作《和朱使》二首，詩有『使越才應有』句，似『使』是指其官者，今二函五冊徑題朱使欣，是以使欣爲名也。又前一首收五冊，以爲使欣詩，此復以爲張說詩，說既和二首，則前詩當朱作。」相反，佟培基《全唐詩重出誤收考》則言：「《和朱使欣道峽似巫山之作》《英華》四一二載作張說，後又有和詩二首。今檢結一廬朱氏剩餘叢書刊明抄本《張說之集》七連載三首，按其集編例，第一首應爲張說作，後所附同題乃酬唱之作附於集主中，則此詩當爲張說，所附兩首乃朱使欣作。」朱玉麒《張說詩文重出誤收考》又以爲，此詩及下詩均張說作。按：明曹學佺《石倉歷代詩選》卷二八、明張之象《唐詩類苑》卷二六「地部・峽」均將《道峽似巫山》署爲朱使欣作，而將《和朱使》二首歸之張說，二集之作者題署，似有所據。且愚以爲，此說與詩中之旨意相符。

《侍宴（武）三思山第應制賦得風字》（《文集》卷一）

《陳譜》不繫此詩作年。按：《舊紀》：神龍元年五月「癸卯，降梁王武三思爲德靜郡王，定王武攸暨爲樂壽郡王，河內王武懿宗等十餘人並降爲國公。」詩既稱「梁王池館好」，應作於中宗神龍元年（七〇五）五月癸卯，武三思由梁王降爲德靜郡王之前。又稱「蘭筵降兩宮」，知其時則天尚在。底本及伍刻、四庫本此詩前有一總題：「長安應製詩五首」，即謂此詩與以下四題均長安（七〇一～七〇四）間作。時張說與宰相韋安石同侍宴賦詩，二詩並見《英華》卷一六九，《全詩》卷一百四韋安石詩題作「梁王宅侍宴應制同用風字」。韋安石長安四年八月出爲揚州大都督府長史（《舊紀》），張說既能與宰相一同應制，應作於則天長安中爲右史內供奉兼修書院學士以後，四年八月安石出守前。說有《修書院學士奉敕宴梁王宅賦得樹字》詩，《陳譜》置於長安元年（七〇一）。此詩似應同時或稍後之作。暫置長安三年說貶之前。

長安四年（七〇四）三十八歲　甲辰

【時事】

九月至十一月，關中地區遭遇非常天氣，日夜陰晦，大雨雪，都中人有因飢凍而死者。

《舊紀》:「十一月，李嶠爲地官尚書，張東之爲鳳閣鸞臺平章事。自九月至於是，日夜陰晦，大雨雪，都中人有飢凍死者，令官司開倉賑給。」

【行年】

春，至欽州，或「藏於陳氏」。

《舊書》卷九二《韋陟傳》:「會祿山反，陷洛陽，陟愛弟斌爲賊所得，國忠欲構陟與賊通應，潛令吏卒伺其所居，欲脅之令陟憂死。其土豪人勸陟曰:『昔張燕公竄逐，藏於陳氏，以免危亡，詔令儻來，誰敢申覆？未若輕舟千里，且泛溪洞，候事清徐出，豈不美也？』」

《陳譜》按:「說景龍三年有《弔陳司馬書》，想即此陳氏。書曰:『疇昔炎海，契闊周旋，義則友朋，恩結兄弟。……山濤猶在，稽紹不孤。……幽明雖異，交友不改。』可見其情誼之深。」

【著作】

《嶺南送使》三首(《文集》卷六)

按:詩言「秋雁逢春返」，當作於某年春。張說長安三年九月貶嶺南，次年春到達欽州貶所。在嶺南共過了兩個春天(長安四年、景龍元年)，此詩似難定哪年春作，暫依《陳譜》置本年。

《留贈張御史張判官》

《陳譜》不繫此詩作年。《周考》繫神龍元年(七〇五)，非。《英華》題作《盧巴驛聞張御史張判官欲到不得待留贈之》，詩言:「旅竄南方遠，傳聞北使來。」知此詩乃長安三年(七〇三)九月流貶欽州，途中行至離欽州不遠之盧巴驛時，聞故人張御史、張判官欲到，想停留一見，但爲押差所迫，不得久停，遂寫此詩留贈之。不過，張說至此地時爲三年末還是次年春初，從詩中難以看出。說集中有《嶺南送使三首》，約爲四年春作，此詩似也應作於長安四年初。疑張御史爲張廷珪。

《南中贈高六戩》(《文集》卷七)

詩言:「北極辭明代，南溟宅放臣……鳥墮炎洲〔三〕氣，花飛洛水春。」《陳譜》繫此詩長安四年(七〇四)春。似可從。

《南中送北使》二首(《文集》卷六)

詩言「白首對秋衰」、「窮愁暮雨秋」，詩寫於其年秋可知。張說長安四年春至欽州，次年春即被詔北返，故在欽州僅過了長安四年一個秋天。《陳譜》繫此詩長安四年（七〇四）秋，可從。

《南中別蔣五岑向青州》（《文集》卷六）

《陳譜》置本年秋，未舉證。按詩言：「老親依北海，賤子棄南荒……願爲楓林葉，隨君渡洛陽。」近之。

《入海》二首（《文集》卷八）

《嘉慶重修一統志》卷四五《廉州府》：「《欽州志》：『大海在州南一百餘里。』」詩言：「問子勞何事，江上泣經年。隰中生紅草，所美非美然。」說三年九月貶欽州，南行入海，已「泣經年」，故謂四年作，可從。

《欽州守歲》（《文集》卷九）

《陳譜》謂說長安四年春始至欽州，在欽州僅過了四年一個除夕。故置此詩本年末。

中宗神龍元年（七〇五）三十九歲　乙巳

【時事】

正月，中宗即位。二月，復國號曰唐，郊廟、社稷、陵寢、百官、旗幟、服色、文字皆如永淳以前故事。十一月，則天崩，年八十三（《通鑑》作「二」）。

《舊紀》：「神龍元年春正月，大赦改元。上不豫……癸亥，麟臺監張易之與弟司僕卿昌宗反，皇太子率左右羽林軍桓彥範、敬暉等，以羽林兵入禁中誅之。甲辰，皇太子監國，總統萬機，大赦天下。是日，上傳皇帝位於皇太子，徙居上陽宮。戊申，皇帝上尊號曰則天大聖皇帝。冬十一月壬寅，則天將大漸，遺制祔廟歸陵，令去帝稱則天大聖皇后……是日，崩於上陽宮之仙居殿，年八十三，謚曰則天大聖皇后。」《通鑑》卷二百七：「甲辰，制太子監國……乙巳，太后傳位於太子。丙午，中宗即位，赦天下，惟張易之黨不原……丁未，太后徙居上陽宮，李湛留宿衛。戊申，帝帥百官詣上陽宮，上太后尊號曰則天大聖皇帝。」卷二百八：「神龍元年二月辛亥，帝帥百官詣上陽宮，問太后起居，自是每十日一往。甲寅，復國號曰唐，郊廟、社稷、陵寢、百官、旗幟、服色、文字皆如永淳以前故事。」

【行年】

年初，在欽州貶所。

中宗即位，召說為兵部員外郎。春，奉詔北還。

《舊傳》：「中宗即位，召拜兵部員外郎。」

《陳譜》謂：「九月，說還至荊州。卷八《荊州亭入朝》：『九辯人猶擯，三秋雁始過。』非。《荊州亭入朝》詩，當是說由荊州長史入朝時作。所謂「三秋」，三年也，非指九月或秋天。再說，神龍元年正月，中宗即位，馬上召張說進京，其《南中別陳七李十》、《赦歸在道中作》、《還至端州驛前與高六別處》等詩皆爲春天，獨謂此詩本年九月作，從端州至荊州，驛路怎麼要走半年？時間顯然不符。」

【著作】

《南中別陳七李十》（《文集》卷六）

《陳譜》按：「考詩意，陳七疑即陳司馬。」按詩言：「二年共遊處，一旦各西東。請君聊駐馬，看我轉征蓬。」詩當作於中宗詔其回京之時。

《南中別王陵成崇》（《文集》卷六）

《周考》長安四年案：「《年譜》無《南中別王陵成崇》繫年，考詩意當是張說貶居欽州，送別離開南中的友人之作，『常懷客鳥意，會答主人恩』，而張說於長安四年春到欽州，次年正月即爲中宗召爲兵部員外郎返京，故繫於是年。」按：從「曹卿禮公子，楚媼饋王孫」句看，王陵、成崇應爲土著，自己是「客鳥」，此詩當爲張說被詔北返與王陵、成崇分別時所作，故移置本年。

《卻歸在道中作》（《文集》卷八）

詩言：「何幸光華旦，流人歸上京。」當爲說奉詔入京在回歸道中所作。

《還至端州驛前與高六別處》（《文集》卷八）

按：「往來皆此路，生死不同歸」，高戩貶死嶺南，史所未載。又，《唐詩別裁》卷九沈德潛於此詩下加按語曰：「燕公嘗貶岳州，與高遇而旋別，及召還而高已辭世。念及解衣推食，情事淒然。今地是人非，死生異路，不勝悼歎也。」沈氏乃誤以流欽州爲貶岳州也。

《江中遇黃領子劉隆》（《文集》卷八）

詩言：「危石江中起，孤雲嶺上還。相逢皆得意，何處是鄉關。」當是奉詔回京時所作。

《獻壽表》（爲人作）（《文集》卷三〇）

按：表曰：「臣聞稱號者紀帝王之德業，宴樂者示君臣之慈惠。伏惟應天神龍皇帝陛下……」檢《舊紀》，中宗生於顯慶元年十一月乙丑（初五），神龍元年十一月戊寅（初二），「加皇帝尊號曰應天，……大赦天下，賜酺三日」，知此表作於此時。

《爲郭振讓官表》（《文集》卷二四）

表言：「陛下寶位既復，元良又定，凶醜咸翦，百度惟新。」此表應上於神龍元年正月中宗復位後不久。表又言：「但父年老，先嬰風疾，五月以來，不離枕席。」則此表應上於本年五月後。時張說已從欽州回到京城。中宗召張說回京的時間史雖不見載，但其北返之詩均作於本年春就是證明。張說回到京城當在本年春夏間，《陳譜》謂說本年九月方「還至荊州」，實誤。

《喜度嶺》（《文集》卷八）

《陳譜》不繫此詩作年。《周考》神龍元年（七〇五）謂：「《喜度嶺》從瘴病之地生還皇州的喜悅，『洄沿炎海畔，登降閩山陬』，皆是從欽州放歸的情形寫照，故皆繫於此年。」

按詩言：「東漢興唐曆，南河復禹謨。寧知瘴癘地，生入帝皇州。雷雨蘇蟲蟄，春陽放鷽鳩……自始居重譯，天星已再周。」天星再周，顯然是本年春北返時過大庾嶺所寫，「春陽放鷽鳩」，時仍爲春。

《上邽縣君李氏墓誌銘》（《英華》卷九百六十五）

此誌《陳譜》未繫年。《周考》補繫神龍元年（七〇五）。按誌言李氏「受命不淑，以某年月日，卒於同州之私第。以神龍元年十一月二十日，合葬於萬年縣白鹿之舊塋。」誌當撰於神龍元年十一月二十日前。

《百官請不從靈駕表》（《文集》卷二四）

《陳譜》按：「《舊紀》：『（神龍元年）十二月壬寅，則天皇太后崩，二年春正月丙申，護則天靈駕還京。』《新紀》及《通鑑》俱以十一月壬寅則天崩。按十二月無壬寅日，十一月壬寅爲二十一日，當以《新紀》、《通鑑》爲是。二年正月丙申亦爲二十一日。察表首語氣，上表在『未蒙哀允』後，『靈駕首途』前，故繫之二年正月。」

按：神龍元年十一月丁丑朔，壬寅爲二十六日，非二十一日也。神龍二年春正月丙申（二十一日），即已護送則天靈駕回到了長安，百官請不從靈駕事在此前，似不待次年正月，移置本年末。

《右豹韜衛大將軍贈益州大都督汝陽公獨孤公燕郡夫人李氏墓誌銘》（《文集》卷二六）

補考：右豹韜衛大將軍贈益州大都督汝陽公獨孤公，此人爲誰，徐松《唐兩京城坊考》卷三「永寧坊」引張說此文，但並未考得汝陽公之名。按《姓纂》卷十「獨孤」：「【京兆】《隋書·獨孤楷傳》云：……楷，隋并州總管、汝陽郡公。生凌雲、平雲、勝雲、卿雲、處雲。……卿雲，右屯衛大將軍、汝歸公（據賀知章撰《楊執一墓誌》，卿雲襲爵爲汝陽郡公），生元節。」此「汝陽公獨孤公」，實即獨孤卿雲。贈益州大都督，《張説之文集》卷二五《贈户部尚書河東公楊君神道碑》：「夫人獨孤氏左威衛大將軍贈益州（大）都督卿雲之女也。」賀知章撰《楊執一墓誌》及王丘撰《楊君夫人獨孤氏墓誌》均作「右威衛大將軍贈益州大都督。」碑曰：「府君更郎將、中郎將各一，將軍、大將軍凡四，前後領左、右羽林二軍禁營，青海、鴨綠二道總管。」爲鴨綠道總管，《新書》卷二百二十「東夷·高麗」：乾封元年，「詔獨孤卿雲由鴨綠道，郭待封積利道，劉仁願畢列道，金待問海谷道，並爲行軍總管。」爲青海道總管，《通鑑》卷二百一：龍朔三年，「上以涼州都督鄭仁泰爲青海道行軍大總管，帥右武衛將軍獨孤卿雲、辛文陵等分屯涼鄯二州，以備吐蕃。」事又見《新書》卷二百十六上。碑言：李氏「神龍元年十二月二十二日，寢疾終於洛陽之德懋里，春秋若干……粤以明年十月二十日，卜葬雍州之某原。」從説稱葬年爲「明年」看，碑應撰於李氏卒後不久，不當爲二年十一月也。故移置本年末。

神龍二年（七〇六）四十歲　丙午

【時事】

閏月丙午，制太平、長寧、安樂、宜城、新都、定安、金城公主並開府置官屬（《通鑑》卷二百八）。

六月，漢陽郡王張柬之、平陽郡王敬暉、扶陽郡王桓彥範、博陵郡王崔玄暐等為武三思所構，同時流貶，並追奪舊官封爵。

《舊紀》:「六月戊寅，特進、朗州刺史、平陽郡王敬暉貶崖州司馬，特進、亳州刺史、扶陽郡王桓彥範瀧州司馬，特進、郢州刺史袁恕己竇州司馬，特進、均州刺史博陵郡王崔玄暐白州司馬，特進、襄州刺史漢陽郡王張柬之新州司馬，並員外置，長任，舊官封爵並追奪。」

【行年】

春，由兵部員外郎遷兵部郎中。

《陳譜》按:「《太平廣記》卷二三五《吳少微》條引《御史臺記》:『吳少微，東海人也。少負文華，與富嘉謨友善。……時嘉謨疾卒，爲文哭之。其詞曰:「唯三月癸丑，河南富嘉謨卒。……太常少卿徐公、鄜州刺吏尹公、中書徐、元二舍人、兵部張郎中說，未嘗值我不歎於朝。夫情悼之，賦詩以寵之（『之』《廣記》作『亡』）也。其詞曰:『……乃無承明籍，遘此敦牂春。……』詞人莫不歎美。既而病亟，……慷慨而終。」《舊書・文苑中》:『富嘉謨，……中興初，爲右臺監察御史，卒。』按敦牂，午也，本年丙午，三月甲辰朔，癸丑爲初十，故知嘉謨卒於神龍二年三月初十，其時說在兵部郎中任上。檢《舊書・職官二》:『（兵部）員外郎一人掌貢舉及雜請之事。凡貢舉，每歲孟春，亦與計偕。』說本年有兵部策問共六道，可見由兵部員外郎遷郎中在本年春。又，岑仲勉《讀全唐詩劄記》曰:『敦牂，午也。開元六年戊午，三月丙申朔，月內有癸丑，知嘉謨卒是歲矣。』現據說爲兵部郎中日及《文苑傳》可定嘉謨卒於神龍二年（吳少微亦同年卒）。同是午年，但提前一紀矣。』

按：本年春，有《送武員外春赴嵩山置秀師舍利塔》詩，《陳譜》繫景雲元年（七一〇）二月，非。據說撰《大通禪師碑》，神秀神龍二年（七〇六）二月二十八日夜化滅，詩題中有「春」字，詩中有「山中二月娑羅會」句，應爲神龍二年春二月神秀卒後數天中所寫。又詩言：「與子禪門同正法。雖在神仙蘭省間。」明謂自己與武員外同在尚書省爲郎官。此時是郎中還是員外郎，雖不能確定，但以官員外郎之可能性更大。

家口在洛，身徒入京。

《舊紀》：「（二年）冬十月己卯，車駕還京師。戊戌，至自東都。」（《英華》卷六八六《與執政書》：「比蒙生還，曾未數歲，家口在洛，身徒入京。」

【著作】

《兵部試將門子弟策問》三道（《文集》卷三十）

《陳譜》按：「第一道有『中興皇歷』句，檢《舊紀》：『（神龍二年二月）庚辰，改中興寺、觀爲龍興，內外不得書中興』，故繫本年。」

按：《陳譜》所引《舊紀》爲神龍三年二月庚寅，陳氏年與日均誤。又，陳氏謂此策及下《兵部試沉謀秘算舉人策問三道》爲同時之作，並言「《登科記考》未收《試將門子弟策問》，而將此《試沉謀秘算舉人策問》三道繫於神龍三年，不知何據。」非。此題應爲張說在兵部郎中任所撰。據《舊志》：「（兵部）郎中一員，掌判帳及天下武官之階品，衛府之名數……凡千牛備身左右及太子千牛備身，皆取三品已上職事官子孫，四品清官子，儀容端正，武藝可稱者充，五考，本司隨文武簡試聽選。」本策試題明標「兵部試將門子弟」，其所試者，當即志所言「三品已上職事官子孫，四品清官子，儀容端正，武藝可稱者」中之「將門子弟」。《徐考》不錄，是。題標「神龍年」，具體何年闕。據張說仕歷，當是由兵郎員外郎遷郎中任後。《陳譜》據《廣記》吳少微哭富嘉謨詩及文，定張說神龍二年春即在兵部郎中任，從之繫神龍二年。

《兵部試沉謀秘算舉人策問》三道（《文集》卷三十）

《陳譜》按：「《登科記考》未收《試將門子弟策問》，而將此《試沉謀秘算舉人策問》三道繫於神龍三年，不知何據。現同繫於二年。」

按：《登科記考》引《舊紀》：「（神龍三年正月）庚戌，以默啜寇邊，制募猛士武藝超絕者，各令自舉，內外群官各進破突闕之策。」下即引說《兵部試沉謀秘算舉人策問三道》，徐氏及孟二冬《補正》均以之爲本年制策試題，近是。但有一個問題，即陳氏引《舊志》所言：「（兵部）員外郎一人，掌貢舉及雜請之事。凡貢舉，每歲孟春，亦與計偕。」據此，制策應是張說在兵部員外郎任所擬。但張說神龍二年春即在郎中任，何來三年春知兵部貢舉事？這個解釋只能有二：一、《廣記》所記「兵部張郎中說」，「郎中」應爲「員外郎」之誤；二、張說其時雖遷郎中，但朝廷或兵部仍特令其草擬此次制舉試題。如依前者，當繫神龍元年；如依後者，則可繫二、三年。吾疑《廣記》誤。

《滎陽郡夫人鄭氏墓誌銘》（《文集》卷二六）

滎陽郡夫人鄭氏爲時任中書舍人的崔湜之母。夫人卒於神龍元年（七〇五）十一月九日，葬於二年三月某日，文當撰於此間。《陳譜》繫神龍二年，近之。長安中，張說與崔湜曾同爲珠英學士；神龍初，又同爲六部郎官，故爲其母撰碑。

《神龍二年七月別漢祖呂后五等論》（《文集》卷二九）

《陳譜》據題置本年，注：「景宋本卷二八（應爲「九」之誤）。」按：據此文之內容，似難看出爲神龍間作，文當有闕失。《英華》、《文粹》錄此文，題均無「神龍二年七月」六字。

又，清抄及李抄影宋蜀刻本《張說之文集》卷二九均錄此文，李抄目錄作「別漢祖呂后五等論」，正文題作「神龍二年七月別漢祖呂后五等論」。清抄目錄作「漢祖五等論」，傅增湘校：「漢上添別字，祖字下添呂后二字。」正文題同李抄。此文又見《英華》卷七百四十一、《文粹》卷三十四，均題作「漢祖呂后五等論」，作者均署爲「李翰」。宋彭叔夏校《英華》所錄張說文，曾以說之集相仇校，但對李翰此文，未置異詞。傅增湘先生家富藏書，號稱博學，曾從友人詹亭先生處假得清抄《張說之文集》，並用朱刻校刊一過，歷時一年有半，但對此文，亦未置詞。陳尚君先生《全唐文補編》卷三二張說下據清抄本《張說之文集》卷二九補錄此文，也未作考證，不知何故？朱玉麒先生謂應從集作張說文，愚則據李翰生卒年以爲文非翰作。

《和魏僕射還鄉》（《文集》卷七）

《陳譜》：「《舊書・魏元忠傳》：『二年秋，代唐（休）璟爲尚書右僕射，……未幾，元忠請歸鄉拜掃。』」

按：《元龜》卷三百十九「宰輔・褒寵第二」：「魏元忠爲尚書右僕射，神龍二年八月，表請歸鄉拜墓，許之。賜錦袍一領，銀千兩……仍令宰相及諸司長官送於上東門外……及將還東都，帝又幸白馬寺以迎之。」《舊紀》記魏元忠爲尚書右僕射在神龍二年秋七月丙寅，中宗九月「壬寅，幸白馬」。故其表請歸鄉拜墓在二年七月丙寅至九月壬寅間。詩約是此間在上東門外與魏氏唱和之作。《舊傳》「神龍二年」作「四年」。《校勘記》曰：「四年秋　按神龍無四年，據本卷上下文及本書卷七《中宗紀》，魏元忠爲尚書右僕射當在神龍二年秋，《校勘記》卷三九云：『四年』爲『是年』之僞。」《陳譜》徑引作「二年」，不知所據何本。

《唐中散大夫行淄州司馬鄭府君（偉）神道碑》（《文集》卷十八）

碑言：鄭偉「享年七十有九，神龍二年夏六月十五日，終於洛陽之私第。冬十月一日，歸葬於滎陽之原。」則碑應撰於本年六至十月（英華作十一月）間。

《送蘇合宮頲》（《文集》卷六）

《陳譜》按：「《舊紀》：『冬十月己卯，車駕還京師。戊戌至自東都。十一月乙巳，大赦天下，……改河南爲合宮。』（《新書・地理二》同，《舊書・地理一》謂河南縣三年爲合宮，誤。）按卷一二《龍門西龕蘇合宮等身觀世音菩薩像頌》曰：『帝車西幸，皇眷東遙，……蘇君於是乎始爲政於京邑，……曾未期月，遷給事中。』蘇頲此一短暫經歷，爲兩《唐書》所不載。燕許之交遊見諸文字者，以此爲早。」

《崔司業輓歌》（《文集》卷九）

《陳譜》不繫此詩作年，《周考》繫神龍二年（七〇六），是。《舊書・崔融傳》：「神龍二年，以預修《則天實錄》成，封清河縣子，賜物五百段，璽書褒美。」《新傳》：「朝廷大筆多手敕委之，其《洛出寶圖頌》尤工。撰《武后哀冊》最高麗，絕筆而死，時謂思苦神竭云。」《會要》卷三：「神龍元年……則天大聖皇后十二月二十六日崩於洛陽宣居殿，謚曰大聖則天皇后，國子司業崔融爲哀冊文，二年五月二十八日祔葬乾陵。」《會要》卷六三記《則天實錄》於神龍二年五月九日修成上之，武則天既於神龍二年五月二十八日祔葬乾陵，則崔融撰其哀冊文而死必在五月九日至二十八日間。張說撰其輓歌亦應在此間。

《送武員外〔郎中〕春赴秀師嵩山塔下置舍利》（《文集》卷六）

《陳譜》繫此詩景雲元年（七一〇）二月，按曰：「武員外郎即武平一。」愚按：據張說《大通禪師碑》，神秀神龍二年（七〇六）二月二十八日夜化滅，詩題中有「春」字，詩有「山中二月娑羅會」句，應爲神龍二年春二月神秀卒後一兩天中所寫。又詩言：「與子禪門同正法，雖在神仙蘭省間。」明言自己與武員外同在尚書省爲郎官。同送者還有徐堅，其詩見《全詩》卷一百七。又，詩題有誤。按唐人習慣，六部員外郎均稱「員外」，省「郎」字。故以「郎中」二字衍。

《送李問政河北簡兵》（《文集》卷六）

按：《陳譜》不繫此詩作年。《周考》開元十年（七二二）案云：「《送李問政河北簡兵》從詩意考，只能是開元十年之後，暫附於此。」按：周考非。詩曰：「密親仕燕冀，連年邇寇讎。因君閱河朔，垂淚語幽州。」開元間，「幽州」似未發生讓人「垂淚」之事。《通鑒》卷二百八：「（神龍二年二月），選左右臺及內外五品以上官二十人爲十道巡察使，委之察吏撫人，薦賢直獄，二年一代，考其功罪而進退之。」神龍二年（七〇六）春，張說正從嶺南回，在兵部任郎官，其職務與李問政「河北簡兵」事相關；而此前幽燕一帶，正是契丹、突厥肆虐之時，曾遭遇王孝傑東峽石谷之敗與魏元忠石嶺之敗。張說送李問政河北簡兵，似應在此時。

景龍元年（七〇七）四十一歲　丁未

【時事】

秋七月，皇太子重俊與羽林將軍李多祚等，率羽林兵三百餘人誅武三思、武崇訓等，兵敗，為部下所殺。

《舊紀》:「秋七月庚子,皇太子重俊與羽林將軍李多祚等,率羽林千騎兵三百餘人誅武三思、武崇訓,遂引兵自肅章門斬關而入,帝惶遽登玄武樓,重俊引兵至下,上自臨軒諭之,衆遂散去,殺李多祚,重俊出奔,至鄠縣,爲部下所殺。」

【行年】

本年春,以兵部郎中名義祭侍郎崔貞慎。

《祭崔侍郎文》有「維神龍三年月朔日,兵部郎中(說)、員外曹(《陳譜》於此處讀,誤)良史等,謹以清酌少牢之奠,敬祭故侍郎崔公之靈」及「春中酹觴」等語,據此知說本年春尚在兵部郎中任。

本年夏秋間,遷工部侍郎。

《陳譜》按:「《舊傳》:『召拜兵部員外郎,累轉工部侍郎。』《新傳》:『累遷工部、兵部二侍郎。』今檢補遺卷一《讓起復除黃門侍郎第一表》:『忽降制書,復臣工部侍郎』,可見《舊傳》爲是。」

嚴耕望《唐僕尚丞郎表·輯考六·兵侍》(下簡稱《嚴表》):「按:《全唐文》二二二張說《讓起復黃門侍郎第一表》云:『臣……喪紀未終……忽降制書,復臣工部侍郎,尋奉後命,授臣黃門侍郎。』《會要》三八奪情條:『景龍三年,以前工部侍郎張說起復爲黃門侍郎,說乞終喪制,上(《會要》作「三」)表許之。』則《舊傳》喪免時官工侍,是也。」

《嚴表·工侍》「景龍元年」:「張說——景龍初由中舍遷。」又於《輯考八·工侍》作考曰:「張說——景龍初(詳兵侍卷),自中書舍人遷工侍(《卓異記》)。」

按《卓異記》「三代自中書舍人拜侍郎」條曰:「燕公張說,自中書舍人拜工部侍郎;子均,自中書舍人拜禮部侍郎;孫濛,自中書舍人拜禮部侍郎。」非。

《陳譜》僅言說本年「遷工部侍郎」,未言月日。《嚴表》亦僅言「景龍初」。按《會要》:「神龍元年五月十八日左散騎常侍柳沖上表曰:……臣今願敘唐朝之崇,修氏族之譜……上從之。遂令尚書左僕射魏元忠、工部尚書張錫、吏部侍郎蕭至忠、岑義、兵部侍郎崔湜、刑部侍郎徐堅、工部侍郎劉泊、左補闕吳兢等重修。」事又見《元龜》卷五百六十。《舊志》:「工部：尚書一員，侍郎一員。」本年五月前，工部侍郎爲劉憲，說本年春尚在兵部郎中任，遷工侍，似應在劉憲後，故謂「本年夏秋間」。這從其母馮氏封長樂縣太君時在秋亦可知。

秋，母馮氏封長樂縣太君。十一月戊申，母卒於東都康俗里第，說旋丁母憂去職。

《張騭誌》:「景龍元年秋，封長樂縣太君。夫人故藍田丞威之女也，享年七十有三，是歲十一月戊申，傾背於東都康俗里第。」

《英華》卷五七九《讓起復除黃門侍郎第二表》:「臣爲少子，慈愛所鍾，每一離別，輒加憂憫。況臣生年多故，違隔私庭；終堂之日，身限公事。存既數違左右，沒復不畢幾筵，痛心自傷，特殊人類。」

《舊傳》:「累轉工部侍郎，景龍中，丁母憂去職。」謂「景龍中」，不確。

【著作】

《祭崔侍郎文》(《文集》卷二三)

按文言:「維神龍三年　月朔日，兵部郎中(張說)、員外曹良史等，謹以清酌少牢之奠，敬祭故侍郎崔公之靈。」雖未及何月，但文中敘及「歲初置酒，春中酹觴，何吉凶之共域，同歌哭於此堂。」則崔氏卒於本年「春中」可知，時說官兵部郎中。

《爲伎人祭元十郎文》(《文集》卷二三)

按文言:「維(神龍三)年　月(朔)日，故妓人伏十善，謹以清酌少牢之奠，致祭於元十郎之靈。」陳氏當是據此而定。文既稱「神龍」，當撰於本年九月改元前。

《龍門西龕蘇合宮等身觀世音菩薩像頌》(《文集》卷一二)

《陳譜》:「文有『今吏部尚書懷遠公之元子』語，檢《新書・宰相表》:『景龍元年九月辛亥，瓌罷爲行吏部尚書』,說於十一月丁母憂，故作此文當在九至十一月間。」

按:《舊紀》亦言:「景龍元年九月……庚辰……侍中蘇瓌爲吏部尚書。」景龍三年九月「戊辰，吏部尚書、懷縣公蘇瓌爲尚書右僕射、同中書門下三品。」從張說稱蘇瓌爲「吏部尚書懷縣公」看，此頌應撰於元年至三年間。又，從蘇頲官合宮實際看，其官合宮令，「曾未朞月，還給事中」，其神龍二年始至任，故解任當在次年，即神龍三年（景龍元年）。《陳譜》繫元年，近是。

《河州刺史冉府君神道碑》（《文集》卷一六）

《陳譜》繫此碑景龍元年（七〇七），未作考證。按碑言：「有子曰祖雍，景龍初，擢給事中，兼侍御史內供奉。」知此碑撰於景龍元年後。《舊書・王同皎傳》：「睿宗即位，令復其官爵，執冉祖雍、李悛並誅之。」據此，碑撰於中宗朝明矣，但卻難以考定其必撰於景龍元年，暫繫此待考。

景龍二年（七〇八）四十二歲　戊申

【時事】

本年夏四月，增置修文館大學士、直學士、學士員數至二十四員（其中大學士四員，直學士八員，學士十二員）。

《舊紀》「（景龍元年）冬十月……乙丑，幸新安，改弘文館爲修文館。」「（景龍二年）夏四月……癸未，修文館增置大學士八員，直學士十二員。」按《舊紀》「大學士」後似佚「四員，直學士」五字。

《通鑑》卷二百九：「（景龍二年）夏四月癸未，置修文館大學士四員，直學士八員，學士十二員，選公卿以下善爲文者李嶠等爲之。每遊幸禁苑，或宗戚宴集，學士無不畢從，賦詩屬和，使上官昭容第其甲乙。」胡三省注：「武德四年，置修文館於門下省。九年改曰弘文館，五品以上曰學士，六品已上曰直學士。又有文學直館，皆它官領之。武后垂拱後，以宰相兼領館事，號曰館主。神龍元年，避孝敬皇帝諱，改曰昭文館。二年，改曰修文館。上官昭容勸帝置大學士四人，以象四時；直學士八人，以象八節；學士十二人，以象十二時。」

《玉海》卷五七：「《唐景龍文館記》……中宗景龍二年，詔修文館置大學士、學士、直學士凡二十四員，賦詩賡唱，是書咸記錄爲七卷。又學士二十九人傳，爲三卷。記云：大學士四人，象四時；學士八人，象八節；直學士十二人，象十二時。」

約本年前後，韋皇后、上官昭容、妃子、公主等，咸賣官鬻爵，行墨敕斜封。

《新書・選舉志》:「中宗時，韋后及太平、安樂公主等用事，於側門降墨勅斜封授官，號斜封官，凡數千員。內外盈溢，無廳事以居，當時謂之三無坐處，言宰相、御史及員外郎也。」

《會要》卷六七「員外官」:「景龍二年，長寧、宜城、定安、新都、金城等公主及皇后陸氏妹郕國夫人、馮氏妹崇國夫人，並昭容上官氏，與其母沛國夫人鄭氏、尚官柴氏、賀婁氏、女巫第五英兒、隴西夫人趙氏，咸樹朋黨，降墨勑斜封以授官。」

【行年】

在洛陽家中丁憂。

七月己酉，葬父騭、母馮氏於洛陽東南之萬安山。

《張騭碑》:「府君諱騭……年五十二，調露元年十二月乙卯，捐背於縣廨……以景龍二年七月己酉，安厝於萬安山陽。」

《張騭誌》:「(景龍)二年七月己酉，克葬我先公，夫人合祔焉，從周制也。」

【著作】

《府君墓誌》(《文集》卷二○)

誌言:「景龍元年秋，封長樂縣太君……二年七月己酉，克葬我先公，夫人合祔焉，從周制也。」景龍二年七月葬其父張騭，文似應撰於七月己酉(十九日)葬前。

《故洛陽尉贈朝散大夫馬府君碑》(《文集》卷一九)

洛陽尉贈朝散大夫馬府君名馬克忠。《陳譜》:「趙明誠《金石錄》卷五:『第八百八十唐洛陽尉馬克忠碑，張說撰，盧藏用八分書，景龍三年二月。』現檢碑文有『今龍集戊申，將返葬故園』語，故繫景龍二年。」按:《金石錄》所記爲立碑年月，撰碑當在此前，這是慣例。此碑當是說草以換錢(「傭文以取給」)者中之一篇。

景龍三年(七○九)四十三歲　己酉

【時事】

太平、安樂等公主挾權各樹朋黨，朝士諂附者甚眾。

《舊書·中宗韋庶人傳》:「時安樂公主與駙馬武延秀、侍中紀處訥、中書令宗楚客、司農卿趙履溫互相猜貳，疊爲朋黨。」

【行年】

在洛陽家中丁憂。

三月，詔起復除工部侍郎，尋轉授黃門侍郎，累表固辭，懇請終喪，時人高之。

《新傳》:「既期，詔起爲黃門侍郎，固請終制，祈陳哀到。時禮俗衰薄，士以奪服爲榮，而說獨以禮終，天下高之。」

《張琰誌》:「景龍（三）年，屬家艱，季兄說徵黃門侍郎，哀請不拜，詔許終服。」

《讓起復除黃門侍郎表並批答》:「忽降制書，復臣工部侍郎。尋奉後命，授臣黃門侍郎。震駭失圖，哀怖殞絕。」

時崔湜執政，年方三十八，說嘗歎曰:「其年不可及也，」

《新書·崔湜傳》:「湜執政時，年三十八，嘗暮出端門，緩轡諷詩。張說見之，歎曰:『文與位固可致，其年不可及也。』」

《陳譜》按:「《太平廣記》卷四九四《崔湜》條引《翰林盛事》:崔之初執政也，方二十七，容止端雅，文詞清麗。嘗暮出端門，下天津橋，馬上自吟:『春遊上林苑，花滿洛陽城。』張說時爲工部侍郎，望之杳然而歎曰『此句可得，此位可及，其年不可及也。』據《新書·宰相表》，湜景龍三年三月戊午同平章事;據兩《唐書·崔湜傳》，湜開元元年賜死，年四十三，則景龍三年爲三十八歲，《太平廣記》『方二十七』誤。又據《宰相表》，湜夏五月丙戌即貶襄州刺史，『春遊上林苑』，當在本年三月，時說丁母憂去職，稱『工部侍郎』亦不確。」按:唐筆記舛訛之處尚多，不可較眞，錄此僅備一說。

時說聚族而居，向成百口，吉凶衣食，待說以辦。家貧，傭文以取給。

《讓起復除黃門侍郎第三表》:「臣有兩兄一妹，甥侄九人，又有中表相依，向成百口，吉凶衣食，待臣以辦。」

《張琰誌》:「屬家艱……家貧，傭文以取給。」

《張德誌》:「景龍三年，家疚居貧，季弟說鬻詞取給。」

十月，葬大姐德、妹琰於萬安山陽。

《張德誌》:「景龍三年……冬十月，安厝伯姊於萬安山陽。」

《張琰誌》:「女郎名琰……景龍（三）年，屬家艱……冬十月，獲葬女弟於萬安山陽。」

十月十六日，葬曾祖父弋及曾祖母於河東普救原。

《張弋誌》:「景龍三年，歲次己酉，十月十六日，克葬曽王父、曽王母於河東之普救原，成先志也。」

十月二十六日，葬祖父恪、祖母董氏於蒲坂原張華及後裔所居之村。

《張恪誌》:「景龍三年，歲次己酉，冬十月二十六日，克葬王父、王母於蒲坂東司空之村，成先志也。」

本年十一月，服終，詔起復除工部侍郎。

《陳譜》按:「《讓起復除黃門侍郎表》:『甫至冬中，禮及祥禫』，知十一月服終。《舊傳》曰『弘文館』，應爲『修文館』，《新傳》曰:『復爲兵部』，應是『復爲工部』。」

十二月甲子，中宗至新豐溫湯；庚子，遊兵部尚書韋嗣立莊，便遊白鹿觀；甲辰，遊驪山。說隨行，並賦詩應制唱和。本月前後，說遷兵部侍郎兼修文館學士。

《舊紀》:「(景龍三年）十二月……甲子(《新紀》作「甲午」)，上幸新豐之溫湯。庚子，幸兵部尚書韋嗣立莊，封嗣立爲逍遙公，上親製序賦詩，便遊白鹿觀……是月幸驪山。乙巳，至自溫湯。」《舊紀》本年十一月、十二月甲子有誤，十二月無「甲子」日。

《舊傳》:「服終，復爲工部侍郎，俄拜兵部侍郎，加弘（應爲修）文館學士。」

《紀事》卷九:「十二月十二日幸溫泉宮……十四日，幸韋嗣立莊，拜嗣立逍遙公，名其居曰清虛原幽棲谷。十五日，幸白鹿觀。十八日，幸秦始皇陵。」所記日期與《舊紀》稍異。

按:《嚴表》謂說「景雲元年春夏，由工侍遷兵侍。」非。《英華》卷八九八崔湜《故吏部侍郎元公碑》:「景龍元年某月，終於某……以景龍三年某月，歸葬於某……公執交兵部侍郎南（洛）陽張說、吏部侍郎范陽盧藏用，當代英秀，文華冠時。而盧兼有臨池之妙，故張述銘，盧篆石，天下稱是碑有二美焉。」碑明言元氏葬「景龍三年某月」，其時並稱張說爲「兵部侍郎」，則說遷兵侍在景龍三年明矣。中宗攜張說至兵部尚書韋嗣立山莊，可能就是讓剛上任的張說與上司聯絡感情的。

【著作】

《讓起復除黃門侍郎表並批答》(《文集》卷二七)

按表言：「忽降制書，復臣工部侍郎。尋奉後命，授臣黃門侍郎……今已春暮，瞻言幾何？」張說終制在景龍三年冬十一月，故表應上於本年暮春。

《第二表》(《英華》卷五七九)

表言：「臣今望延數月，企及再期，乞恩無多，報國非晚……謹詣朝堂路左，奉表陳乞以聞。」則表當上於終喪前「數月」。

《第三表》(《英華》卷五七九)

表言：「陛下儻從臣數月，容過再期，非但寬其哀疚，固亦全其生理。」則表當上於終喪前「前月」，與上表前後所上。

《與執政書》(《英華》卷六八六)

書言：「說……及丁兇苦……三度表請，不蒙矜遂，當是文墨不盡苦心。投之執事，乞爲一言聞達。」書當撰於「三表」之後。

《李氏張夫人墓誌銘》(《文集》卷二六)

誌言：「景龍三年，家疚居貧，季弟說〔四〕鬻詞取給，冬十月，安厝伯姊於萬安山陽。」

《張氏女墓誌銘》(《文集》卷二六)

《周故通道館學士張府君墓誌》(《文集》卷二○)

按碑言：「景龍三年，歲次己酉，十月十六日，克葬曾王父、曾王母於河東之普救原，成先志也。」碑應撰於下葬之前。

《唐處士張府君墓誌》(《文集》卷二○)

按碑言：「以景龍三年，歲次己酉，冬十月二十六日，克葬王父、王母於蒲坂東司空之村，成先志也。」此碑與上碑或同撰於本年十月葬前。

《扈從幸韋嗣立山莊應制二首並序》(《文集》卷一)

按：《通鑒》卷二百九：景龍三年十二月「庚子，幸韋嗣立莊舍，以嗣立與周高士韋敻同族，賜爵逍遙公。嗣立皇后之疎屬也，由是顧賞尤重。」《舊紀》略同。《英華》卷一七五「幸宅」收李嶠《奉和聖製幸韋嗣立山莊侍宴應制》，下有「同前」之作九首，作者分別爲：李乂、沈佺期、武平一、趙彥昭、徐彥伯、劉憲、崔湜、張說、蘇頲。中宗當天在韋嗣立山莊，先作一首五言，群臣皆和，張說所作五言者即此；後又撰七言絕一首，《英華》卷一七五「幸宅」收李嶠《上又製七言絕句侍臣皆和》詩，下又收」同前」之作八首，作者分別爲：劉憲、趙彥昭、武平一、崔湜、沈佺期、李乂、張說、蘇頲。張說此詩之七絕即是和作之一。山莊，指嗣立在驪山鸚鵡谷所營別第。

《周考》景龍三年案：「《從幸韋嗣立山莊應制》，詩後注：『先一日，太平公主、上官昭容題詩數首，故詩有「舞鳳雕龍」之句。』即詩中『舞鳳迎公主，雕龍賦婕好』句。此事在景龍三年十二月庚子日，《年譜》云二首，誤。」按：《陳譜》不誤，《周考》誤也。

《幸白鹿觀應制》（《文集》卷一）

按：《舊紀》：景龍三年十二月「庚子，幸兵部尚書韋嗣立莊，封嗣立爲逍遙公，上親製序賦詩，便遊白鹿觀。」《英華》卷一七八「宮觀」收李嶠《幸白鹿觀應制》詩，下收「同前」之作八首，作者分別爲崔湜、沈佺期、劉憲、李乂、武平一、張說、徐彥伯、蘇頲。張說此詩即同時應制之作。《長安志》卷十五「臨潼縣」：「白鹿觀在縣西南一十五里驪山中，本驪山觀，有老母殿。唐高祖武德六年，幸溫泉，傍觀川原，見白鹿，遂改觀名。」

《奉和登驪山矚眺》（《文集》卷一）

按：《舊紀》：景龍三年十二月「甲辰（《通鑒》卷二百九作甲午），曲賜新豐縣百姓，給復一年，行從官賜勳一轉。是日幸驪山。」中宗賦《登登驪山高頂寓目》「四郊秦漢國，八水帝皇都」詩（《英華》卷一七〇作「唐太宗」，誤），從臣李嶠、劉憲、趙彥昭、蘇頲、崔湜、李乂（中華本《英華》名佚，四庫本作「前人」，即誤爲崔湜）、武平一、張說等八人屬和。

《東山記》（《文集》卷一三）

《紀事》卷一一：「嗣立莊在驪山鸚鵡谷中……中宗幸之……中宗留

詩，從臣屬和，嗣立並鐫於石，請張説爲之序。」《陳譜》繫此文景龍三年（七〇九）十二月。按：記言：「幸溫泉之歲也，皇上聞而賞之，迺命掌舍設帟……是日即席，拜公逍遙公，名其居曰清虛原幽棲谷。」《舊紀》：景龍三年十二月「庚子，幸兵部尚書韋嗣立莊，封嗣立爲逍遙公，上親製序賦詩。」兩唐書本傳略同，又見《元龜》卷一百十三。本月癸未朔，庚子爲十八日，《紀事》卷九：「十四日，幸韋嗣立莊，拜嗣立逍遙公，名其居曰清虛原幽棲谷。」所記日期與《舊紀》略異。

《故吏部侍郎元公碑銘》（《文集》卷二五）

《英華》卷八九八崔湜《故吏部侍郎元公碑》：「景龍元年某月，終於某……以景龍三年某月，歸葬於某……公執交兵部侍郎南（洛）陽張説、吏部侍郎范陽盧藏用，當代英秀，文華冠時。而盧兼有臨池之妙，故張述銘，盧篆石，天下稱是碑有二美焉。」《陳譜》置此銘二年，是。此碑當是説草以換錢（「傭文以取給」）者中之一篇。

《唐西臺舍人贈泗州刺史徐府君碑》（《文集》卷一八）

《陳譜》按：「碑云：『厥子曰堅，景龍中加金章紫綬，行禮部侍郎。』檢《新書・徐堅傳》：『睿宗即位，授太子左庶子』。是此碑實作於睿宗即位之初，堅授左庶子之前。」愚按：張説撰此碑，齊聃之子徐堅在「行禮部侍郎」任，時爲「景龍中」。徐堅由刑侍換禮侍在景龍二年或三年（《嚴表》），《陳譜》繫景雲元年似非妥，移置景龍三年。此碑當是説草以換錢（「傭文以取給」）者中之一篇。

中宗景龍四年（殤帝唐隆元年、睿宗景雲元年）（七一〇）

四十四歲　**庚戌**

【時事】

六月壬午，安樂公主與韋皇后合謀進鴆，毒殺中宗。溫王茂即位，韋皇后臨朝稱制。庚子夜，臨淄王李隆基舉兵誅諸韋武，韋后為亂兵所殺。甲辰，睿宗李旦即皇帝位，封少帝為溫王。

《舊書・中宗紀》景龍四年：「時安樂公主志欲皇后臨朝稱制，而求立爲皇太女，由是與后合謀進鴆。六月壬午，帝遇毒，崩於神龍殿，年五十。秘不發喪，皇后親總庶政……立溫王重茂爲皇太子。甲申……改元爲唐隆……丁亥，皇太子即帝位於柩前，時年十六。皇太后韋氏臨朝稱制……庚子夜，臨淄王諱舉兵誅諸韋、武，皆梟首於安福門外，韋太后爲亂兵所殺。」

《舊書·睿宗紀》景龍四年：「夏六月……甲辰，少帝詔……請叔父相王即皇帝位，朕退守本藩……於是少帝遜於別宮，是日即皇帝位……封少帝爲溫王。」

【行年】

六月前，在兵部侍郎任。

約本年七月，遷中書侍郎，兼雍州長史。

《舊傳》：「睿宗即位，遷中書侍郎，兼雍州長史。」

《陳譜》按：「睿宗六月即位，檢《舊紀》：『秋七月癸丑，兵部侍郎兼知雍州長史崔日用爲黃門侍郎。』說之任命亦當在其時。」

八月，往東都按譙王重福獄，一宿盡得其情狀，睿宗勞之。

《舊傳》：「史景雲元年秋，譙王重福於東都構逆而死，留守捕繫枝黨數百人，考訊結構之狀，經時不決。睿宗令說往按其獄，一宿捕獲重福謀主張靈均、鄭愔等，盡得其情狀，自餘枉被繫禁者，一切釋放。睿宗勞之曰：知卿按此獄，不枉良善，又不漏罪人。非卿忠正，豈能如此！」

冊平王李隆基為皇太子，說與褚无量等為太子侍讀，深見親敬。

《舊紀》：「（七月）己巳，冊平王爲皇太子。」說等爲太子侍讀，當在此後。

《舊傳》：「玄宗在東宮，說與國子司業褚无量俱爲侍讀，深見親敬。」

《大詔令》卷一〇五玄宗《命張說等兩省侍臣講讀敕》：「朕往在儲副，旁求儒雅，則張說、褚无量等爲朕侍讀。詩不云乎：『如切如磋，如琢如磨』，斯之謂也。咸能發揮啓迪，執經尊道，以微言匡菲德者，朕甚休之。」

《文集》卷三十《讓右丞相表》：「臣學慚稽古，早侍春宮，階緣舊恩，忝竊樞近。」

《玉海》卷一二八《唐太子侍讀》:「明皇則張說講友悌之書，褚无量撰翼善之記。」

《陳譜》按:「此段經歷實爲玄宗與張說長期君臣相得之基礎，故後來亦常爲兩人所稱道。」

此間，兼太子左春坊左庶子。

《舊紀》:「冬十月甲辰……兵部侍郎兼左庶子張說爲尚書左丞。』

《舊志》:「太子左春坊左庶子二人，正四品上。」

《陳譜》按:「說於何時兼左庶子不明。」愚意，當在爲太子侍讀期間，暫置此。

【著作】

《爲人作祭弟文》(《文集》卷二三)

按文曰:「維景龍元年(《英華》作「二年」),(正月癸丑朔五日丁巳),從兄兵部尚書某，以清齋少牢之奠，致祭於故將軍弟之靈。」《陳譜》置景雲元年(七一〇)正月，未作考證。當是據《英華》「歲次庚戌」而定,「庚戌」爲景龍四年，其年七月改元景雲，且「正月癸丑朔五日丁巳」也與景雲元年合，而與景龍元年或三年不合。愚亦疑「龍」爲「雲」之誤,「元年」不誤。又文言:「那奉車之暴逝，忽復綏而凶行。軫天悲於宸掖，固聚族於華京。」其死能夠讓「天悲於宸掖」者，只能是皇帝或妃后之親人。據《嚴表》，景龍四年兵部尚書爲韋嗣立、李嶠、姚元之。李嶠是著名文人，無須他人代筆;姚崇與張說不甚協，故疑兵尚爲韋嗣立。《舊傳》:「嗣立與韋庶人宗屬疎遠，中宗特令編入屬籍，由是顧賞尤重。」其所弔之「從弟」疑爲韋后從兄弟韋湑，張說曾於本年撰《韋譙公輓歌二首》挽之，參見此詩下考證。

《侍宴滻水應制賦得濃字》(《文集》卷一)

《紀事》卷九「李适」:「(景龍四年正月)二十九日晦，幸滻水」。《陳譜》據之置本年正月。

《弔陳司馬書》(《文集》卷二三)

按:《陳譜》置景龍三年(七〇九)正月，未作考證。按書言:「頃伏苫蓋，遠辱慰疏」,「伏苫蓋」何謂?指服喪也。張說母喪在景龍元年十一月，葬父母於洛陽萬安山在景龍二年七月。其服喪期間，陳司馬來信表示慰悼。書中又言：「方期歲暮，燁燁相榮」，張說服喪大祥在景龍三年「歲暮」。其與陳司馬似乎書信相約在大祥之時相見。故張說於正月癸亥弔陳司馬，最早應爲景雲元年（七一〇）。

《奉和送金城公主應制》（《文集》卷一）

此詩《陳譜》繫睿宗景雲元年（七一〇）二月，約是據《紀事》卷九：「二月一日送金城公主」而定。按：《舊紀》：景龍四年正月「丁丑，命左驍衛大將軍河源軍使楊矩爲送金城公主入吐蕃使。己卯，幸始平送金城公主歸吐蕃。」本月癸丑朔，丁丑爲二十五日，己卯爲二十七日，非二月。《會要》卷六亦記：「景龍四年正月二十七日，幸始平縣，送金城公主，以驍衛大將軍楊矩爲使。」不知《紀事》何據。《英華》卷一七六「送公主」收李嶠《奉和聖製送金城公主適西蕃應制》詩，下又收「同前」之作十六首，作者分別爲：崔湜、劉憲、張說、薛稷、閻朝隱、蘇頲、韋元旦、徐堅、崔日用、鄭愔、李适、馬懷素、武平一、徐彥伯、唐遠悊、沈佺期。張說這首詩即是和作之一。金城公主，雍王李守禮女。吐蕃贊普遣使請婚，中宗許嫁棄隸蹜贊。景龍四年春入吐蕃，開元二十八年（七四〇）卒於蕃。

《送鄭大夫惟忠從公主入蕃》（《文集》卷六）

按：《紀事》卷十二「周利用」：「金城公主和蕃，中宗送至馬嵬，羣臣賦詩，帝令御史大夫鄭惟忠及利用護送入蕃，學士賦詩以餞，徐彥伯爲之序云。」此事《舊書》卷一九六上《吐蕃傳》記之更詳。參上《奉和送金城公主應制》詩考證。鄭惟忠，兩唐書有傳，但均不及「從公主入蕃」事。

《奉和春日幸望春宮》（《文集》卷一）

此詩《陳譜》繫睿宗景雲元年（七一〇）三月。按：《御覽》卷二十引《唐書》曰：景龍四年正月八日立春，上命侍臣自芳林門經苑東展仗入，至望春宮迎春，內出彩花樹，人賜一枝」（《記纂淵海》卷二、《山堂肆考》卷八、《淵鑒類函》卷十三均引作《景龍文館記》）。《陳譜》作「三月」，應是據《初學記》卷十四「饗燕第五」：「劉憲《奉和春幸望春宮應製詩》：『暮春春色最便妍，苑裏花開列御筵。

商山積翠臨城起，滻水浮光共幕連。鶯藏嫩葉歌相喚，蝶礙芳叢舞不前。歡娛節物今如此，願奉宸遊億萬年。』」按：《英華》卷一七四岑義《奉和春日幸望春宮》題後錄「同前」之作十三首，作者分別爲崔湜、張説、武平一、劉憲、蘇頲、鄭愔、薛稷、韋元旦、崔日用、馬懷素、李适、李乂、沈佺期，《品彙·唐詩拾遺》卷十、《全詩》卷六九謂閻朝隱有同題作一首，題顯誤。詩云「彩勝年年逢七日」，據《英華》卷一七二，應爲人日應制之作。岑義詩題明記「春日」，即立春之日，非暮春三月也。崔湜詩題下《英華》編者注：「集作『望春宮迎春内出彩花樹應制。』」顯然爲立春日迎春。武平一詩言：「鑾輅青旗下帝臺，東郊上苑望春來。黃鶯未鮮林間囀，紅蘂先從殿裏開。盡閣條風初變柳，銀塘曲水半含苔。」明爲初春景物。愚意，如劉憲詩「暮春」二字不誤，則此十四首同題之作非作於同時也，一立春日作，一暮春作。吾頗疑劉憲詩「暮」字誤。

《南省就竇尚書山亭尋花柳宴序》（《文集》卷二八）

《陳譜》：「《唐詩紀事》卷九《李适》：『令學士尋勝，同宴於禮部尚書竇希琳（祖言按：應爲竇希玠）亭，賦詩，張説爲之序。』」按：《舊紀》：景龍四年夏四月」乙未，幸隆慶池，結綵爲樓，宴侍臣，泛舟戲樂，因幸禮部尚書竇希宅。」《嚴表·輯考五上·禮部尚書》：「竇希玠——景雲元年四月十四乙未，見在禮尚任。（舊紀脱玠字合鈔已補。）二年八月二十七己巳，徙太子少傅。（舊紀、舊傳作開元初誤。）」張説所撰序當即此文。景龍四年七月改元景雲，撰文在改元前。

《送高唐州》（《文集》卷六）

高唐州，唐州刺史高某。據沈佺期《餞高唐州詢》，則此人名詢。陶敏《沈佺期集校注》卷三：「唐州：州治在今河南泌陽。高詢：時出爲唐州刺史，餘未詳。《御史臺精舍題名》殿中侍御史及内供奉下有高恂，疑即其人。《文苑英華》卷二六七岑義、崔湜、盧藏用、張説、徐彦伯、蘇頲、李乂、韋元旦、馬懷素各有五律《餞唐州高使君赴任》一首，當同送之作。同作者均爲景龍文館學士，岑義詩云：『時媚上春時』，詩當作於景龍四年春。」按：盧藏用詩曰「蕙蘭春已晚」，李乂詩曰「春晚別離情」，詩作於三月，但難以確考其爲景龍某年，暫附此待考。

《侍宴隆慶池》(《文集》卷一)

《陳譜》繫此詩景雲元年四月，從之。按：《通鑒》卷二百九：景雲元年夏四月「初則天之世，長安城東隅民王純家井溢，浸成大池數十頃，號隆慶池。相王子五王列第於其北，望氣者言常鬱鬱有帝王氣，比日尤盛。乙未，上幸隆慶池，結彩爲樓，宴侍臣，泛舟戲象以厭之。」隆慶池，池名，即龍池。玄宗未即帝位之時，宅在隆慶坊南，及即位，遂以坊爲興慶宮，因此池在興慶宮側，故又名「興慶池」。據說，明皇在東都，晝寢，夢一女子，容豔異常，帝曰：汝何人？曰：妾凌波池中龍女也，衛宮護駕，妾實有功。知陛下洞曉鈞天之樂，願賜一曲，以光族類。帝於夢中爲凌波池之曲，龍女拜謝而去。及寤，盡記之，遂命禁樂，習而翻之。後宴於凌波宮，臨池奏新聲。忽池波湧起，有神女出於波心，乃夢中之女也。望拜御座，良久乃沒。因置祠池上，每歲祀之(《唐逸史》)。

《唐陳州龍興寺碑》(《文集》卷一三)

《陳譜》:「《金石錄》卷五:『第八百八十五《唐龍興寺碑》,張說撰，盧藏用八分書。景龍四年五月。』」按:《陳譜》置景雲元年(七一〇)五月，引《金石錄》爲證。此碑《寶刻叢編》卷五「陳州」記之更詳:「《唐龍興寺碑》:唐兵部侍郎、修文館學士張說撰，吏部侍郎、修文館學士盧藏用八分。中宗初復位，天下州郡皆置龍興寺一所，此碑以景龍四年五月立。《集古錄目》」又記《唐龍興寺碑陰》:「唐薛融書檢校陳州刺史韓琦等題名凡五十六人，又有僧惠明等題名十六人，別體書，不著名氏。《集古錄目》」《刺史考》亦據此係韓琦刺陳州在景龍四年。這應是立碑年月，張說撰碑，當在此前。《舊紀》:「(神龍三年二月)庚寅，改中興寺、觀爲龍興，內外不得言中興。」撰碑當在此後。碑署張說兵侍，說景龍三年底即在兵侍任(《嚴表》謂四年春夏間，非),四年七月遷中書侍郎。碑應撰於三年末或四年春夏間。

《唐故河間縣丞崔君神道碑》(《文集》卷一九)

按碑言:「嗣子日用，景龍中，爵安平縣子，職兵部侍郎。」崔日用官兵部侍郎，唐史不記確切日期，《嚴表》景龍四年唐隆元年謂「是年或稍前由某官擢遷。」《舊紀》：景龍四年「秋七月癸丑，兵部侍郎兼知雍州長史崔日用爲黃門侍郎，參知機務。」碑不及參知機務事，故當撰於四年七月癸丑前。

《讓中書侍郎表》（《文集》卷三十）

《舊傳》：「睿宗即位，遷中書侍郎，兼雍州長史。」讓表應上於睿宗任命說爲中書侍郎後數天之內。

《送王尚一嚴嶷二侍御赴司馬都督軍》（《文集》卷六）

《陳譜》不繫此詩作年。司馬都督，指涼州都督司馬逸客，《郁考》置逸客約景龍二年～景龍四年（約七〇六～七一〇）在涼州都督任。張說景龍二年在家丁憂，三年三月起復除黃門侍郎，累表固辭，十一月服終始復爲工部侍郎。詩云：「白露鷹初下」，時應爲秋，當在景龍四年景雲元年（七一〇）秋。二侍御赴逸客軍，約與朝中政局巨變有關。《舊書．睿宗紀》：「景龍四年夏六月，中宗崩……諸韋武黨與皆誅之。辛丑，帝挾少帝御安福門樓慰諭百姓……遣使分行諸道宣諭。」王尚一、嚴嶷二侍御，似爲其時所遣至涼州之使者。

《聖德頌》（《文集》卷十一）

按頌言：「羣公卿士胥進曰：陛下孝弟之至，歷數在躬……皇帝義不得已，曰：吁！所憂之長也。乃被帝服，陟元后，延羣臣，見兆人。是日也，景雲至；茲歲也，戎狄來……帝女是降，其從如星……帝初歷試，護彼窮發。」頌應撰於中宗暴崩，李隆基等起兵誅諸韋武，睿宗登位之時。「是日也，景雲至」；《舊紀》：「其日，景雲現。」「茲歲也，戎狄來」，「帝女是降」，應指本年初吐蕃來迎親，中宗送金城公主入蕃事。《陳譜》置睿宗景雲元年（七一〇）六月，似可從。

《爲薛稷讓官表》（《文集》卷二四）

《陳譜》按：「表曰：『伏奉制書除臣工部尚書。』《舊書》卷七三《薛稷傳》：『睿宗踐祚，……由是罷知政事，遷左散騎常侍，歷工部、禮部二尚書』，說於二年正月同平章事，當不致爲人捉刀，故繫之元年七月後。」愚按：此表既與工部尚書薛稷代筆，當任工侍時所爲。而本年工尚爲張錫。《舊紀》：景龍四年六月「皇后親總庶政。癸未，以刑部尚書裴談、工部尚書張錫並同中書門下三品，依舊東都留守。」

薛稷繼張錫爲工尚，應在六月癸未張錫由工尚遷同中書門下三品後。張說爲薛稷捉刀，也應在此後。另外，張說從工侍至同平章事，還任過兵部侍郎、中書侍郎及太子侍讀等職，《陳譜》謂張說遷中書侍郎在本年七月，那麼，張說任工侍爲薛稷捉刀只能在景龍四年六、七月間，不待七月後。

《爲僧普潤辭公封表》（《文集》卷二四）

《陳譜》置景雲元年（七一〇），未作考證。按表言：「伏奉甲寅制書，以普潤加榮沐秩，授邑封公……天位有德，陛下享之；天討有罪，太子行之。豈貪天之功，以爲己力？」《舊書・王琚傳》：「沙門普潤，先與玄宗筮，剋清内難，加三品，食實封，常入太子宮。」表稱李隆基爲「太子」，故張說代僧普潤撰此辭公封表，當在其助李隆基誅韋武，睿宗於本年七月己巳（二十日）「冊平王（李隆基）爲皇太子」後；表稱「甲寅」，最早爲本年九月六日。張說爲其捉刀，似應在本年九月六日後數天。

《藥園宴武洛沙將軍》（《文集》卷五）

按：《長安志・京城二》「次南昇平坊……西北隅有東宮藥園。」藥園既爲東宮藥園，張說等既在此宴請武洛沙，則其時說應官東宮侍讀。《舊傳》：「玄宗在東宮，說與國子司業褚旡量俱爲侍讀。」故疑詩作於爲太子李隆基侍讀的景雲元年（七一〇）。

《延州豆盧使君萬泉縣主薛氏神道碑》（《文集》卷二一）

《陳譜》、《周考》均未繫此碑作年。按碑言：「景雲元年八月二十一日，傾逝於延州之廨舍，春秋二十有四……冬十有一月五日，歸葬於長安洪瀆原。」碑應撰於景雲元年（七一〇）冬十一月五日前。

《韋譙公輓歌二首》（《文集》卷九）

《陳譜》不繫此詩作年。詩言：「五瑞分王國，雙珠映後家」據《舊書・外戚・韋溫傳》，韋溫爲韋皇后從父兄，韋氏專權，一門「爍灼朝野，時人比之武氏。」曾「加贈玄貞爲酆王、謚曰文獻……又贈玄貞子洵爲吏部尚書汝南郡王、浩太常卿武陵郡王、洞衛尉卿淮南郡王、泚太僕卿上蔡郡王。」詩又言「國騁雙騏驥，庭儀兩鳳凰。將星連相位，玉樹伴金鄉。」景龍三年（七〇九）春二月，韋溫遷太子少保、同中書門下三品。弟湑，神龍中爲左羽林將軍。韋后二妹，一嫁陸頌，一嫁馮太和。太和尋卒，又適嗣虢王李邕，均與詩所言合。溫弟韋湑卒在中宗崩前，疑「韋譙公」即湑，詩作於景龍三年韋溫爲相後，中宗崩前。暫置四年。

《洛州張司馬集序》（《文集》卷二八）

《陳譜》景龍元年（七〇七）：「作《洛州張司馬集序》。序曰：『夫言者，志之所之；文者，物之相雜。然則心不可蘊，故發揮以形容；辭不可隨，故錯綜以潤色。萬象蘋舞，入有名之地；五昔繁雜，出無聲之境。非窮神體妙，其孰能與此乎敘』」按：本段文字，不能說明此文撰於景龍元年。而文中明言：「起儀鳳之後，迄景龍以前，凡若干卷，列之如目。」「迄景龍以前」，則文撰於神龍三年九月改元景龍之後必矣，但是否包括景龍，當有兩種理解。愚意，似以撰於景龍四年秋七月改元景雲之後爲妥，暫繫景雲元年（七一〇）。

《侍宴臨渭亭（應制）》（《文集》卷一）

《舊紀》：景龍四年「三月甲寅，幸臨渭亭修禊飲，賜羣官柳棬以辟惡。」按：此詩《英華》卷一七二題作「奉和三日祓禊渭濱」，同時奉和應制者有韋嗣立、徐彥伯、劉憲、沈佺期、李乂、張說等六人（《歲時雜詠》卷十六同）。但《紀事》卷九及說郛本《景龍文館記》，只記沈佺期、李乂二人此日有應制之作，不及張說等四人。說此詩或如集所記，爲長安中作，附此待考。

《齊黃門侍郎盧思道碑》

《陳譜》不繫此碑作年。《周考》景雲二年案：「《齊黃門侍郎盧思道碑》是反映張說文藝思想的重要文獻，文曰：開皇以來百三十餘載，天贊唐德，生此多士，公之玄孫曰藏用，濟美文館，重祿黃門，永惟衣冠子孫。如果從開皇元年五八一年計入，則在景雲二年，而此時張說與盧藏用交往甚密，『張述銘，盧篆石，天下稱是碑有二美焉』。景龍、景雲年間多有合作，故暫列於是年。」愚按：此碑共有三處涉及撰碑時間，除周睿所言，尚有二處，其一碑銘言：「人之云亡，十有一紀。」盧思道卒隋開皇六年（五八六），至張說爲之撰碑，時已過一百一十年。故碑應撰於天冊萬歲元年（六九五）後。若置景雲二年，時已過一百二十六年，似不可再言「十有一紀」；且這個表述與「開皇以來，百三十餘載」不合，疑其中一個有誤。另一個能夠確定此碑撰碑年月的是：「公之玄孫曰藏用，濟美文館，重祿黃門……乃假詞菲才，刊石表隧。」《舊傳》：「景龍中，爲吏部侍郎……又遷黃門侍郎兼昭文館學士，轉工部侍郎。」據《嚴表》，藏用由吏部侍郎遷黃門在景龍四年。其前一年，朝廷亦準備起復張説爲黃門侍郎，但張説固辭；三年末服闋起復，連任工部、兵部、中書三侍郎。故吾以其撰碑時，應與盧氏同官侍郎，時間似以景龍四年景雲元年（七一〇）前爲妥。因爲次年正月，張説已爲中書門下平章事，宰相事繁，恐不太可能與盧氏撰此閑碑，附此待考。

景雲二年（七一一）四十五歲　辛亥

【時事】

二月丁丑，令皇太子監國。

《舊紀》：「二月丁丑，令皇太子監國。」

本年春，睿宗女金仙、玉真二公主入道，詔各造一觀以處之，用錢百萬餘緡。

《元龜》卷五三：「景雲元年……十二月癸未制曰：『朕……第八女西域公主，第九女昌隆公主，性安虛白，神融皎昧，並令入道，奉爲天皇天后，宜於京城右造觀，仍以來年正月，令二公主入道。」

《舊紀》：五月「辛丑，改西域公主爲金仙公主，昌隆公主爲玉眞公主，仍置金仙、玉眞兩觀。」

《舊書・魏知古傳》：「景雲二年……睿宗女金仙、玉眞二公主入道，有制各造一觀，雖屬季夏，盛暑尚營作不止，知古上疏諫。」

《通鑒》卷二百十：「右補闕辛替否上疏……自頃以來，水旱相繼，兼以霜蝗，人無所食，未聞賑恤；而爲二女造觀，用錢百萬餘緡。」

【行年】

正月己未（十三日），同中書門下平章事，監修國史。

《舊紀》：「二年春正月丁未朔……己未，太僕卿郭元振、中書侍郎張説並同中書門下平章事。」

《舊傳》：「明年，同中書門下平章事，監修國史。」

《陳譜》:「補遺卷一《幽州論戎事表》:『景雲中歲，兼掌樞衡，內當沸騰之口，外禦傾奪之勢。』按：同平章事，監修國史，見《舊紀》、《舊傳》。」

二月，獨排太平之黨，請太子監國。

《舊傳》:「是歲二月，睿宗謂侍臣曰：『有術者上言，五日內有急兵入宮，卿等爲朕備之。』左右相顧，莫能對。說進曰：『此是讒人設計，擬搖動東宮耳。陛下若使太子監國，則君臣分定，自然窺覦路絕，災難不生。』睿宗大悅，即日下制皇太子監國。」

此段史實，約出《唐新語》卷一，文與《舊傳》略同。《新語》同卷又言：「時太平公主將有奪宗之計……張說獨排太平之黨，請太子監國，平定禍亂，迄爲宗臣。」

進《上東宮勸學啟》(一作《上東宮請講學啟》)，建議「重道尊儒」,「博采文士」。

《陳譜》按：「本文云：『監國理人，可謂至重矣。』《通鑒》:『(二月)丁丑(二日)，命太子監國，六品以下除官及徒罪以下，並取太子處分。』本文當在其後。」愚按：《舊紀》：景雲三年「八月庚子，帝傳位於皇太子，自稱太上皇帝。」此文所上時間當在二月丁丑命太子監國後，八月庚子李隆基即帝位前。說見下《上東宮勸學啓》之考證。

四月庚辰(初五)，復為兵部侍郎(此時，似仍兼太子左庶子)，依舊同中書門下平章事。

《舊紀》:「夏四月庚辰，張說爲兵部侍郎，依舊同中書門下平章事。」

九月三日，元獻后生肅宗。肅宗得以平安降生，說有從旁贊畫保全之功。

《舊書・后妃下・玄宗元獻皇后楊氏傳》:「後景雲元年八月，選人太子宮。時太平公主用事，尤忌東宮。宮中左右持兩端，而潛附太平者，必陰伺察，事雖纖芥，皆聞於上，太子心自不安。后時方振，太子密謂張說曰：『用事者不欲吾多息胤，恐禍及此婦人。其如之何？』密令說懷去胎藥而入。太子於曲室躬自煮藥，醺然似寐，夢神人覆鼎。既寤如夢，如是者三。太子異之，告說。說曰：『天命也，無宜他慮！』既而太平誅，后果生肅宗。……開元中，肅宗爲忠王，后爲妃，又生寧親公主。張說以舊恩，特承寵異，說亦奇忠王儀表，心知運曆所鍾，故寧親公主降說子垍。」

《陳譜》按：「《舊書》此段出《次柳氏舊聞》。據《通鑒》，至德二載，玄宗欲誅張均、張垍，肅宗叩頭再拜曰：『臣非張說父子，無有今日。臣不能活均、垍，使死者有知，何面目見說於九泉！』即指此事。又，按《冊府元龜》卷二，肅宗乃景雲二年九月三日生，故此事約在年初。《舊書·楊皇后傳》云：『既而太平誅，后果生肅宗』，誤。」

十月甲辰（初三），太平公主以說不附己，乃罷知政事，為尚書左丞，分司東都。

《通鑒》卷：「冬十月甲辰，上御承天門，引韋安石、郭元振、竇懷貞、李日知、張說宣制，責以政教多闕、水旱爲災，府庫益竭，僚吏日滋，雖朕之薄德，亦輔佐非才。安石可左僕射、東都留守，元振可吏部尚書，懷貞可左御史大夫，日知可户部尚書，說可左丞，並罷政事……皆太平之志也。」

《舊傳》:「俄而太平公主引蕭至忠、崔湜等爲宰相，以說爲不附己，轉爲尚書左丞，罷知政事，仍令往東都留司。」

《陳譜》按：「《新傳》稱說爲『東都留守』，今韋安石已爲東都留守，說當以《舊傳》所云『仍令往東都留司』爲是。《嘉慶洛陽縣志》卷二六《職官》曰：『張說，洛陽人，東都留守』，亦沿《新傳》之誤。」愚按：張說文集卷七《奉酬龍門北溪作》詩下原附韋嗣立《偶遊龍門北溪忽懷驪山別業呈諸留守》詩，嗣立在詩中就稱張說、崔泰之、崔日知、魏奉古等人爲「諸留守」。同卷《酬崔光祿冬日述懷贈答》序亦言：「太極殿眾君子分司洛城。」當時似是眾人「分司」，均稱「留守」，《陳譜》或未察。

【著作】

《讓平章事表》（《文集》卷三十）

按表言：「臣伏奉宣旨，制書以臣同中書門下平章事。」據《舊紀》，事在本年正月己未，則此表應上於己未後數日。

《唐贈丹州刺史先府君碑》（《文集》卷二十）

按：碑言：「景雲二年，天子嘉侍臣之匪躬，念前人之蘊德，二月乙巳，詔曰：故官某……可贈使持節丹州刺史。」碑應撰於本年二月乙巳贈丹州刺史詔下後不久。本年二月丙子朔，乙巳爲本月最後一日，《陳譜》置二月，似當爲三月初。

《故太子少傅蘇公碑銘》（《文集》卷一四）

《陳譜》按：「孫星衍《寰宇訪碑錄》卷三：『許公蘇瓌神道碑：張說撰銘，盧藏用八分書，景雲元年十一月。』檢《文苑英華》卷（八）八三盧藏用《太子少傅蘇瓌神道碑》，首句謂瓌景雲元年十一月薨，但下文又曰：『粵明年三月己酉制葬我公』，則知《訪碑錄》誤矣。」

愚按：盧藏用《太子少傅蘇瓌神道碑》言：「維唐景雲元年歲在庚戌十一月己巳，太子少傅許國蘇公薨於崇仁里之私第……粵明年三月己酉，制葬我公於武功之先塋。」碑銘應撰於景雲元年十一月至來年三月間。碑末言及「建碑於塋北一十五里」，其時或在次年，陳氏所言近是。

《上東宮勸學啓》（一作《上東宮請講學啓》）（《文集》卷二七）

本文所上時間當在八月庚子前。《英華》錄太子右庶子李景伯、太子舍人賈曾《上東宮啓》各一（卷六五一），太子詹事劉憲《上東宮勸學啓》一則（卷六五二），此三啓與張說《勸學啓》應爲同時先後所上。事情之緣起據李景伯言，當是玄宗在東宮「近承諂曲之徒，私進女色，莫非倡蕩，穢跡可知。將入宮闈，以爲娛樂，傷教敗禮。」經李、賈二人上啓勸說，於是李隆基下令，讓劉憲「勾當所進書，隨了隨進。」並對他說：「當今閑暇，正好讀書。」東宮諸僚，見太子如此，便乘機上啓勸學，其時當在睿宗令太子李隆基監國後不久。

《昭容上官氏碑銘》（《文集》卷二一）

《陳譜》不置此銘作年。《周考》景雲二年（七一一）曰：「《昭容上官氏碑銘》，景雲二年秋七月，追復上官昭容。」按《通鑑》卷二百十「景雲二年」：「秋七月癸巳，追復上官昭容，謚曰惠文。」注：「追復其昭容之職，而加之以謚。」碑銘必撰於此後。又據題下注，齊公曾爲《序》。齊公，即齊國公崔日用。《舊傳》：「以功授銀青光祿大夫、黄門侍郎，參知機務，封齊國公，食實封二百户。爲相月餘，與中書侍郎薛稷不協，於中書忿競，由是轉雍州長史，停知政事。尋出爲揚州長史，歷婺、汴二州刺史、兗州都督、荊州長史。因入奏事，言太平公主謀逆……及討蕭至忠、竇懷貞之際，又令權檢校雍州長史，加實封通前滿四百户。尋拜吏部尚書。」據崔日用此間仕履，張説與之一道分撰序與銘，應在封齊國公後，出守揚州前。《周考》置景雲二年，張説本年十月罷平章事，分司東都，其撰此碑，似在本年十月前。

《中宗上官昭容集序》（《文集》卷二八）

《陳譜》按：「《通鑑》：『秋，七月，癸巳，追復上官昭容，謚曰惠文。』本序曰『鎮國太平公主，道高帝妹，……有命史臣，敘蘭臺之新集。』説十月罷爲尚書左丞，分司東都，此序當作於七至十月間。《全唐詩》卷五上官昭容小傳：『開元初，裒次其文章，詔張説題篇，集二十卷。』『開元初』不確。」愚按：《舊傳》謂「及韋庶人敗，婉兒亦斬於旗下。玄宗令收其詩筆，撰成文集二十卷，令張説爲之序。」《全詩》「開元初」之説，當從此出。序既言：「鎮國太平公主，道高帝妹」，稱太平爲「帝妹」，太平先天二年七月被誅，序必撰於此前。序與上《上官氏碑銘》似撰於同時，參上碑銘考。

《神龍享廟習樂議》（《全文》卷二二四）

按：議言：「今山陵已畢，清廟既祔，於禮則吉祭，於時則逾年，宜遵漢禮，以復常度。」此「山陵已畢」，指葬中宗李顯事。《舊紀》：「（景雲元年）十一月己酉，葬孝和皇帝於定陵。」「於時則逾年」，指中宗去世已過一年，故此議上於景雲二年當無疑議。

《李工部輓歌三首》（《文集》卷九）

《陳譜》、《周考》均不繫此詩作年。據《嚴表》，與張説同時之李姓工侍有李思沖、李元紘、李适三數人。詩言：「錦帳爲郎日，金門待詔時。」只有李适曾「待詔宣光閣」。另外，李适與張説曾同爲珠英學士、景龍文館學士，且二人先後任工侍，故以李适爲妥。據岑仲勉《貞石證史》及《嚴表》，適卒於睿宗景雲二年（七一一），説詩當作於是年。

睿宗太極元年（延和元年、玄宗先天元年）（七一二）四十六歲 壬子

【時事】

八月庚子，睿宗傳位於皇太子李隆基，自稱太上皇帝，五日一受朝於太極殿。

《舊書·睿宗紀》:「三年春正月……己丑，大赦天下，改元爲太極……五月戊寅，親祀北郊。辛未，大赦天下，改元爲延和……八月庚子，帝傳位於皇太子，自稱太上皇帝，五日一度受朝於太極殿。」

《舊書·玄宗紀》：「六月，兇黨因術人聞睿宗曰：據玄象，帝座及前星有災，皇太子合作天子，不合更居東宮矣。睿宗曰：傳德避災，吾意決矣。七月壬午，制曰：『……皇太子基有大功於天地，定阽危於社稷……曆數在躬，宜陟元后，可令即皇帝位，有司擇日授冊……宜識朕意。』上意惶懼，馳見叩頭，請所以傳位之旨。睿宗曰：『吾因汝功業得宗社……易位於汝，吾知晚矣。』上始居武德殿視事，三品以下除授及徒罪皆自決之。」

按：七月壬午，乃下傳位制書之日；八月庚子，方爲有司擇定授冊之日。

本年詩人杜甫生。

《舊傳》:「永泰二年，啗牛肉白酒，一夕而卒於耒陽，時年五十九。」

《新傳》:「大曆中，出瞿唐，下江陵，泝沅湘以登衡山，因客耒陽，遊岳祠，大水遽至，涉旬不得食。縣令具舟迎之，乃得還，令嘗饋牛炙白酒，大醉，一昔卒，年五十九。」

元稹《元氏長慶集》卷五六《唐故工部員外郎杜君墓係銘並序》:「扁舟下荊楚間，竟以寓卒，旋殯岳陽，享年五十九。」

按：杜甫卒年，諸家考定爲大曆五年（七七〇），非如《舊傳》所言「永泰二年」也。

【行年】

在尚書左丞、分司東都任。

在東都洛陽，與韋嗣立、崔日知、崔泰之等賦詩唱和。

集卷七《酬崔光祿冬日述懷贈答》序曰：「太極殿衆君子分司洛城，自春涉秋，日有遊討。既而韋公出守，茲樂便廢。頃因公宴，方接詠言。」詩曰：「求友還相得，群英復在茲。留臺少人務，方駕遞尋追。涉玩懷同賞，霑芳憶共持。迎賓南澗飲，載妓東城嬉。春郊綠畝秀，秋澗白雲滋。名畫披人物，良書討滯疑。興來光不惜，歡往跡如遺。」

【著作】

《奉酬龍門北溪作》（《文集》卷七）

按：集原附韋嗣立《偶遊龍門北溪忽懷驪山別業呈諸留守》及崔泰之、崔日知、魏奉古《奉酬龍門北溪作》諸詩。此詩言：「歲後寒初變，春前芳未開。」可證在新年後不久，時還未立春。

《酬韋祭酒自湯還都經龍門北溪見贈》（《文集》卷七）

《陳譜》繫此詩先天元年（七一二）三月，未舉證。按說詩言：「楊柳閭門深」、「春滿汀色媚」，集原附韋詩言：「徒見浦花繁」。《陳譜》定本年三月，可從。

《素盤盂銘並序》（《文集》卷一三）

序曰：「國子祭酒韋公，好遊山水。器珍雅素，因適湯泉，見梗、梓、枌、榆，良材滿谷，乃命山工，作爲盤盂。」故應與《酬韋祭酒自湯還都經龍門北溪見贈》諸詩爲先後作。《陳譜》置本年三月，本年可從，三月未必。

《東都酺宴》五首並序（《文集》卷五）

按序曰：「先天元祀，孟冬十月，東都留守韋公，寅奉聖朝，廷宣嘉旨。乃合洛京之五省，招河尹、之二縣，將吏咸集……供帳於興教之門，式酺宴也。」詩並序撰於此時。

《贈華州刺史楊君碑》（《文集》卷一六）

按碑言：「（夫人）以先天元年十月二十五日，合葬於少陵原。」據此，碑應撰於先天元年十月二十五日前後。

《酬崔光祿冬日述懷贈答》並序（《文集》卷七）

《陳譜》繫此詩先天元年（七一二），未舉證。按序言：「太極殿衆君子分司洛城，自春涉秋，日有遊討。既而韋公出守，茲樂便廢。頃因公宴，方接詠言。」「韋公出守」，指東都留守韋安石出爲蒲州刺史。《舊書・韋安石傳》:「景雲二年，加開府儀同三司……其冬罷知政事拜特進充東都留守……爲御史中丞楊茂謙所劾，出爲蒲州刺史。」據此，知韋安石守蒲在先天元年秋。崔日知詩題「冬日述懷」，故說酬詩應撰於先天元年冬。

《崔禮部園亭（賦得深字)》(《文集》卷七)

《陳譜》不繫此詩作年。韋嗣立詩《自湯還都經龍門北溪贈張左丞崔禮部崔光祿》即此時所作，「張左丞」即張說。《舊紀》:「(景雲二年冬十月)，兵部侍郎兼左庶子張說爲尚書左丞，罷知政事。」「(開元元年七月癸丑) 尚書左丞張說爲檢校中書令。」《陳譜》按:「說檢校中書令日，《舊紀》作癸丑，《新紀》、《新表》、《通鑒》作乙亥。七月壬戌朔，乙亥爲十四日，本月無癸丑，故定乙亥。」故其在東都與韋、崔唱和，應在景雲二年（七一一）冬至開元元年（七一三）七月前。詩云:「樹接夏陽深」，應作於先天元年夏或開元元年夏。張說《酬崔光祿冬日述懷贈答序》曰:「太極殿眾君子分司洛城，自春涉秋，日有遊討。」據此，則詩似應作於先天元年夏。

《送薛植入京》(《文集》卷六)

《陳譜》不繫此詩作年。《周考》繫開元五年（七一七）岳州詩下，無據不從。據詩「鴻都忽見求……飲別歲方秋」，張說時在東都洛陽相送，應爲先天元年（七一二）秋在東都留司任職之時。本年，太上皇睿宗曾使贊善大夫薛植爲淮南道宣勞使（《元龜》卷一六二「帝王部・命使二」)，張說送薛植入京似當在使回路過洛陽之時。

《奉和春日出苑應令》(《文集》卷一)

《陳譜》置景雲二年，按曰:「詩前有《先天應令春日出苑遊矚》一首，題注:『御製，太子時作』，應是玄宗原作。但《四部叢刊》本無題注，則作爲說詩矣。《全唐詩》中，此兩首詩均於玄宗及說詩中互見。當以《結一廬叢書》本爲是。又，《結一廬叢書》本、《四部叢刊》本玄宗詩題均有『先天應令』四字，而《全唐詩》則無。今按說詩後尚有墨令答贊一首，首兩句爲『入相論道，資孝爲忠』，說景雲二年正月入相，十月罷相，分司東都，知非先天年作，當繫是年。」愚按:《英華》卷一七九玄宗《春日出苑遊矚》詩後，有張說、賈曾、釋廣宣三人的應令之作。賈曾詩後，廣宣詩前，《英華》有一行注：「皇太子頻賜存問，並索唱和新詩，因有陳謝。」《紀事》卷十三賈曾此詩後注：「時爲太子舍人，使在東都。」《舊書·張說傳》：「說既知太平等陰懷異計，乃因使獻佩刀於玄宗，請先事討之，玄宗深嘉納焉。」依此二注及傳，則此詩必作於張說分司東都之時也。與下《奉和同皇太子過荷恩寺二首》都是異地相和之作，集原注「先天應令」，必有所本，故繫先天元年（七一二）。

《奉和同皇太子過慈恩寺》二首（《文集》卷一）

《陳譜》按：「《結一廬叢書》本和《四部叢刊》本於題前尚有『先天應制』，四字，《全唐詩》和武英殿聚珍版本無。如前條述，說先天年在東都，無作此詩之可能，故繫是年。」愚按：張說先天元年（七一二）是在分司東都任，但這並不能排除此間他曾到過長安。《舊傳》：「仍令往東都留司，說既知太平等陰懷異計，乃因使獻佩刀於玄宗，請先事討之，玄宗深嘉納焉。及至忠等伏誅，徵拜中書令。」替張說獻佩刀的使人，或即賈曾（《陳譜》謂可能是高力士，說見下《謝問表》考證）。獻刀之後，玄宗是有可能約見張說以商定討平太平一黨之計謀的。此詩僅沈佺期、張說二人相和。再說，「奉和」，也可以人在異地相和。上《奉和春日出苑應令》詩，就是異地唱和，此詩或是異地唱和。集既明署「先天應制」，必有所據。從荷恩寺（東武李抄、清抄、伍刻及五十家詩集等集本均作荷恩寺，但英華等誤作慈恩寺）的營造，亦可證明這一點。《詔令》卷一百八「政事·營繕」《停修金仙玉眞兩觀詔》：「朕頃居諒闇，煢疚於懷，奉爲則天皇后東都建荷澤寺，西京建荷恩寺，及金仙、玉眞公主出家，京中造觀，報先慈也……所欲修營兩觀，外議不識朕心，書奏頻繁。」迫於輿論壓力，睿宗下此詔解釋，並變通營構辦法。此詔尾署「景龍三年」。《元龜》卷五四五「諫諍部」：「太極初，睿宗爲則天皇后於東都建荷澤寺，西京建荷恩寺，及金仙、玉眞公主出家造觀，（韋）湊上疏……帝覽而善之。」《寶刻叢編》卷八「陝西永興軍路二·京兆府中·萬年縣」：「《唐荷恩寺碑》：唐裴耀卿撰序，顏溫之銘，景雲三年《京兆金石錄》。」《長安志》卷八「唐京城二·朱雀街東第三街」謂「街西之北荷恩寺景雲元年睿宗立。」疑「元年」爲「三年」之誤。

《謝問表》(《文集》卷三十)

《陳譜》置開元元年(七一三)六月,其下按言:「《表》曰:『庭闕一遙,寒暄二載』,說景雲二年十月分司東都,故此《表》當作於先天二年。又《表》曰:『內給事高力士至……』《舊傳》稱說『乃因使獻佩刀於玄宗』,疑此使即力士。」按《舊傳》:「唐隆平內難,昇儲位,奏力士屬內坊,日侍左右,擢授朝散大夫,內給事。先天中,預誅蕭、岑等功,超拜銀青光祿大夫、行內侍同正員。開元初,加右監門衛將軍,知內侍省事。」表既稱高力士官「內給事」,亦可證在誅太平及蕭、岑等之前。說表稱「庭闕一遙,寒暄二載」,說景雲二年十月分司東都,表似上於次年末。《陳譜》置「先天二六月」,恐非。移置元年。

先天二年(開元元年)(七一三)四十七歲　癸丑

【時事】

七月甲子(三日),蕭至忠、岑羲等伏誅。太平公主聞難作,遁入山寺,三數日方出,賜死於家。

《舊紀》:「先天二年七月三日,尚書左僕射竇懷貞、侍中岑羲、中書令蕭至忠、崔湜……等與太平公主同謀,期以其月四日(《通鑑考異》引《睿宗實錄》作「七日」),以羽林軍作亂。上密知之,因以中旨告岐王範、薛王業、兵部尚書郭元振、將軍王毛仲,取閑廄馬及家人三百餘人,率太僕少卿李令問、王守一、內侍高力士、果毅李守德等親信十數人,出武德殿,入虔化門,梟常元楷、李慈於北闕,擒賈膺福、李猷於內客省以出,執蕭至忠、岑羲於朝,皆斬之。」

《通鑑》卷二百十二:「太平公主逃入山寺,三日乃出,賜死於家。」《考異》曰:「《新傳》云:『三日乃出。』太上皇《實錄》曰:『公主聞難作,遁入山寺,數日方出,禁錮終身,諸子皆伏誅。』今從《新、舊傳》、《睿宗實錄》。」

七月甲戌,令毀天樞,取其銅鐵充軍國雜用。

《舊紀》:「(七月)甲戌,令毀天樞,取其銅鐵充軍國雜用。」

內侍高力士以預誅蕭、岑等功,超拜銀青光祿大夫、行內侍同正員。本年又加右監門衛將軍、知內侍省事。唐宦官之盛自此始。

《舊書·高力士傳》：「先天中，預誅蕭、岑等功，超拜銀青光祿大夫、行內侍同正員。開元初，加右監門衛將軍、知內侍省事。玄宗尊重宮闈中官，稍稱旨，即授三品將軍，門施棨戟。故楊思勗、黎敬仁、林招隱、尹鳳祥等，貴寵與力士等……監軍則權過節度，出使則列郡辟易……故帝城中甲第，畿甸上田，菓園池沼，中官參半於其間矣。」

【行年】

在尚書左丞、分司東都任。六月，說知太平公主等陰懷異計，乃因使自東都獻佩刀於玄宗，意欲其斷割，玄宗深自嘉納。

《舊傳》：「說既知太平等陰懷異計，乃因使獻佩刀於玄宗，請先事討之，玄宗深嘉納焉。」

《通鑑》卷二百十二：「太平公主依上皇之勢，擅權用事，與上有隙。宰相七人，五出其門……王琚言於上曰：『事迫矣，不可不速發。』左丞張說自東都遣人遺上佩刀，意欲上斷割。」

孫逖《張說頌》：「首謀四凶，決安危於天下。」

七月乙亥（十四日），以尚書左丞為檢校中書令。時說之散官為銀青光祿大夫，勳階為上柱國（《陳譜》）。

《舊紀》：「（七月）癸丑……尚書左丞張說爲檢校中書令。」

《大詔令》卷四四《張說中書令制》：「銀青光祿大夫檢校中書令上柱國燕國公張說……可守中書令，散官勳封如故。」

愚按：此前，張說所帶之散官勳封均未見。

《陳譜》按：「說檢校中書令日，《舊紀》作癸丑，《新紀》、《新表》、《通鑑》作乙亥。七月壬戌朔，乙亥爲十四日，本月無癸丑，故定乙亥。」

八月戊戌（七日），封燕國公，食實封三百戶。

《元龜·帝王部·明賞二》：「八月己亥，以中書令張說、郯王傅（應爲傅）兼國子祭酒褚无量輔導有功，制曰：「无量執經傳禮，敷暢微言，俾予遊夫子之門，知先生（應爲王）之道者，侍講之功也。說又定策監撫，謀始危言，防萌屯難，慮終竭節，以身許國，其誠動天……說可封燕國公，食實封三百户。」

《陳譜》按：「說之集補遺卷一《讓封燕國公表》稱七日制書封燕國公，而《元龜》稱己亥（八日），今從說《表》。又，說《表》、《元龜》俱云食實封三百户，《全文》卷二〇《封張說褚无量制》及《舊傳》、《新傳》均曰二百户，今從前者。」

約本年九月，請免誅以特進致仕之李嶠。

《通鑒》：「中宗之崩也，同中書門下三品李嶠密表韋后，請出相王諸子於外。上即位，於禁中得其表，以示侍臣。嶠時以特進致仕，或請誅之，張說曰：『嶠雖不識逆順，然爲當時之謀則忠矣。』上然之。九月，壬戌，以嶠子率更令暢爲虔州刺史，令嶠隨暢之官。」

九月辛未（十一日），守中書令。

《大詔令》卷四四《張說中書令制》：「銀青光祿大夫檢校中書令上柱國燕國公張說……可守中書令，散官勳封如故。」

《陳譜》按：「說即眞之日，《舊紀》云九月丁卯（初七），《新紀》、《新表》均曰庚午（初十），說之集補遺卷一《讓中書令表》稱『十一日制書授臣中書令』，當以此爲是。」

此間，與郭元振稱薦趙彥昭。

《舊書·趙彥昭傳》：「彥昭素與郭元振、張說友善，及蕭至忠等伏誅，元振、說等稱彥昭先嘗密圖其事，乃以功遷刑部尚書，封耿國公，賜實封一百户。」此似爲後貶相州埋禍根。

十月癸卯，諫斬郭元振。

《英華》卷九七二張說《兵部尚書代國公贈少保郭公行狀》：「是歲大徵兵衆，閱武驪山。兵一百萬，號三百萬，並奉公節度。是日，三令之後，上將親鼓，公慮有大變，因略行禮。上大怒，引坐纛下。紫微令張說犯鱗而諫上，乃曰：『元振有保護之功，宜捨軍法。』……（元振）與狄仁傑、朱敬則、魏元忠、李嶠、韋安石、趙彥昭、韋嗣立、薛稷、張說等爲忘年之交。」

《通鑒》：「癸卯，講武於驪山下，徵兵二十萬，旌旗連亙五十餘里。以軍容不整，坐兵部尚書郭元振於纛下，將斬之。劉幽求、張說跪於馬前諫曰：『元振有大功於社稷，不可殺。』乃流新州。」

甲辰，玄宗以姚崇同三品。說欲阻之，未成。

《通鑒》：「甲辰，獵於渭川。上欲以同州刺史姚元之爲相，張說疾之，使御史大夫趙彥昭彈之，上不納。又使殿中監姜皎言於上曰：『陛下常欲擇河東總管而難其人，臣今得之矣。』問爲誰，皎曰：『姚元之文武全才，眞其人也。』上曰：『此張說之意也，汝何得面欺，罪當死！』皎叩頭首服。上即遣中使召元之詣行在，既至，上方獵，引見，即拜兵部尚書、同中書門下三品。」

十一月八日，玄宗令銀青光祿大夫、守中書令、上柱國、燕國公說等兩省侍臣講讀，希以微言匡菲德者，並以此為「朕之休也」。

《大詔令》卷一〇五《命張說等兩省侍臣講讀敕》：「張說、褚无量等爲朕侍讀，《詩》不云乎？如切如磋，如琢如磨，斯之謂也。咸能發揮啓迪，執經尊道，以微言匡菲德者，朕甚休之。自虔奉聖訓，祇膺大寶，冀天下學士，靡然向風，實獲我心，登於近侍；復欲勉聽虛佇，論思獻納。孔子曰；德之不修，學之不講，是吾憂也，豈食而不知其旨，耕而不知其耨，將何以因於義，求於善，補朕之闕，誨人罔倦哉？宜令銀青光祿大夫守中書令上柱國燕國公張說……褚无量等，公務之暇，於中書與兩省侍臣講讀，其有昌言至誠、可體要經遠者，仍令……李乂……蘇頲與左右起居隨事編錄，三兩月進，朕將親覽……先天二年十一月八日」

十一月二十二日（《陳譜》誤作十二日），監修國史。

《大詔令》卷五一《張說等監修國史敕》：「銀青光祿大夫守中書令上柱國燕國公張說、銀青光祿大夫守兵部尚書同中書門下平章事三品上柱國梁郡開國公姚元之等，並可監修國史，餘各如故。先天二年十一月二十二日」

十二月庚寅（初一），改元開元。改易官名，中書省為紫微省，說為紫微令。

《舊紀》：「十二月庚寅朔，大赦天下，改元爲開元。內外官賜勳一轉，改尚書左右僕射爲左右丞相，中書省爲紫微省。」《通鑒》卷二百十略同。

此間上疏諫作潑寒胡戲，玄宗即下詔禁斷此戲。

《舊傳》:「自則天末年，季冬為潑寒胡戲，中宗嘗御樓以觀之，至是，因蕃夷入朝，又作此戲。說上疏諫曰:『臣聞韓宣適魯……法殊魯禮，褻比齊優，恐非干羽柔遠之義，樽俎折衝之禮。』自是此戲乃絕。」

《陳譜》按:「《舊紀》、《新紀》俱曰十二月己亥禁斷潑寒胡戲，唯《唐會要》卷三四《雜錄》曰:「至先天二年十月，中書令張說諫曰……至開元元年十月七日，敕『臘月乞寒，外蕃所出，漸浸成俗，因循已久。自今已後，無問蕃漢，即宜禁斷。』按先天二年十二月初一改元開元，故開元元年無十月七日，《會要》日期誤，當是十二月。」

十二月壬寅（十三日），玄宗以姚崇兼紫微令。癸丑（二十四日），說貶相州刺史、河北道按察使。

《舊紀》:「十二月……癸丑，紫微令張說為相州刺史。」

《舊書，李憕傳》:「憕早聰敏，以明經舉，開元初為咸陽尉。時張說自紫微令燕國公出為相州刺史、河北按察使。」

《新傳》:「素與姚元崇不平，罷為相州刺史、河北道按察使。」

《通鑑》卷二百十:「姚崇既為相，紫微令張說懼，乃潛詣岐王申款。他日，崇對於便殿，行微蹇，上問『有足疾乎敍』對曰:『臣有腹心之疾，非足疾也。』上問其故，對曰:『岐王陛下愛弟，張說為輔臣，而密乘車入王家，恐為所誤，故憂之。』癸丑，說左遷相州刺史。」

唐李濬《松窗雜錄》:「姚崇為相，忽一日對於便殿，舉右足不甚輕利。上曰:『卿有足疾邪敍』崇奏曰:『臣有腹心之疾，非足疾也。』因前奏張說罪狀數百言。上怒曰:『卿歸中書，宜宣與御史中丞共按其事。』而說未之知，會朱衣吏報午後三刻，說乘馬先歸，崇急呼御史中丞李林甫以前詔付之。林甫語崇曰:『說多智謀，是必困之，宜以劇地。』崇曰:『丞相得罪，未宜太逼。』林甫又曰:『公必不忍，即說當無害。』林甫止將詔付於小御史，中路以馬墜告。說未遭崇奏前旬月，家有教授書生，通於說侍兒最寵者，會擒得奸狀，以聞於說，說怒甚，將窮獄於京兆尹。書生厲聲言曰:『覩色不能禁，人之常情也，公貴爲宰相，豈無緩急用人，胡靳靳於一婢女邪敍』說奇其言而釋之，兼以侍兒與歸。書生亦遁跡去，旬餘無所聞知。忽一日直訪於說，憂色滿面而言曰：『某感公之恩，當有謝者久矣。今聞公爲姚相所構，外獄將具，公不之知，危將至矣。某願得公平生所寶者，用計於九公主，必能立釋之。』說因自歷指狀所寶者，書生皆曰：『未足解公之難。』又凝思久之，忽曰：『近有以雞林郡夜明簾爲寄信者。』書生曰：『吾事濟矣。』因請說手筆數行，懇以情言，途急趨出。逮夜，始及九公主邸第，書生具以說旨言之，兼用夜明簾爲贄，且謂主曰：『上獨不念在東宮時，思必始終恩加於張丞相乎敍而今反用快不利張丞相者之心邪！』明早，公主上謁，具爲奏之。上感動，因急命高力士就御史臺宣前所按獄事，並宜罷之。書生迄亦不再見於張丞相也。」

《陳譜》：「司馬光《資治通鑒考異》卷一二評曰：『此說亦似出於好事者。又元崇開元四年罷相，林甫十四年始爲御史中丞。今從《新傳》。』」

愚按：張說之貶，諸家均謂爲姚崇所構，但崇構其罪，必有因由，諸家不及。《舊書・趙彥昭傳》：「彥昭素與郭元振、張說友善，及蕭至忠等伏誅，元振、說等稱彥昭先嘗密圖其事，乃以功遷刑部尚書，封耿國公，賜實封一百户……俄而姚崇入相，甚惡彥昭之爲人，由是累貶江州別駕卒。」《冊府》卷五百二十下：「郭震，玄宗初爲殿中侍御史，劾刑部尚書趙彥昭、太子賓客韋嗣立、青州刺史韋安石曰：『彥昭以女巫趙五娘左道亂常，託爲諸姑，潛相影援，旣因提挈，遂踐臺階。或驅車造門，著婦人之服；或攜妻就謁，申猶子之情。同惡相濟，一至於此……臣忝司清憲，敢不糾彈！彥昭等，並請準法處分。』於是並貶官。」張說之貶，應與郭震之劾有關，其罪名當是「同惡相濟」，最起碼也是舉人不當。

約本年前後，稱許沈佺期詩清麗，謂須讓居第一。

《唐才子傳・沈佺期傳》：「佺期嘗以詩贈張燕公，公曰：『沈三兄詩清麗，須讓居第一也。』詩名大振。」

《陳譜》按：「佺期一經說延譽，便詩名大振，想在說封燕公後。據

《舊書》卷一九〇《文苑中・沈佺期傳》，佺期『開元初卒』，而說先天二年方得公封，姑繫本年。」

約本年前後，薦尹知章。

《舊書・儒學下・尹知章傳》：「睿宗初即位，中書令張說薦（尹）知章有古人之風，足以坐鎮雅俗，拜禮部員外郎。後秘書監馬懷素奏引知章就秘書省與學者刊定經史。」按：此段史實有誤，陳寅恪《讀書劄記・舊唐書之部》、岑仲勉《郎官石柱題名新考訂》均未發見。若「睿宗初即位」，則張說不得稱「中書令」；若說官中書令，則不應爲「睿宗初即位」之時。疑「中書令」不誤，「睿宗」爲「玄宗」之誤。《陳譜》置景雲二年，移置此。

【著作】

《讓封燕國公表》（《英華》卷五七三）

考證見上【行年】。

《讓中書令表》（《英華》卷五七三）

《陳譜》置此表開元元年（七一三）九月。按表言：「伏奉今月十一日制，授臣中書令……自臣攝官禁掖，已涉七旬。」則授張說檢校中書令至其上此表「已涉七旬」。《舊紀》記其官檢校中書令在先天二年七月癸丑，《新紀》、《新表》、《通鑑》作乙亥。七月壬戌朔，無癸丑，乙亥爲十四日，疑「癸丑」作「癸酉」（十二日）。張說即眞之時，《舊紀》云九月丁卯（初七），《新紀》、《新表》均曰庚午（初十），表言十一日。從七月十二至九月十一，爲「六旬」，則此表上於九月二十日前。

《送趙二尚書彥昭北伐》（《文集》卷六）

《陳譜》繫此詩開元元年（七一三）十月。《新傳》：「入爲吏部侍郎，持節按邊……改刑部尚書。」《通鑑》卷二百十：「（開元元年冬十月）己酉，以刑部尚書趙彥昭爲朔方道大總管。」詩言：「虜地河冰合，邊城備此時。兵連紫關路，將舉白雲司。」時與職均同《通鑑》合，應撰於十月己酉（十九日）後數日。

《諫潑胡（乞寒）戲疏》（《文集》卷二七）

《陳譜》據以繫開元元年十二月，可從。參下《蘇摩遮五首》。

《玄武門侍射並序》(《文集》卷三)

按序言:「開元之初,季冬其望,天子始御北闕……後二日,乃命紫微、黃門九卿六事,與熊羆之將,爪牙之臣合宴焉。」則此文當撰於十二月十七日後。《舊紀》:「(開元元年十二月)癸丑,尚書左丞相兼黃門監劉幽求爲太子少保,罷知政事。紫微令張說爲相州刺史。」本月庚寅朔,癸丑爲二十四日,文當撰於貶相州前。

《鄧國夫人墓銘》(《文集》卷二四)

《陳譜》、《周考》不繫此文作年。鄧國夫人,玄宗母昭成皇太后之妹竇氏,張守讓妻,張去奢母。《舊書》卷五二:「肅宗張皇后……祖母竇氏,玄宗母昭成皇太后之妹也。昭成爲天后所殺,玄宗幼失所恃,爲竇姨鞠養。景雲中,封鄧國夫人。」文當撰於睿宗景雲中封竇氏鄧國夫人之後。《元龜》卷三八:「玄宗先天二年五月,太上皇誥曰:『皇帝乳母蔣氏,莫氏等……莫氏可封燕國夫人。』是歲九月詔曰:『燕國夫人竇氏……朕在孩幼,躬勞乳養,遠惟恩義,寧無夙昔?瞻既往而莫追,見如存而永慕……俾錫朝寵,微申朕懷,俸料祿課等,一準職事三品給。』」此燕國夫人竇氏,應即景雲中封鄧國者。似是睿宗封鄧國,玄宗即位後改封燕國。《張去奢墓誌》亦謂其母爲燕國夫人。玄宗先天二年九月下詔之時,竇氏已死。這從《張去奢墓誌》也可以得到證明:「公之先妣燕國夫人竇氏,即開元天寶聖文神武皇帝之從(姨?)母也……開元初……以燕國喪去職。」說爲燕國夫人撰墓銘,應在先天二年九月玄宗下詔前。參下《蘇摩遮五首》考證。

《蘇摩遮五首》(《文集》卷十)

《陳譜》不繫此詩作年。《周考》繫景雲二年(七一一),不取。按:《元龜》卷三八:「先天二年……是歲九月詔曰:燕國夫人竇氏……朕在孩幼,躬勞乳養,遠惟恩義,寧忘夙昔,瞻既往而莫追,見如存而永慕……俾錫朝寵,微申朕懷,俸料祿課等,一準職事三品給。」同上卷三百一:「竇希瑊者,睿宗竇后之族也。玄宗先天二年九月戊寅,以光祿豳國公希瑊、將作少府希球、衛尉少卿希瓘,各食實封二百户,以舅氏特寵之也。」此詩題下注:「爲竇家作。」故應作於此特詔下達之後。詩又言:「摩遮本出海西胡……來將歌舞助歡娛」、

「寒氣宜人最可憐，故將寒水散庭前。」當是作潑寒胡戲。《舊傳》：「其冬改易官名，拜紫微令。自則天末年季冬爲潑寒胡戲，中宗嘗御樓以觀之。至是因蕃夷入朝，又作此戲。說上疏諫……此戲乃絕」（《元龜》卷三二八「宰輔・諫諍四」略同）。《舊紀》：「開元元年十二月己亥，禁斷潑寒胡戲。」故此詩應作於開元元年（七一三）十二月庚寅（一日）改元「又作此戲」後，己亥（十日）禁斷前。

《藍田法池寺二法堂贊並序》（《文集》卷十三）

《陳譜》不繫此詩作年。按：文曰：「善法堂以開元元年癸丑丑月望日戊辰建。」此贊必撰於「開元元年癸丑丑月望日戊辰」後。「丑月」據後「望日戊辰」，本月應爲甲寅朔，但開元元年十二個月無甲寅朔，故「丑月」與「戊辰」必有一誤，疑「廿月」誤。

開元二年（七一四）四十八歲　甲寅

【時事】

正月壬申，制選京官有才識者除都督、刺史，都督、刺史有政跡者除京官。使出入常均，永為恒式。

《通鑑》卷二百十一：「開元二年春正月壬申制：『選京官有才識者除都督、刺史，都督、刺史有政跡者除京官。使出入常均，永爲恒式。」

己卯，更置左右教坊，以教俗樂，命右驍衛將軍范及為之使。又選樂工數百人，自教法曲於梨園，謂之皇帝梨園弟子。又選伎女，置宜春院。

《通鑑》卷二百十一：「己卯……舊制雅俗之樂皆隸太常，上精曉音律，以太常禮樂之司，不應典倡優雜伎，乃更置左右教坊，以教俗樂，命右驍衛將軍范及爲之使。又選樂工數百人，自教法曲於梨園，謂之皇帝梨園弟子。又教宮中，使習之。又選伎女，置宜春院，給賜其家。」

丙寅，命有司沙汰天下僧尼，以偽妄者還俗。

《舊紀》：「丙寅，紫微令姚崇上言請檢責天下僧尼，以僞濫還俗者二萬餘人」（《元龜》卷一五九同）。

按：關於僞濫還俗人數，諸史記載有差。《會要》卷四七作「天下僧尼僞濫還俗者三萬餘人。」《舊書・姚崇傳》作「僞濫還俗者萬二千餘人」（《元龜》卷三百十三、《通鑒》卷二百十一同）。

【行年】

在（銀青光祿大夫？）上柱國、相州刺史、河北道按察使任。

【著作】

《相州九日城北亭子》（《文集》卷九）

《陳譜》按：「此詩《四部叢刊》本與《全唐詩》題作『湘州』，誤，見譜前陰行先條考訂。又《四部叢刊本》及《結一廬叢書》本於此首下均有《九日陪登高》一首，爲誤收陰行先詩。尾聯『今日桓公座，多愧孟嘉才』，即是陪客語氣。唯影宋本注明陰行先作。《全唐詩》卷九八亦作陰行先詩，題《和張燕公湘中九日登高》，『湘』字當改作『相』。」愚按：《陳譜》繫此詩開元二年（七一四）九月。張說開元元年十二月貶相州，三年夏即再貶岳州，其在相州只過了開元二年一個重陽。集原附陰行先《九日陪登高》詩一首，《紀事》謂陰行先「開元間爲湘州從事」，肯定有誤。《陳譜》改作「開元初爲相州從事」，似亦可商榷。張說集中除《九日陪登高》詩外，另有一首《幽州別陰長河行先》：「惠好交情重，辛勤世事多。荊南久爲別，薊北遠來過。」他們在幽州相別之前，曾在「荊南」有一次相見相別。且那次相別距這次幽州相別已經很久了。其子張均撰《邠王府長史陰府君碑》，記其曾官「陳州司倉（一作户）」、「宜城王府記室參軍」、「長河令」、「蔚州別駕」、「入爲慶王友，轉太子中允，又拜國子司業、邠王府長史」。詩言：「西楚茱萸節，南淮戲馬臺。寧知洹水上，復有菊花杯。」「西楚」句，指其爲宜城王府參軍之時；「南淮」句，指其官陳州司倉（一作户）之時。「寧知」二句，即轉到目前。碑未言及爲張說幕僚，《紀事》之言應是誤解陰長河詩「今日桓公座，多愧孟嘉才」而來，似無它據。且張說詩明言「親朋自遠來」，顯然，陰行先當時不是在張說幕中爲從事之官，而應是由宜城王府參軍轉長河令。長河縣屬德州，距相州不遠，其赴任途中，順道至相州看望妻兄張說，於是便有了二人的本次唱和。詩開元二年重九作於相州無疑。

《相州前池別許鄭二判官景先神力》(《文集》卷六)

《陳譜》繫此詩開元二年(七一四)秋,是。據《舊紀》,開元元年十二月癸丑,「紫微令張說爲相州刺史。」開元三年四月十二日,制書除岳州刺史(《陳譜》引說《岳州刺史謝上表》)。故張說在相州只過了開元二年一個秋天。詩言「澹泊含秋景」,必寫了二年秋。

《相州冬日早衙》(《文集》卷八)

《陳譜》繫此詩開元二年(七一四)冬,未舉證。按:張說開元元年十二月癸丑(二十四日)貶相州。約次年正月後至相州,三年四月除岳州,謂二年冬,是。

《鄴都引》(《文集》卷十)

《陳譜》置開元二年(十一四)秋。據詩「試上銅臺歌舞處,唯有秋風愁殺人」,詩當作於本年秋在相州刺史任。說參上詩考證。

《常州刺史平貞慎神道碑》(《英華》卷九二一)

《陳譜》置開元二年(七一四)冬,未作考證。按碑言:「先天元年仲冬,薨於河南之正平里第,遺令近地便葬,斂以終服。開元二年冬,卜葬於伊闕之西。夫人河東縣君柳氏袝焉,禮也。」碑應撰於開元元、二年間,暫置此。

《相州山池作》(《文集》卷八)

《陳譜》繫此詩開元三年(七一五)春。按:詩言「鄴中秋麥秀,淇上春雲沒。」陳氏約是據「春雲沒」之「春」字繫於本年春,但從「春雲沒」及「秋麥秀」看,顯然春天過了,時已是「麥秋」,即已入夏,故詩似應作於二年。

《相州北亭》(《文集》卷八)

《陳譜》按:「《全唐詩》卷八七作《湘州北亭》,誤。」《陳譜》繫此詩開元三年(七一五)。按:詩言「山花迷徑路」,當爲春景,則繫開元二年似無不可。

開元三年(七一五)四十九歲　乙卯

【時事】

春正月,立郢王嗣謙為皇太子。

《舊紀》:「三年春正月丁亥，立郢王嗣謙爲皇太子。」

冬十月甲寅制，令每日選耆儒博學一人，入內侍讀。以光祿卿馬懷素為左散騎常侍，褚无量並充侍讀。

《舊紀》:「冬十月甲寅，制曰:『朕聽政之暇，常覽史籍，事關理道，實所留心，中有闕疑，時須質問。宜選耆儒博學一人，每日入內侍讀。』以光祿卿馬懷素爲左散騎常侍，褚无量並充侍讀。」

【行年】

在（銀青光祿大夫？）上柱國、相州刺史、河北道按察使任。

四月十二日，坐事貶岳州刺史，停所食實封三百戶。六月一日至岳州上任。

集卷三十《岳州謝上表》:「伏奉四月十有二日制書，除臣岳州刺史，其月二十七日魚書到相州。承恩惶怖，狼狽上道，以今月一日至岳州。」

《舊傳》:「俄又坐事左轉岳州刺史，仍停所食實封三百户。」

在岳州任，常與趙冬曦、尹懋等登南樓（後稱岳陽樓），賦詩唱和。

《古逸叢書》本《太平寰宇記》卷一一三《岳州・巴陵縣》:「岳陽樓，唐開元四年，張說自中書令爲岳州刺史，常與才士登此樓，有詩百餘篇列於樓壁。」

宋范致明撰《岳陽風土記》:「岳陽樓，城西門樓也。下瞰洞庭，景物寬闊。唐開元四年，中書令張說除守此州，每與才士登樓賦詩，自爾名著。其後太守於樓北百步復創樓，名曰燕公樓。」

宋祝穆撰《方輿勝覽》卷二十九:「岳陽樓，在郡治西南，西面洞庭，左顧君山，不知創始爲誰。唐開元四年，中書令張說出守是邦，日與才士登臨賦詠，自爾名著。」

《清一統志》卷三五九《岳州府二》:「按唐張說詩止有南樓，並無稱岳陽樓者。其與趙冬曦登南樓詩，有云『危樓瀉洞湖，積水照城隅』，是樓在城隅，面臨湖岸，所登即岳陽樓也。」

按:《寰宇記》、《風土記》、《方輿勝覽》等俱稱張說四年守岳州，不確。《陳譜》曰:「說於五年春遷荊州（考訂見五年譜文），卷八《巴邱春》曰：『三歲客長沙』，故遷岳州當在三年。」

【著作】

《岳州謝上表》（《文集》卷三十）

按表言：「伏奉四月十有二日制書，除臣岳州刺史，其月二十七日魚書到相州。承恩惶怖，狼狽上道，以今月一日至岳州。」據此，張說不可能五月一日從相州至岳州，最快只能是六月一日。陳氏置六月，可從。

《岳州別梁六人朝》（《文集》卷六）

《送梁六自洞庭山作》（《文集》卷六）

《陳譜》繫二詩開元三年（七一五）秋，未作考證。按：張說開元二年四月十二日制書除岳州刺史，其月二十七日遞書到相州，約五月初從相州出發，六月一日至岳州上任（《岳州謝上表》）。此詩云：「遠莅長沙渚　　月餘偏地賞。」當至岳州才「月餘」，即七月初。張說《送梁六自洞庭山作》詩言：「巴陵一望洞庭秋」，時當爲秋。表與詩言相符，亦與詩所描繪的景致「河蒲秀紫臺」相符。集附梁知微《奉別燕公》詩言：「三年計吏入，路指巴丘城。」知微乃三年任滿入朝上計。其出任潭督當在開元元年，其前任應爲尹正義。後任當爲王熊。《刺史考》置王熊「約開元四年（約七一六）」，置梁知微「約開元五年（約七一七）」，非。

《遊洞庭湖（湘）》二首（《文集》卷八）

按：其二言：「剖竹守窮渚，開門對奇域。」當爲始至岳州時也；又言「寒沙際水準，霜樹籠煙直。」似可視爲深秋或初冬景致。故置本年。

《和尹懋秋夜遊㴩湖》二首（《文集》卷八）

按：《陳譜》置此詩本年秋。詩言：「朔風吹飛鴈，芳草亦云歇。」時爲秋或初冬大致沒有問題。尹懋詩序言：「燕公以蓋司馬初到，趙侍御客焉，聿理方舟，嬉遊㴩壑。」亦可說明詩是說初至岳州之年所作。

《岳州宴姚紹之》並序（《文集》卷九）

《陳譜》按：「姚紹之，兩《唐書》入《酷吏傳》，未敘及岳州事。」愚按：此詩言：「山水含秋興……翠斝吹黃菊，琱盤鱠紫鱗。」時爲秋，似重陽作。據後《岳州別姚司馬紹之制許歸侍》詩，姚紹之開元四年不及秋即制許歸家侍親，故此詩當是三年姚氏初至岳州，張說設宴相款時作。

《岳州行郡竹籬》（《文集》卷八）

詩言：「山郡不溝郭，荒居無翳壅……始果遊處心，終日成閑拱。」由此知詩應爲至岳州後不久所作。《陳譜》繫此詩開元三年（七一五），從之。

《與度門禪眾書》（《文集》卷三十）

《陳譜》按：「影宋本卷三〇載《與廈門禪眾書》並附僧一行等答書。僧一行等則自稱『度門寺大眾僧』，查《舊書》卷一九一《方伎傳》：『神秀乃往荊州，居於當陽山。則天聞其名，……敕當陽山置度門寺以旌其德。』又同卷載一行先曾師事沙門普寂（神秀之弟子），『後步往荊州當陽山，依沙門悟眞以習梵律。』可見影宋本題廈門禪眾當爲度門禪眾之誤。又，說書曰：『一從遷滅，十載逾茲，……頃蒙朝貸，移守岳陽。』神秀卒於神龍二年（七〇六），此書當作於開元三年。」

《唐玉泉寺大通禪師碑》（《文集》卷一九）

《陳譜》神龍二年：「《舊書》卷一九一《方伎傳》：『神秀以神龍二年卒，士庶皆來送葬。有詔賜謚日大通禪師。又於相王舊宅置報恩寺，岐王範、張說及徵士盧鴻一皆爲其碑文。』」愚按：碑言神秀死，「維十月哉生魄明，即舊居後岡，安神啓塔」，陳氏遂據之確定碑撰於本年十月。但卻沒有注意到碑中說：「百日卒哭也，在龍花寺設大會，八千人度二七人。二祥練縞也，咸就西明道場，數如前會。」這裡還提到了「二祥」法會，二祥，喪祭名，指小祥和大祥。古人以父母死後第十三個月而後祭日小祥，以第二十五個月而後祭曰大祥。則張說撰此碑之時，距神秀卒之神龍二年二月，至少已經過去二十五個月，即已至景龍二年（七〇八）二月後。碑接著又言：「日月逾邁，榮落相推。於戲！法子永戀宗極。」則撰碑更在其後。上《與度門禪眾書》明言，其時「頃蒙朝貸，移守岳陽」，則撰此碑不在神龍間顯而易見。

《對酒行（巴陵作）》（《文集》卷五）

《陳譜》繫開元五年〔其他岳州著作〕之下。按詩言：「繁榮安足恃，霜露遞相尋。鳥哭楚山外，猿啼湘水陰。夢中城闕近，天畔海雲深。空對忘憂酒，離憂不去心。」據詩意，似應爲初至岳州時作，暫移繫開元三年（七一五）。

《同趙侍御望歸舟》（《文集》卷七）

《陳譜》繫開元五年（七一七）「〔其他岳州著作〕（乙卯至丁巳）」下，未舉證。詩曰：「山亭迥迥面長川，江樹重重極遠煙。形影相追高翥鳥，心腸併斷北飛船。」據此，詩似應爲説與趙冬曦初至岳州時所寫，暫置開元三年。

《同趙侍御乾湖作》（《文集》卷七）

按：《陳譜》繫開元五年（七一七）「〔其他岳州著作〕（乙卯至丁巳）」下，未舉證。按：趙冬曦《乾湖作並序》：「炎暑子月，草生彌望青青。」「子月」，十一月，故張説詩言：「冬景青青步纖草」。此年暖冬也。《舊紀》：開元三年：「是冬無雪。」據此，詩應作於開元三年（七一五）冬。

《江上愁心賦寄趙子岳州作》（《文集》卷一）

《陳譜》繫開元五年（七一七）下〔其他岳州著作〕（乙卯至丁巳），即可斷爲貶岳州時期作品，但無從斷其具體作年。按：《英華》卷九一有趙冬曦《謝燕公江上愁心賦》，應是與張説此賦的唱和之作，中言：「憶都門兮夏雲邊，邈千里兮無由緣，送涼風兮脱葉，復窮陰兮冒天。」據此，應爲趙冬曦貶岳州之當年冬。故置三年。

《岳州九日宴道觀西閣》（《文集》卷九）

《陳譜》繫此詩〔其他岳州著作〕（乙卯至丁巳）下，意謂難定其確切作年。按：詩中不涉關於至岳州之年歲，此正説明應爲至岳州之當年。故繫開元三年（七一五）。

開元四年（七一六）五十歲　丙辰

【時事】

開元四年夏六月甲子，太上皇帝李旦崩，時年五十五。冬十月庚午，葬於橋陵。

《舊書・睿宗紀》:「開元四年夏六月甲子，太上皇帝崩於百福殿，時年五十五。秋七月己亥，上尊謚曰大聖貞皇帝，廟號睿宗。冬十月庚午，葬於橋陵。」

【行年】

在岳州刺史任上，與趙冬曦等唱和。

【著作】

《贈趙侍御》(《文集》卷七)

《陳譜》繫開元五年（七一七）春，未舉證。按：詩言:「祿放跡異端，偏荒事同蹇。苟忘風波累，俱會雲壑踐。」顯然爲趙冬曦初貶岳州時張說口吻。「不知岸陰謝，再見春露泫。」說在岳州，已經兩個年頭。故愚以爲，張說此贈冬曦詩應在開元四年春。

《翻著葛巾呈趙尹》(《文集》卷七)

《陳譜》繫此詩開元四年（七一六）春，未舉證。按詩言「桃花春徑滿」，趙冬曦和詩言:「美酒值芳春」，當作於某年春是肯定的。冬曦詩又言:「徐榻思方建」，據此，《陳譜》可從。

《代書答姜七崔九》(《文集》卷七)

《陳譜》按:「據岑仲勉《唐人行第錄》，姜七指姜皎，崔九當是崔滌。詩中『婀娜金闕樹』，喻姜、崔;『離披野田草』，自況。《新書》卷九一《姜皎傳》:皎『開元五年，下詔放歸田里。』故詩繫四年。」愚意，詩不定作於開元四年，但可定爲開元二至五年間（七一四～七一七）作，暫繫此。

《岳州夜坐》(《文集》卷九)

《陳譜》據詩云:「五十知天命」，置本年夏。按：說本年五十歲，從之。

《岳州作二首》(《文集》卷八)

《陳譜》繫此詩開元四年（七一六）秋。未舉證。按：詩其一言:「水國生秋草，離居再及瓜。」張說開元三年夏貶岳州，「再瓜」即第二年秋。

《聞雨》二首（《文集》卷九)

本詩其一言:「窮冬萬化匝，永夜百憂攢。」其二曰:「念我勞造化，從來五十年。」説本年五十，《陳譜》置此詩開元四年（七一六）冬，從之。

《伯奴邊見歸田賦因投趙侍御》（《文集》卷七）

詩言：「去國逾三載，茲山老二年。」張説於開元元年十二月貶相州，至開元四年，其離京已過三年；開元三年再貶岳州，其在岳州也有兩個年頭。《陳譜》繫此詩開元四年（七一六）冬，四年可從，冬似未必。

《五君詠》五首（《文集》卷一〇）

《陳譜》置開元四年十一月。考訂見下五年遷荊州條。

《岳州贈廣平公宋大夫》（《文集》卷七）

《陳譜》置開元四年十二月，按曰：「檢《通鑒》：『開元四年十一月，姚崇，薦廣州都督宋璟自代。十二月，上將幸東都，以璟爲刑部尚書、西京留守，令馳驛詣闕。』閏十二月己亥，『以刑部尚書宋璟守吏部尚書兼黃門監。』詩題稱『宋大夫』，首聯則稱『亞相本時英，歸來復國楨。』按璟督廣前爲御史大夫，詩稱之爲亞相，可見在閏月己亥爲相前。《舊書》卷九六《宋璟傳》：『四年，遷吏部尚書，兼黃門監。明年，官名改易，爲侍中，累封廣平郡公。』則説四年底作此詩時璟尚未封公，詩題上『廣平公』三字或是後人所加。」

《岳州別姚司馬紹之制許歸侍》（《文集》卷六）

按：《陳譜》將此詩入「〔其他岳州著作〕（乙卯至丁巳）」，即説明難考定此詩具體作年。按：張説《岳州宴姚紹之並序》：「姚司馬往在柏臺，每欽骨鯁。及茲荒服，偶得官聯。」則紹之時與説同官岳州。張説《寄姚司馬》詩云：「共君春種瓜，本期清夏暑。瓜成人已去，失望將誰語……偶逢西風便，因之寄鄂渚。」張説開元三年夏始至岳州，五年春即遷荊州，其在岳州由春及秋者，僅開元四年（七一六）。

《岳州宴別潭州王熊二首》（《文集》卷六）

《陳譜》開元五年「〔其他岳州著作〕（乙卯至丁巳）」下收此詩。似不肯定此詩作年。陳貽焮主編《增訂注釋全唐詩》注謂「當作於開元五年（七一七）初春王熊自潭州入朝途經岳州時。」按：集原附王熊《奉答張岳州二首》，詩言「長沙辭舊國，洞庭逢故人。」王熊離長沙北上入朝，至岳州與張説相見可以肯定。又言「歲月方嗟老，江山不惜春。」張說詩言「古木無生意，寒雲若死灰。」時爲初春似也可以肯定。但張說在岳州過了開元四年、五年兩個春天，五年二月二十五日遷荊州長史，夏四月一日始過江赴荊州（《四月一日過江赴荊州》）。從詩意看，似以在四年春爲妥。《刺史考》亦係王熊刺譚「約開元四年（約七一六）」。

《廣州蕭都督入朝過岳州宴餞得冬字》（《文集》卷六）

《陳譜》「開元五年〔其他岳州著作〕（乙卯至丁巳）」下收此詩，似只肯定此詩作於岳州，不定爲開元五年。按：據張九齡《故安南副都護畢公墓誌》，廣督蕭璿之繼任爲宋璟。張說《廣州都督嶺南按察五府經略使宋公遺愛碑頌》：「維唐御天下九十有八載，……天子念窮鄉之僻陋，徼道之脩阻，……乃命舊相廣平公宋璟，鎮茲裔壤，式是南州。」「唐御天下九十有八載」爲開元四年（七一六），似未期年，中書令姚崇即薦以自代，時在本年十一月（《通鑒》）。蕭璿入朝至遲不得晚於開元四年十一月。《元龜》：「（開元）四年……十二月乙卯，幸新豐之溫湯。……是月帝將幸東都，以京兆尹蕭璿充置頓。」其入朝乃就任東京留守。

《同趙侍御巴陵早春作》（《文集》卷七）

《陳譜》繫開元五年（七一七）「〔其他岳州著作〕（乙卯至丁巳）」下，未舉證。按：時趙冬曦「客居」岳州，其《巴陵早春》詩今不存。說在岳州過了四年、五年兩個春天，此詩似以開元四年（七一六）正月十五日後作爲妥。

《早霽南樓》（《文集》卷八）

《陳譜》開元五年〔其他岳州著作〕（乙卯至丁巳）錄此詩，即以此詩難以考定具體作年。按：據集原附趙冬曦《奉和早霽南樓》：「群動皆熙熙，噫余獨羈束。」則應爲至岳州之第二年，即開元四年（七一六）春。

《和尹懋奉陪登南樓》（《文集》卷八）

《陳譜》置開元五年（七一七）春，題作《與趙冬曦尹懋子均登南樓》，並按曰：「題依《全唐詩》。《全唐詩》卷九〇張均詩中有《和尹懋登南樓》（《四部叢刊》本、《結一盧叢書》本均佚名附說詩後），首句：『客來已兩春』，知五年作。」愚按：此詩集在尹懋《奉陪登南樓》

詩後，作「同前」，據《紀事》改作今題。《陳譜》據均詩「客來已兩春，更瞻韶光早」繫五年，當是理解爲在岳州已過了兩個春天。實際上，「兩春」，兩年也。說三年夏貶岳州，此詩應爲四年早春作，與上詩似作於同時。

《岳州守歲》三首（《文集》卷九）

《陳譜》開元五年〔其他岳州著作〕（乙卯至丁巳）錄此詩，即以此詩難以考定具體作年。按：詩言：「愁逐前年少，歡迎今歲多。」「前年」，本年前一年。張說開元三年貶岳州，詩應爲開元三年（七一五）除夕或四年元旦作，暫繫四年。

開元五年（七一七）五十一歲　丁巳

【時事】

三月，以辛景初女封為固安縣主，妻奚首領饒樂郡主（李）大酺。十一月，以宗女為永樂公主，妻契丹首領松漠郡主李失活。

《舊紀》：「三月庚戌，於柳城依舊置營州都督府。丁巳，以辛景初女封爲固安縣主，妻於奚首領饒樂郡主大酺。……十一月己亥，契丹首領松漠郡王李失活來朝，以宗女爲永樂公主以妻之。」

本年，玄宗命左散騎常侍馬懷素為修圖書使，與右常侍褚无量整比四部圖書。

《玉海》卷五二「唐乾元殿四部書麗正殿四庫書集賢院典籍」：「《志》：玄宗命左散騎常侍、昭文館學士馬懷素爲修圖書使，與右常侍、崇文館學士褚无量整比。會幸東都。《紀》：開元五年正月辛亥，如東都。乃就乾元殿東序檢校。《通鑑》：五年十二月，詔訪逸書於乾元殿編校。《集賢注記》云：五年於東京乾元殿寫四部書，无量充使檢校。六年三月五日，學士以下始入乾元院。」

《舊書·元行沖傳》：「先是秘書監馬懷素集學者續王儉《今書七志》，左散騎常侍褚无量於麗正殿校寫四部書，事未就而懷素、无量卒，詔行沖總代其職。」

事又見新舊《唐書》之馬懷素、褚无量、毋煚、韋述、殷踐猷、余欽等人之傳記。

《舊書・經籍上》:「開元三年,左散騎常侍褚旡量、馬懷素侍宴,言及經籍,玄宗曰:『內庫皆是太宗、高宗先代舊書,常令宮人主掌,所有殘缺,未遑補緝,篇卷錯亂,難於檢閱,卿試爲朕整比之。』」

按:當時情況應是,三年言及此事,五年始正式下詔,六年三月五日,學士以下始入乾元院開始工作。

九月壬寅,改紫微省依舊為中書省,黃門省為門下省,黃門監為侍中(《舊紀》)。

【行年】

在岳州刺史任。早春,王琚入朝過岳州,與說唱和。

說見後《岳州別王十一趙公入朝》詩考證。

二月二十五日,遷荊州大都督府長史。

《陳譜》:「《唐會要》卷六八《都督府》:『景雲二年六月二十八日制敕:天下分置都督府二十四,令都督糾察所管州刺史以下官人善惡。……荊州,管硤、郢、澧、朗、岳、鄂等六州。……其楊、益、并、荊爲大都督府,長史正三品。』按:說遷荊州長史,《舊傳》未載其事,《新傳》有其事而無其時。岑仲勉先生在《唐史餘瀋》中《張說遷荊州之年》一條,提出五年、六年兩種可能,各有佐證而未作判斷,且曰:『若其決定,非再得新資料不可。』現得新資料數條,可證明說遷荊州確在五年。

岑仲勉先生五年說之主要證據爲說之集卷二三中之兩篇祭文。《祭城隍文》首句:『維大唐開元五年歲次丁巳四月庚午朔二十日己丑,荊州大都督府長史、上柱國、燕國公張說謹以清酌之奠,敢昭告於城隍之神。』《禜城門文》首句:『維大唐開元五年,荊州大都督府長史、上柱國、燕國公張說謹遣議郎行錄事參軍皇甫嶧,敢昭告於大府城門。』岑先生所見說之集想是《四部叢刊》影印之明龍池草堂二十五卷本,尚未見其他各本,仁和朱氏(結一廬叢書)本補遺卷五《荊州謝上表》:『伏奉二月二十五日制書除臣荊州大都督府長史,拜命荒服,浮舟遄訴,以今月十七日荊州上訖。……一辭庭闕,已涉五年。』說於開元元年十二月貶相州,『已涉五年』,當爲開元五年,與上兩文正相合。武英殿聚珍版本卷二五《祭殷仲堪羊叔子》:『荊州府城中西北隅舊有殷仲堪祠，說到官廣其堂，立羊叔廣廟，像成而祭之。維開元六年歲次戊午正月日，荊州大都督長史燕國公范陽張說……』說於六年正月羊叔子廟成而設祭，則到官當在五年。說遷荊州之年，又可從說在幽州之年來逆推。《文苑英華》卷七七五孫逖《唐故幽州都督河北節度使燕國文貞張公遺愛頌》:『開元六年，宅於幽朔。』影宋本說之集卷三〇《幽州論邊事表》:『開元六年五月七日燕國公臣說頓首死罪上書皇帝陛下……出守三州，遠離六載。』既然六年五月七日已在幽州都督任上，則遷荊州必在五年矣。岑先生六年說之一重要佐證即爲《新傳》『說既失執政意，内自懼。雅與蘇瓌善，時瓌子頲爲相，因作《五君詠》獻頲，其一紀瓌也，候瓌忌日致之。頲覽詩嗚咽。未幾，見帝陳說忠謇有勳，不宜棄外，遂遷荊州長史。』頲以四年閏十二月二十七日己亥相，瓌忌日爲十一月二十二，則說於五年十一月投詩，翌年春獲改官，似亦順理成章。然《新傳》此節實本自《明皇雜錄》，查《雜錄》原文曰『蘇頲方當大用』，而《新傳》改爲『時瓌子頲爲相』。據《舊書》卷八八《蘇頲傳》，頲爲相前，玄宗即詔其襲父爵許國公，擢中書侍郎，供政事食（有政事食自頲始），加知制誥，玄宗譽爲『蘇李』，令其所制文誥，錄本封進，可謂恩寵備至，足可應『方當大用』四字。故說於四年十一月投詩，頲十二月爲相，說五年春改官，當爲歷史之本來面目。《新傳》率意改一筆，遂引出一段公案。」

四月一日，從岳州過江赴荊州大都督府長史任。本月十七日，至荊州。

集卷八有《四月一日過江赴荊州》詩，參下本詩考證。

集卷三十《荊州謝上表》:『伏奉二月二十五日制書，除臣荊州大都督府長史……以今月十七日荊州上訖。』

【著作】

《岳州別王十一趙公入朝》（《文集》卷六）

《陳譜》按：「詩後附王琚《奉別燕公》詩云：『五戴朝天子。』《舊書》卷一〇六《王琚傳》:『（先天二年）十一月，令御史大夫（琚）持節巡天兵以北諸軍，……二年二月回，未及京。便除澤州刺史，削封。歷衡、郴、滑、虢、沔、夔、許、潤九州刺史，又復其封。』琚開元元年離京，故此詩當作於五年春回京途中。唯説詩有『浦樹懸秋影』句，『秋』字疑有誤。因説二月二十五日制書已遷荊州。又，《唐詩紀事》卷二〇（王琚）云：『自荊湖入朝至岳陽，張説有送王十一及趙公入朝之作』，並加注曰：『趙公，冬曦也。』誤。趙公乃王十一琚之封號，參岑仲勉《唐集質疑》。」

《贈趙公》（《文集》卷七）

按：《陳譜》開元五年〔其他岳州著作〕（乙卯至丁巳）錄此詩。按：集原附王琚《奉答燕公二首》，其一曰：「誰道零陵守，東過此地遊。友僚同省閣，昆弟接荊州」。其時張説人在岳州，但據王琚答詩，其時應已接到了荊州長史的任命。則此詩與上《岳州別王十一趙公入朝》詩作於同時，皆五年春所作。另據王琚答詩，其時似以「零陵守」身份「東過此地」（《類苑》、《全詩》均承《紀事》之誤，均以趙公爲趙冬曦，且謂其自荊湖入朝，非），兩唐書本傳及《刺史考·永州》皆不記其曾爲永州零陵郡刺史，當據此詩補。

《遊㴩湖上寺》（《文集》卷八）

《陳譜》繫開元五年（七一七）春，從之。集原附王琚、趙冬曦《遊㴩湖上寺》，王琚至岳州與説別在五年春。參上《岳州別王十一趙公入朝》之「解題」。

《別㴩湖》（《文集》卷八）

《陳譜》繫開元五年（七一七）春，未舉證。按：詩言：「南郡延恩渥，東山戀宿心。」集附趙冬曦和作亦云：「郢路委分竹，湘濱擁去麾。」應是接到了荊州長史的任命，準備與岳州告別時所寫。其四月一日過江赴荊州，詩當作於本年三月。

《巴丘春作》（《文集》卷八）

詩云：「湘戍南浮闊，荊關北望賒，」「自憐心問景，三歲客長沙。」

《石門墨山二山相連有禪堂（道）觀天下絕境》（卷八）

詩云：「及此符守移，歡言臨道便。既攜賞心客，復有送行掾。」此詩當是張説接到荊州長史任命，踏上赴任之途時便道前往遊歷二山時所寫。張説本年四月一日過江，詩應寫於此日前若干日。

《出湖寄趙冬曦》二首（《文集》卷七）

《陳譜》按：「《全唐詩》卷八六錯接成一首。」《陳譜》繫開元五年

（七一七），從之。此詩其二言：「湘浦未賜環，荊門猶主諾。」其「出湖」乃是赴荊州任。四月一日過江，詩應作於五年夏。

《遙同蔡起居偃松篇》（《文集》卷七）

按：詩言：「莫比冥靈楚南樹，朽老江邊代不聞。」《編年史》據此係開元五年（七一七）夏，言：「張說時在荊州，故以楚南樹自比。」《陳譜》繫開元五年「〔其他岳州著作〕（乙卯至丁巳）」下，未舉證。但既繫「岳州」，似認為岳州也可謂之「楚南。」按：蔡孚獻詩，史載有兩次。一、《會要》卷二二「龍池壇」：「開元二年閏二月，詔令祀龍池。六月四日，右拾遺蔡孚獻《龍池篇》，公卿以下一百三十篇，太常寺考其詞，合音律者為《龍池篇樂章》，共錄十首。」二、《玉海》卷二九：「開元初，蔡孚賦《東都龍興觀偃松篇》，玄宗賜和，御書刻石紀之，公卿以下咸和。」「開元初」，《淵鑒類涵》卷八六「賦偃松篇、製春臺章」引《職林》作「開元中」。另《元龜》卷四十「帝王部·文學」載：「玄宗開元八年，親製《春雪詩春臺望》一章二十八句，起居舍人蔡孚奏曰：伏見所製，氣雄詞美，德音相屬，……臣職在司言，請宣示百僚，及編國史。」其賦《偃松篇》，當在二至八年間。又據此詩所賦為「東都龍興觀偃松」，則其時玄宗應在東都。玄宗開元五年正月幸東都，六年冬十月始還京師。張說和詩既自比「楚南樹」，時其人當在荊州。說四月一日過江，故此詩當作於開元五年四月後。

《四月一日過江赴荊州》（《文集》卷八）

《陳譜》按：「首聯『春色沅湘盡，三年客始回』，指由岳赴荊。尾聯『比肩羊叔子，千載豈無才』，據《晉書》卷三四《羊祜傳》，祜為『都督荊州諸軍事』，時說赴荊州大都督府長史任，頗以羊叔子自況也。」

《荊州謝上表》（《文集》卷三十）

按：張說集有《四月一日過江赴荊州》詩，表言：「伏奉二月二十五日制書，除臣荊州大都督府長史……以今月七日（《英華》等作「十七」）到荊州。」既四月一日過江前往荊州，同月七日至荊州當是實錄。

《祭城隍文》（《文集》卷二三）

按文言：「維大唐開元五年，歲次丁巳，四月庚午朔二十日己丑，荊州大都督府長史、上柱國、燕國公說，謹以清酌之奠，昭告於城隍之神。」文當撰於本年四月己丑前。

《禜城門文》（《文集》卷二三）

《陳譜》置開元五年（七一七）秋，無考證。按文言：「維開元五年，荊州大都督府長史、上柱國、燕國公說，謹遣議郎、行錄事參軍皇甫嶧，敢昭告於大府城門。」此文不紀何月。下《祭江祈晴文》不紀年，但言：「歲惟季秋，苗稼大熟，霖雨偎集，農夫未收。」則二文互見，並撰於開元五年秋九月也。

《祭江祈晴文》（《文集》卷二三）

《賽江文》（《文集》卷二三）

按：《禜城門文》言：「維開元五年，荊州大都督府長史、上柱國、燕國公說，謹遣議郎、行錄事參軍皇甫嶧，敢昭告於大府城門。」《祭江祈晴文》不紀年，但言：「歲惟季秋，苗稼大熟，霖雨猥集，農夫未收。」《賽江文》則年月官名俱省，但言：「已成嘉穀，垂敗霖雨」，三文互見霖雨猥集之災，當並撰於開元五年秋也。

《遊龍山靜勝寺》（《文集》卷八）

《陳譜》繫此詩開元五年（七一七）冬，證曰：「《光緒荊州府志》卷二六〈寺觀〉門：『靜勝寺在（江陵）城西，今名山南寺，咸亨中建。』」按詩言：「苦霜裛野草，愛日陽江煦。」應爲秋末或冬間景物。

《登九里臺（是楚樊姬墓）》（《文集》卷八）

《陳譜》繫此詩開元五年（七一七）冬，證曰：「《光緒荊州府志》卷七：『樊姬墓，楚莊王夫人。……又《寰宇記》，在江陵縣界。』」

《懷王墓》（《文集》卷八）

《陳譜》繫此詩開元五年（七一七）冬，證曰：「《光緒荊州府志》卷七：『懷王墓在（枝江）縣東百里洲。』」

《唐故廣州都督甄公碑》（《文集》卷十八）

《陳譜》、《周考》均不繫此碑作年。按碑言：甄亶「春秋五十有七，開元五年七月二十八日，終於官舍。以某年月日，歸葬於恒陽之王公山南原。」據此，文必撰於開元五年七月甄亶死後；既言「以某年月日歸葬」，則撰碑之時，其葬日尚未確定，故應離卒期未遠。又，張九齡有《爲王司馬祭甄都督文》，所祭者即廣州都督甄亶。祭文言：「維開元五年，歲次丁巳，九月丁酉（朔），十四日庚戌，官某，謹以清酌之奠，（敬）祭於廣州都督甄公之靈……甫茲歲首，彤襜載輝；今也秋季，丹旐言歸。」本年九月，當是甄亶歸葬之時，故碑必撰於開元五年七至九月間。

〔其他岳州著作〕（乙卯至丁巳）

《岳州別李十從軍歸桂州》（《文集》卷六）

《陳譜》開元五年「〔其他岳州著作〕（乙卯至丁巳）」下收此詩，即難考定此詩具體作年。李十，《行第錄》：「名未詳。」此人神龍元年（七〇五）張說從嶺南北返時與之分別，有《南中別陳七李十》；至此次張說送其歸桂州，已是「故舊十年來」。故詩約作於開元三年（七一五）後，五年前。

《岳州別（子）均》（《文集》卷六）

《陳譜》開元五年〔其他岳州著作〕（乙卯至丁巳）錄此詩，即以此詩難以考定具體作年。

《岳州西城》（《文集》卷八）

《陳譜》開元五年〔其他岳州著作〕（乙卯至丁巳）錄此詩，即以此詩難以考定具體作年。

《岳州山城》（《文集》卷八）

《陳譜》開元五年〔其他岳州著作〕（乙卯至丁巳）錄此詩，即以此詩難以考定具體作年。

《岳州晚景》（《文集》卷八）

《陳譜》按：「《全唐詩》卷九〇，一作張均詩。」愚按：佟培基《全唐詩重出誤收考》：「此詩在歷代傳刻中已重出至四人。今檢唐詩諸選本中，較早作張均者有《紀事》二二、《品彙》六三、《統籤》一四一……但是此詩載作張說的時間也甚早，四部叢刊印明嘉靖丁酉（一五三七）龍池草堂二十五卷本《張說之文集》收在卷八……朱氏刊明抄本《張說之集》卷八同。明銅活字本張集收入卷五。……景宋刻蜀本三十卷之《張說之集》，前二十五卷與椒郡伍氏、仁和朱氏本目次相同，那麼此詩在宋蜀刻本中已作張說……可是，此詩載作張籍的時間則更早，四部叢刊景明本《唐張司業詩集》收入，在卷八列第二首，於第三首詩下注云：『以上三首見《木鐸集》。』《木鐸集》乃南唐時張洎所編定之張籍詩，但於此題下注云：『此詩舊選皆云張正言作。』《全詩》張謂（正言）集不載。《紀事》二五曾云，張謂登天寶二年進士第，奉使長沙……此首重出詩尾聯云：『長沙卑濕地，九月未成衣。』與張謂在長沙所作詩文語氣極相似，故此詩有可能是張渭（謂）作。」朱玉麒考入「重出他人名下的張說作品」，其主要證據是唐段成式《酉陽雜俎》卷八：蜀小將韋少卿答其季父語「叔不曾讀張燕公詩否？『挽鏡寒鴉集』耳！」說明唐人已經知道是張說詩。從之作張說。

《和尹從事懋泛洞庭》（《文集》卷八）

《陳譜》開元五年〔其他岳州著作〕（乙卯至丁巳）錄此詩，即以此詩難以考定具體作年。

《灉湖山寺》二首（《文集》卷八）

《陳譜》開元五年〔其他岳州著作〕（乙卯至丁巳）錄此詩，即以此詩難以考定具體作年。

《耗磨日飲絕句》二首（《文集》卷九）

《陳譜》開元五年〔其他岳州著作〕（乙卯至丁巳）錄此詩，即以此詩難以考定具體作年。底本此詩下，還附兩首「同前」之作，一首下署「趙冬曦」，一首無署（清抄兩首「同前」之作均無署名），其詩如下：「上月今朝減，流傳耗磨辰。還將不事事，同醉俗中人」。按慣例，這首無署的「同前」之作應是另一人所爲。《詩集》本即只取第一首，而未取這首「同前」。伍刻則有悖常規，《耗磨日飲》題下署「趙冬曦」，這首「同前」下又署「趙冬曦」，而第二首「同前」下無署，按慣例，這首無署的「同前」之作就應是張說所作。《統籤》所取，也作「耗磨日飲二首」，除第一首外，還將「春來半月度」作第二首。在趙冬曦卷，將第一首「同前」「上月今朝減」題作《和張燕公耗磨日飲》歸之冬曦，以「又」爲題將第二首「同前」「春來半月度」入卷，題下注：「說集載和詩二首，前首注趙作，此首失名，紀事以此首爲趙作，姑兩存之。」《全詩》更不分清紅皂白，將三詩均納進張說卷，又將兩首「同前」之作均作趙冬曦作，僅在詩末注：「此二首一作張說詩。」蜀本、紀事、絕句、伍刻、統籤等的題署各不相同，莫衷一是。問題的關鍵是，此次唱和，誰爲首唱。若如伍刻所署，則應是趙冬曦首唱，下面兩首「同前」爲另外二人和作；若如蜀本所署，則難定張說與第一首「同前」之作的作者及其詩歸屬。《絕句》則是將第一首「同前」詩作張說詩，就是將首唱歸之他人。「上月今朝減」詩較接近張說口吻，疑伍刻、詩集、統籤等誤，暫據《絕句》題署而將另兩詩作爲附錄。

《岳州觀競渡》（《文集》卷九）

《陳譜》開元五年〔其他岳州著作〕（乙卯至丁巳）錄此詩，即以此詩難以考定具體作年。

《（岳州）看黃葉》（《文集》卷九）

《陳譜》開元五年〔其他岳州著作〕（乙卯至丁巳）錄此詩，即以此詩難以考定具體作年。

《石門別楊六卿望》（《文集》卷六）

《陳譜》長安三年（十〇三）按：「石門在江南西道澧州。楊六卿望，岑仲勉謂即楊望，見《唐人行第錄》。」《陳譜》置長安三年，並說「石門在江南西道澧州。」均非。張說有《岳陽石門墨山二山相連有禪堂（道）觀天下絕境》詩，明謂「石門」在岳陽。此詩言：「暮年傷泛梗」，若此詩作於長安三年，時張說不過三十七歲，不可謂「暮年」。詩中還有「江山」、「潮水」等字樣，亦均可證地在岳陽。應爲貶岳州時作，暫置此。

《廣州都督嶺南按察五府經略使宋公遺愛碑頌》（《文集》卷十二）

《通鑒》卷二一二：「開元六年春正月……廣州吏民爲宋璟立遺愛碑，璟上言：臣在州無它異跡，今以臣光寵，成彼諂諛，欲革此風，望自臣始，請敕下禁止。上從之。於是它州皆不敢立。」《新傳》略同，但未明記上書時間。《陳譜》即據《通鑒》置此文開元六年（七一八）正月。按：宋璟從廣督奉調回京，路過岳州，張說有《贈廣平公宋大》詩相送，時在開元四年底。宋璟上書請下令禁止立碑頌德，玄宗從之在開元六年正月，則立碑當在此前。張說爲之撰碑文更應在立碑之前，時似還在岳州刺史任。故不從《陳譜》，而移繫本年。

《一柱觀》（《文集》卷八）

《陳譜》置此詩開元六年（七一八）。張華《博物志》卷四：「《南荊賦》：『江陵有臺甚大而惟有一柱，眾木皆共之。』」按：一柱觀在今湖北省松滋市邱家湖。詩當爲說在荊州長史任巡縣時作，故移繫五年。

《唐故豫州刺史魏君碑》（《文集》卷一八）

《陳譜》：「《金石錄》卷五：『第九百三十唐豫州刺史魏叔瑜碑，張說撰，子華正書，開元六年五月。』按：是碑稱魏徵次子叔瑜『二子獻、華』，檢《新書·宰相世系二中》，叔瑜二子爲『華，禮部侍郎；瞻，駕部郎中』，疑有訛。據《與魏安州書》，乃『二子獻、華』『俾予（說）作頌』；據《金石錄》，乃『子華正書』，此碑當無誤也。」按：叔瑜碑《寶刻叢編》卷八引《集古目錄》：「《唐豫州刺史魏叔瑜碑》：唐荊州大都督府長史燕國公張說撰，叔瑜次子安州都督華書……碑以開元六年五月立。」愚意，立碑之年，未必一定爲撰碑之年。碑題下底本原注：「時爲荊州長史作。」碑既均署張說爲「荊州大都督府長史」，則撰碑必在五年四月赴荊州以後，六年春遷幽州都督命下之前，應以撰於開元五年爲確。又，《新表》僅錄叔瑜一子：「華，禮部侍郎」。《陳譜》謂二子，是誤將魏華之子「瞻，駕部郎中」當作叔瑜次子。魏獻之名，《新表》佚，當據此碑補。參下《與魏安州書》考證。

《與魏安州書》（《文集》卷三十）

《陳譜》據《金石錄》卷五：「第九百三十唐豫州刺史魏叔瑜碑，張說撰，子華正書，開元六年五月。」置此書開元六年（七一八），《郁考》同。按：此書爲叔瑜碑撰畢，已「手寫裝本」，其子魏華爲表示謝忱，專門遣使「齎縑馬」至說家爲謝。說因此與回書，以達「通財不謝」之意。後言「甚熱，願履恒休。」張說於開元六年春即離荊州入京，故書只能撰於五年夏秋間。參前《唐故豫州刺史魏君碑》考證。

開元六年（七一八）五十二歲　戊午

【時事】

春正月，禁斷天下諸州惡錢，行二銖四分已上好錢。

《舊紀》：「六年春正月……辛酉，禁斷天下諸州惡錢，行二銖四分已上好錢，不堪用者並即銷破覆鑄。」

二月甲戌，禮幣徵嵩山隱士盧鴻（《舊紀》）。

【行年】

春，離荊州長史任，由襄陽入朝（時玄宗在洛陽）。

《陳譜》按：「說之集卷八有《襄陽路逢寒食》詩：『去年寒食洞庭波，今年寒食襄陽路。不辭著處尋山水，只畏還家落春暮。』說遷荊州制書二月二十五日下，則五年寒食尚在岳州，所謂，「去年寒食洞庭波」。據兩《唐書》，時車駕在東都，「今年寒食襄陽路」，乃說取道襄陽，直下洛陽也。」

約本年夏，遷右羽林將軍、幽州都督、河北節度使兼節度管內諸軍經略大使、攝御史大夫。

集卷二七《舉陳寡尤等表》稱：「前幽州都督兼節度管內諸軍經略大使、攝御史大夫，燕國公張說。」

《英華》卷七七五孫逖《唐故幽州都督河北節度使燕國文貞張公遺愛頌》：「開元六祀，宅於幽朔……鎮之以大府，府有都督，威之以大軍，軍有節度。」

《舊傳》：「遷右羽林將軍，兼檢校幽州都督。」

五月七日，在幽州上書玄宗，論幽州之邊事。

集卷三十《幽州論邊事書》：「開元六年五月七日，燕國公臣說頓首死罪，上書皇帝陛下……今改秩邊鎮，委重戎麾。竊以兩蕃近和，能無同異；九姓遠附，未聞撫納。欲恃賊殺無侵擾之慮，保寧兩蕃受徵發之盟，臣愚料之，恐未然矣。」

【著作】

《祭殷仲堪羊叔子文》（《文集》卷二三）

文曰：「維（開元六）年（歲次戊午正）月日，（荊州大都督長史）、燕國公范陽張某，謹遣功曹參軍吳興沈從訓，敢昭告於晉羊、殷二荊州之神。」

《（過）庾信宅》（《文集》卷八）

《陳譜》置此詩開元六年（七一八）春，按曰：「《輿地紀勝》卷六五《江陵府下）：『宋玉宅，即庾信所居。』信《哀江南賦》云：『誅茅宋玉之宅，穿經臨江之府。』」愚按，詩言：「獨有東陽守，來嗟古樹春。」當爲詩作於六年「春」之證明。

《襄陽路逢寒食》（《文集》卷八）

參上由襄陽入朝考證。

《襄州景空寺融上人蘭若》(《文集》卷八)

參上由襄陽入朝考證。

《幽州論邊事書》(《文集》卷三十)

書言:「開元六年五月七日,燕國公臣說頓首死罪,上書皇帝陛下。」

《過漢南城歎古墳》(《文集》卷八)

《陳譜》不繫此詩作年。是以爲張說神龍元年與開元五年均經漢南入京,而此詩本身又沒有提供確實的繫年證據。《周考》繫開元五年(七一七),言爲「荊州詩」,但未作考。張說此言「過」,而非「巡」,故本人以爲,即使是在荊州期間所作,似也以離荊州赴東都路過漢南古城時作爲宜。集有《襄陽路逢寒食》詩,爲開元六年春作,故此詩即使爲「荊州詩」,也應作於六年寒食詩前。

《幽州別陰長河行先》(《文集》卷六)

《陳譜》繫此詩開元七年(七一九)春,未舉證。按:張說開元六年春離荊州,五月即已在幽州任。八年春正月即代張嘉貞長并州。詩言:「荊南久爲別,薊北遠來過。」應該離荊州分別已經很久,《陳譜》謂七年「春」,約是據《全詩》「影移春復間」而定,但本集「春」作「聲」,故《全詩》不足爲據。而據前二人在相州相見,愚謂即赴長河任;而此次相見,說仍稱「陰長河」,故恐以置六年中爲妥。

《幽州夜飲》(《文集》卷五)

《陳譜》繫此詩〔其他幽州詩〕(戊午至己未)。按:張說開元六年寒食時節還在回京的「襄陽路」(見《襄陽路逢寒食》),五月七日前已在幽州(見《幽州論邊事表》),開元八年春便在并州任。此詩云:「涼風吹夜雨,蕭瑟動寒林。」似爲秋冬間景致。張說在幽州過了兩個冬天,但從此詩「不作邊城將,誰知恩遇深」句看,似應爲到幽州不太久之時所作,故置開元六年(七一八)。

開元七年(七一九)五十三歲　己未

【時事】

本年五月,詔公卿士庶之家所有異書,官借繕寫。

《舊書·經籍上》:「至七年,詔公卿士庶之家所有異書,官借繕寫。」

《會要》卷三五:「至七年五月,降勅於祕書省、昭文館、禮部、國子監、太常寺及諸司,許官及百姓等就借寫之。」

九月,敕簡工書之士一百一十人,令麗正殿寫四庫書各於本庫。

《玉海》卷五二引《會要》:「及整比四部書成(簡工書之士一百一十人),令百官入乾元殿東廊觀書,無不歎駭(《集賢注記》:六年八月十四日云云。其冬車駕入京,《會要》附七年,非也。褚无量傳見後)。七年九月,敕令麗正殿寫四庫書,各於本庫,每部別爲目錄,有與四庫書名不類者,依劉歆《七畧》排爲《七志》。」

按:整比四部書成,與令百官入乾元殿東廊觀書或爲二事,暫據《玉海》引《會要》置此。

【行年】

在右羽林將軍、幽州都督、河北節度使兼節度管內諸軍經略大使、攝御史大夫任。說在幽州,禁暴豐財,安人戢兵。

《英華》卷七七五孫逖《張說遺愛頌》:「開元六祀,宅於幽朔……夫渤碣之北,有山戎焉,乍臣乍驕,或息或縱……自受命處此,聲振殊俗,終公之代,不敢近邊。聖人金城,其在是矣。先是,公之未至也,軍實耗斁,邊儲匱少,帑藏乏中人之產,革車無百駟之羣。將欲半之,不其難也。公問以謠俗,因而化之。命非(按:應爲「丱」之誤,古「礦」字)人採銅於黃山,使興鼓鑄之利;命杍人斬木於燕嶽,使通林麓之財;命圉人市駿於兩番,使頒質馬之政;命廩人搜粟於塞下,使循平糴之法。物有其官,官贍其事,如川之至,以莫不增。一年而財用肅給,二年而蓄聚饒羨。軍聲武備,百倍於往時矣。猶以爲不一勞者不久逸,不暫費者不永寧,既庶且富,人可用也。於是塹山澤,起亭障,塞雞鳴之厄,守阜陵之衝,遮大廈之路,距盧龍之口,延袤千里,橫絕一方,以順天地之心,且爲華夷之限。命下之日,修塞之後,人到於今賴焉……坐致必勝之道,以銷未形之患,是公之深計遠慮所致也。」

本年秋冬間入朝,以戎服見,帝大喜。

《新傳》:「俄以右羽林將軍檢校幽州都督,入朝以戎服見,帝大喜。」

《陳譜》按：「卷八有《祁國公碑奉敕撰》，碑云王仁皎（祁國公）開元七年四月薨，『以十月初吉葬』。《舊書》卷一八三《外戚傳》謂仁皎卒後，『令張説爲其碑文，玄宗親書石焉。』又卷三尚有《羽林恩召觀御書王太尉碑》，則至遲十月初説已在朝矣。」

返回幽州，年末上表玄宗，請於河北置屯田。

參下《請置屯田表》考證。

【著作】

《幽州元日》（《文集》卷九）

《幽州新歲作》（《文集》卷九）

詩云：「去歲荊南梅似雪，今春薊北雪如梅。」以上二詩，應爲説在幽州過的第一個新年所作。

《與褚先生書》（《文集》卷三十）

褚先生爲褚无量。文曰：「薊北餘沍，關西早春。」張説撰此書時當在幽州任。其六年早春在荊州，八年早春已移任并州，且褚无量八年正月壬申卒（《舊紀》）。《陳譜》置開元七年（七一九）年正月，是。

《幽州送尹懋成婦》（《文集》卷六）

《陳譜》繫此詩〔其他幽州詩〕（戊午至己未），未舉證。按：張説開元六年夏五月即在幽州任，八年春離幽州。詩言：「遙思桃李日，應賦採蘋歸。」，時應爲春，當作於開元七年（七一九）春。

《祁國公碑奉敕撰》（《文集》卷一四）

《羽林恩召觀御書王太尉碑》（《文集》卷三）

上二文繫年，並參上「秋冬間入朝，以戎服見」考證。

返回幽州，年末上表玄宗，請於河北置屯田。

《請置屯田表》（《文集》卷一五）

《陳譜》繫開元六年（七一八）十二月，未作考證。按：表言：「歲在申酉，乞漿得酒……來歲甫爾，春事方興。」表應上於「申年」前一歲。開元七年爲己未，次年庚申，表上於七年冬明矣。又言：「謹附賀正使隨軍……奉表以聞」，當是七年入朝回幽州後冬末遣賀正使時附上，時張説尚在幽州。

《與營州都督弟書》（《集文》卷三十四）

《陳譜》按:「書中有『冬末寒冱,野有戎歌,山無夏草,步步日遠,能無鄉國之心乎』等句,當作於是年冬末。按書意,乃說欲爲『族尊行』作銘頌。即九年之《恒州長史張府君墓誌銘》也。」愚按:此營州都督張氏,《郁考》以爲即開元七年任營州都督、平盧節度使的張敬忠。《會要》卷七八:「平盧軍節度使,開元七年閏七月,張敬忠除平盧軍節度使,自此始有節度之號。八年四月,除許欽琰(兩唐書作澹),又帶管內諸軍諸蕃及度支營田等使。」書言「冬末寒冱」,此書應撰於開元七年(七一九)十二月,八年四月,敬忠已不在營州,故說欲爲「族尊行」所作之銘頌,就不應是撰於九年之《恒州長史張府君墓誌銘》。

《中書令逍遙公墓誌銘》(《文集》卷二二)

按:銘言:韋嗣立「春秋六十(有六),遘疾陳郡,還醫洛師,開元七年九月二日,薨於歸德里。有詔贈兵部尚書,謚曰某,禮也。明年某月某日,葬於某地。」據此,碑應撰於韋嗣立卒之當年,因其「明年」之葬日、葬地均未定,甚至連朝廷所定之謚張說此時也未獲知,顯然嗣立逝世未久。據譜,張說開元七年(七一九)秋冬間入朝,以戎服見。碑當撰於此間。

〔其他幽州詩〕(戊午至己未)

《幽州別(一作送)隨軍入秦》(《文集》卷六)

開元八年(七二〇)五十四歲　庚申

【時事】

正月,左散騎常侍褚无量卒,命右散騎常侍元行沖整比羣書。

《通鑑》卷二百十二:「八年春正月丙辰,左散騎常侍褚无量卒……辛酉,命右散騎常侍元行沖整比羣書。」《考異》曰:「《舊本紀》:正月甲子朔,皇太子加元服。壬申,右散騎常侍褚无量卒。按《長歷》,正月甲寅朔,甲子十一日也。《唐歷》亦云:壬申,无量卒。今從《實錄》。」

【行年】

本年正月前後,轉右羽林將軍、攝御史大夫、權檢校并州大都督府長史、持節天兵軍節度大使。

《陳譜》按：「職名據《冊府元龜》卷五五四《國史部·選任》引開元八年命說兼修國史詔，諸書略同。唯鎮并州年份，僅《舊傳》云：『開元七年，檢校并州大都督府長史。』今考當爲八年春。說并州前任爲張嘉貞。檢《舊紀》，開元八年正月辛巳，『并州大都督府長史張嘉貞爲中書侍郎，並同中書門下平章事。』（《新書·宰相表》同）正月甲寅朔，辛巳爲二十八日，說遷并州當在此時或此後。《全文》卷三二三有《舉陳寡尤等表》，亦可提供重要佐證。此《表》自稱『前幽州都督兼節度管内諸軍經略大使、攝御史大夫燕國公張說』則是此文當作於已卸幽州任而未赴并州任之際；後又有『三載於今，一人不至』，則當是在朝所奏，可見正是作於《新傳》所謂『入朝以戎服見』時。《表》稱：『臣前歲入朝，特蒙顧問。』『前歲入朝』，當是說開元六年由荊州遷幽州，入朝受命。『三戴於今』，則此文作於八年無疑。說八年尚自稱『前幽州都督』，遷并州只能在八年矣。」

愚按：《舊紀》《新紀》、《新表》、《通鑒》卷二百十二均記：「八年正月辛巳」，并州都督府長史張嘉貞爲中書侍郎、同中書門下平章事（《元龜》卷七二亦作：「八年正月」，不記日）。張說繼爲并州大都督府長史，必在八年正月辛巳後。

本年秋，說智撫同羅、拔曳固等部落，九姓感義，其心乃安。

《舊傳》：「八年秋，朔方大使王晙誅河曲降虜阿布思等千餘人。時并州大同、橫野等軍有九姓同羅、拔曳固等部落，皆懷震懼，說率輕騎二十人，持旌節直詣其部落，宿於帳下，召酋帥以慰撫之。副使李憲以爲夷虜難信，不宜輕涉不測，馳狀以諫。說報書曰：『吾肉非黃羊，必不畏吃；血非野馬，必不畏刺。士見危致命，是吾效死之秋也。』於是九姓感義，其心乃安。」

按：張說智撫九姓事，又見《新傳》及《通鑒》卷二百十二。據新、舊《唐書·王晙傳》及《通鑒》，王晙所誅非阿布思，其人乃勺磨等。事並參趙紹祖《新舊唐書互證》卷一四。

本年冬，在營州都督許欽澹遣安東都護薛泰帥驍勇五百，與奚王李大酺奉娑固討可突干，戰敗，娑固、李大酺皆為可突干所殺，薛泰被生擒，營州震恐之際，上表玄宗，論「因其所欲立酋長而便定之，或可不戰而定」之策。

見下【著作】《并州論邊事表》考證。

十二月二十日，詔說兼修國史，齎史本就并州隨軍修撰。

《唐會要》卷六三「在外修史」：「開元八年十二月二十日詔：『右羽林將軍、檢校并州大都督府長史、燕國公張說，多識前志，學於舊史，文成微婉，詞潤金石，可以昭振風雅，光揚軌訓。可兼修國史，仍齎史本就并州隨軍修撰。』」

在并州，禮遇并州詩人王翰。

《新書・文藝中・王翰傳》：「王翰，字子羽，并州晉陽人。少豪健恃才，及進士第，然喜蒲酒。張嘉貞爲本州長史，偉其人，厚遇之。翰自歌以舞屬嘉貞，神氣軒舉自如。張說至，禮益加。」《舊書・文苑中》作「王澣」，事蹟略同。

【著作】

《舉陳寡尤等表》（《文集》卷二七）

愚按：《陳譜》置《舉陳寡尤等表》開元八年（七二〇）正月。恐非。對陳寡尤等三人，張說前後應是舉薦過兩次。第一次舉薦之表即「前狀」，撰於已卸任「幽州都督、兼節度管內諸軍經略大使」，但還未正式任命爲并州大都督府長史之時，也就是開元七年入朝「以戎服見，帝大喜」之時。「臣說言：知賢不達」爲後撰之舉狀，後狀明言：「臣以寡尤三人，上聞天聽，中書宣旨，（追）取考覆；吏部寫敕，宣下文書。三載於今，一人不至。」故後狀應上於開元九年。其時應與《舉陳光乘等表》所署「開元九年正月日」同。

《（之）并州敕造座右銘》（《文集》卷十三）

銘文如下：「安萬國，禮百神，放鄭聲，遠佞人。」《陳譜》繫此銘開元八年（七二〇）春。但從此銘文文本看，無從定其年月，只能確定爲任并州長史期間造。

《唐故贈齊州司馬陸公神道碑》（《文集》卷一八）

《陳譜》繫開元八年（七二〇）五月，未舉證。按碑言：「夫人范陽郡太君盧氏，……享年七十有六，開元六年十一月丁未，終於洛陽之宣教里。八年五月丙子，合葬於漳北之坤岡……四子伯玉、仲容、叔獻、季良，泣血銜恤，視天若墮，俾予作頌。」此碑是張說應陸孝斌之子伯玉等哀請而撰，說與陸氏發生關係，或是在陸伯玉任中書舍人期間，也就是張說復入爲中書門下三品及作中書令期間。開元八年似稍靠前，碑或後立。

《并州論邊事表》（《文集》卷三十）

《陳譜》置此表本年（七二〇）冬，未舉證。按表言：「契丹、奚……本是夷戎，君臣不和，自相誅戮耳。」據《通鑒》卷二百十二：「（開元八年）契丹牙官可突干驍勇得眾心，李娑固猜畏欲去之。是歲，可突干舉兵擊娑固，娑固敗奔營州，營州都督許欽澹遣安東都護薛泰帥驍勇五百，與奚王李大酺奉娑固以討之，戰敗，娑固、李大酺皆爲可突干所殺，生擒薛泰。營州震恐，許欽澹移軍入渝關，可突干立娑固從父弟鬱干爲主，遣使請罪，上赦可突干之罪，以鬱干爲松漠都督，以李大酺之弟魯蘇爲饒樂都督。」張說上表當在可突干敗薛泰等之後，玄宗下詔赦其罪之前。表言「來春未青」，故撰於八年冬明矣。

開元九年（七二一）五十五歲　辛酉

【時事】

十一月丙辰，左散騎常侍元行沖上《羣書目錄》（一名《群書四部錄》）二百卷，分經史子集四部，錄書凡二千六百五十五部，四萬八千一百六十九卷，藏之內府。

《舊紀》：「十一月丙辰，左散騎常侍元行沖上《群書目錄》二百卷，藏之內府。」

《舊書・經籍上》：「九年十一月，殷踐猷、王愜、韋述、余欽、毋煚、劉彥眞、王灣、劉仲等重修成《群書四部錄》二百卷，右散騎常侍元行沖奏上之。自後毋煚又略爲四十卷，名爲《古今書錄》。」

《會要》卷三六「修撰」：「九年十一月十三日，左散騎常侍元行沖上《羣書四部錄》二百卷，藏之內府，凡二千六百五十五部，四萬八千一百六十九卷，分爲經史子集四部。經庫是殷踐猷、王恢編；

史庫韋述、余欽；子庫毋煚、劉彥直；集庫王灣、劉仲其；序例韋述撰。」

【行年】

在持節天兵軍節度大使、右羽林將軍、兼并州大都督府長史、攝御史大夫、兼修國史任。

《大詔令集》卷四四《張説同三品制》：「天兵軍節度大使，右羽林將軍、兼并州長史、攝御史大夫、燕國公、兼修國史張説，挺其公才，生我王國。」

夏，説統馬步萬人出合河關，掩擊叛胡康待賓及党項，大破之。

《舊傳》：「九年四月，胡賊康待賓率眾反，據長泉縣，自稱葉護，攻陷蘭池等六州。詔王晙率兵討之，仍令説相知經略。時叛胡與党項連結，攻銀城、連谷，以據倉糧。説統馬步萬人出合河關掩擊，大破之。追至駱駝堰，胡及党項自相殺。阻夜，胡乃西遁入鐵建山，餘黨潰散。説招集党項，復其居業。副使史獻請因此誅党項，絕其翻動之計，説曰：『先王之道，推亡固存，如盡誅之，是逆天道也。』因奏置麟州，以安置党項餘燼。」

《元龜》卷一二八《帝王部・明賞二》：「（九年）秋七月己酉，擒待賓至京師腰斬之。己丑，……天兵軍節度大使，右羽林將軍、檢校并州長史、攝御史大夫、燕國公張説與一子官，賜物一百匹。」

九月癸亥（十九日），詔守兵部尚書、同中書門下三品，勳封、修國史如故，令即馳驛赴京。

《舊紀》：「九月己巳朔……丁未，開府儀同三司梁國公姚崇薨……癸亥，右羽林將軍、權檢校并州大都督長史、燕國公張説爲兵部尚書、同中書門下三品。」

《大詔令》卷四四《張説同三品制》：「天兵軍節度大使，右羽林將軍、兼并州長史、攝御史大夫、燕國公、兼修國史張説……可守兵部尚書、同中書門下三品，勳封、修國史如故，仍即馳驛赴京。」

十月十七日，上表讓宋璟、陸象先，不許。

集卷三十《讓兵部尚書平章事表》：「伏奉九月十九日制書到并州，授臣兵部尚書、同中書門下三品……上思薦賢以自代，下願守分以全節。竊見開府宋璟，清介獨立，倚法不回；詹事陸象先，清明向道，臨事能斷……謹奉表陳讓。」

《新傳》:「召拜兵部尚書、同中書門下三品。讓宋璟、陸象先，不許。」

《陳譜》按:「《全文》卷二二二於《表》末署十月十七日於并州上表讓，再制敕不許，則說抵京就職當已季冬矣。」

說修國史期間，讀《則天實錄》，見論證對元忠事，祈請兼修國史吳兢修改數字，兢持不允。

《會要》卷六四《史館雜錄下）:「說拜黃門侍郎、同中書門下平章事；因至史館，讀《則天實錄》，見論證對元忠事，乃謂著作佐郎兼修國史吳兢曰:「劉五修實錄，論魏齊公事，殊不相饒假，與說毒手！」當時說驗知是吳兢書之，所以假託劉子玄。兢從容對曰:『是兢書之，非劉公修述，草本猶在，其人已亡，不可誣枉於幽魂，令相公有怪耳。』同修史官蘇、宋等見兢此對，深驚異之，乃歎曰:『昔董狐古之良史，即今是焉！』說自後頻祈請刪削數字，兢曰:『若取人情，何名爲直筆！』」(《元龜》卷五五四《國史部・公正》、《新書・吳兢傳》、《通鑑》卷二一二略同)

《陳譜》按:「黃門侍郎誤，應爲兵部尚書。」愚按:《通鑑》敘此事置景龍元年，《會要》置說長安三年貶「後數年」。《新傳》不記具體年月。《元龜》則作「開元中」。吳兢任著作佐郎與張說任黃門侍郎時似相當，《陳譜》謂「黃門侍郎誤，應爲兵部尚書」，似無據。暫依《陳譜》置本年下，因《會要》所記原就有「自後頻祈請」等語，顯非一時事也。又，張說爲相期間，劉子玄未得大用，不知與修《則天實錄》是否有關，附此待考。

【著作】

《贈郎將葛君墓誌》(《文集》卷二二)

《元城府左果毅贈即將葛公碑》(《文集》卷一七)

《陳譜》置誌與碑本年二月，未舉證。按:誌言葛威德夫人郭氏「開元八年十一月薨於京師之脩眞里……開元九年二月七日，合葬於長安縣龍首鄉。」碑不及卒之具體年月，合葬時作「九年二月九日」。

據此，知誌及碑當同撰於開元八年十一月至九年二月間。

《恒州刺史張府君墓誌》（《文集》卷一二）

《陳譜》置此誌本年十月，未舉證。按誌言：「夫人成紀郡（君）天水秦氏……年六十二，終於許州，開元九年十月某日，合葬於武功之禮讓原。」說爲其撰誌應在合葬前。

《讓兵部尚書平章事表》（《文集》卷三十）

《陳譜》置本年十月，說見上「讓平章事」考證。

《穎川郡太夫人陳氏神道碑》（《文集》卷二一）

《陳譜》置此碑本年十一月，未舉證。按碑言：「（太夫人陳氏）享年若干，開元九年四月八日，薨於長安之翊善里……以其年十一月十六日，招魂祔葬於萬年縣龍首鄉神鹿里。」據此，碑應撰於開元九年四月陳氏卒至十一月下葬之間。

《舉陳光乘等表》（《文集》卷二七）

表言：「開元九年正月日，（曾舉）洛州臨武縣主簿陳光乘……準七月二十二日制，内外文武職事五品以上官，有奇材異略堪任將帥者，封狀進内。」據此，知此表分爲前後兩部分，一爲開元九年（七二一）正月所上達者，一爲本年七月二十二日求賢制書下達以後。《陳譜》繫開元九年，似可從。表當上於本年爲相前。

《奉和暇日遊興慶宮作應制》（《文集》卷二）

《陳譜》不繫此詩作年。按：徐松《唐兩京城坊考》卷一」西京·興慶宮」：「興慶宮在皇城之東外郭城之興慶坊，是曰南内，距外郭東垣……宮之西南隅曰花萼相輝樓，其東曰勤政務本樓樓南向，開元八年造。」張說詩言：「巢鳳新成閣，飛龍舊躍泉。」據此，詩應作於開元八年（七二〇）勤政樓造好後不久；張說開元九年九月，始從并州大都督府入朝爲兵部尚書同中書門下三品（《舊紀》），詩或作於開元九年。

《謝御書大通禪師碑額狀》（《英華》卷六三四）

《陳譜》此狀與碑並繫神龍二年（七〇二）十月。大誤。據《寶刻類編》卷二：「國師玉泉寺大通禪師碑，張說撰，分書，開元十年四月建。荊門」開元十年四月，是在荊門刻石建碑之年月，玄宗書張說所撰之大通禪師碑額，當在此前不久，暫據此移置本年末。

開元十年（七二二）五十六歲　壬戌

【時事】

六月辛丑，玄宗訓註《孝經》，頒於天下（《舊紀》）。

十一月二十八日，玄宗敕中書門下食實封三百戶。

《會要》卷五三《崇獎》:「開元十年……十一月二十八日，敕曰:『侍中源乾曜、中書令張嘉貞、兵部尚書張說等，忠誠輔弼，以致升平，褒德賞功，先王制也。自今已後，中書門下宜供食實封三百户。自我禮賢，爲百代法。仍令所司，即令支給。』同書卷九十略同。

【行年】

在守兵部尚書、同中書門下三品、兼修國史任。

四月己亥（二十八日），詔說兼知朔方軍節度使。

《通鑒》卷二百十二:「夏四月己亥，以張說兼知朔方軍節度使。」

閏五月王申，往朔方巡邊。玄宗詔百官祖餞郊外，親撰《送張說巡邊》詩相送。

《舊紀》:「閏五月壬申，兵部尚書張說往朔方軍巡邊。」

按：是日，玄宗詔百官祖餞郊外，親撰《送張說巡邊》詩相送，賈曾奉敕撰序，説撰《將赴朔方軍應制》相酬，從臣源乾曜、張嘉貞、宋璟、盧從愿、許景先、韓休、徐知仁、崔禹錫、王翰、蘇晉、王光庭、袁暉、席豫、張九齡、徐堅、崔日用、賀知章（以上集卷四附）、胡皓、崔泰之、王丘等二十人作《奉和聖製送張尚書巡邊》詩相送（《英華》卷一七七）。

《陳譜》按:「《新書》卷六〇《藝文志》集部總集類著錄有《朝英集》，並云乃張九齡、王翰等送張孝嵩出塞之作，傅璇琮疑是宋人誤記，應爲送張説朔方巡邊之作（見《唐代詩人叢考・王翰考》）。」

平康願子，以功賜實封三百戶。

《舊傳》:「又敕説爲朔方軍節度大使，往巡五城，處置兵馬。時有康待賓餘黨慶州方渠降胡康願子自立爲可汗，舉兵反，謀掠監牧馬，西涉河出塞。說進兵討擒之，並獲其家屬於木盤山，送都斬之，其黨悉平，獲男女三千餘人。於是移河曲六州殘胡五萬餘口配許、汝、唐、鄧、仙、豫等州，始空河南朔方千里之地。」

《元龜・將帥部・襃異一》：「張說爲朔方軍節度大使，時慶州方渠降胡康願子自立爲可汗，舉兵反。說以討賊功，賜實封三百户。」

《陳譜》按：「《冊府元龜》卷三八四《將帥部・襃異一》及《新傳》均曰三百户。《舊傳》云二百户，誤。」

秋，說凱旋返京。奏罷邊兵二十萬還農，玄宗從之。

《舊傳》：「先是，緣邊鎮兵常六十餘萬，說以時無強寇，不假師眾，奏罷二十餘萬，勒還營農。玄宗頗以爲疑，說奏曰：『臣久在疆場，具悉邊事，軍將但欲自衛及雜使營私。若禦敵制勝，不在多擁閑冗，以妨農務。陛下若以爲疑，臣請以闔門百口爲保。以陛下之明，四夷畏伏，必不慮減兵而招寇也。』上乃從之。」

建議改府兵制為募兵制，募壯士充宿衛，從之。

《通鑒》：「初，諸府衛兵，自成丁從軍，六十而免，其家又不免雜徭，浸以貧弱，逃亡略盡，百姓苦之。張說建議，請召募壯士充宿衛，不問色役，優爲之制，逋逃者必爭出應募；上從之。旬日，得精兵十三萬，分隸諸衛，更番上下。」

九月，為麗正殿修書使，奏請徐堅、賀知章、趙冬曦等入書院。

《職官分紀》卷一五引韋述《集賢注記》：「十年春，車駕幸東都，始移書院於明福門外，中書省之北，仍以麗正爲名。九月，詔張燕公都知麗正殿修書。」

《舊書・文苑中・賀知章傳》：「開元十年，兵部尚書張說爲麗正殿修書使，奏請知章及秘書員外監徐堅、監察御史趙冬曦皆入書院，同纂《六典》及《文纂》等。」

本年，玄宗令陸堅等修《六典》，說以其事委徐堅。

《四庫全書總目》卷七九《唐六典》提要：「《書錄解題》引韋述《集賢記注》曰：『開元十年，起居舍人陸堅被旨修是書。帝手寫白麻紙六條，曰理、教、禮、政、刑、事，令以類相從，撰錄以進。張說以其事委徐堅，思之經歲莫能定。又委毋煚、余欽、韋述，始以令式入六司，其沿革併入注中。』……又《唐會要》載開元二十三年九齡等撰是書，而《會要》載九齡以開元二十四年罷知政事，則書成時九齡猶在位。後至二十七年，林甫乃注成獨上之。宋陳騤《館閣錄》載書局有經修經進、經修不經進，經進不經修三格。說與九齡皆所謂經修不經進者。卷首甲著林甫，蓋即此例。今亦姑仍舊本書之，不復追改焉。」

與張嘉貞議裴伷先事，嘉貞請杖之，說執不可，謂非為伷先，乃為天下士君子。玄宗然其言，由是二人不叶。

《舊書・張嘉貞傳》：「俄而廣州都督裴伷先下獄，上召侍臣問當何罪，嘉貞又請杖之。兵部尚書張說進曰：『臣聞刑不上大夫，以其近於君也。故曰：士可殺，不可辱。臣今秋受詔巡邊，中途聞姜皎以罪於朝堂決杖，配流而死。皎官是三品，亦有微功。若其有犯，應死即殺，應流即流，不宜決杖廷辱，以卒伍待之。且律有八議，勳貴在焉。皎事已往，不可追悔。伷先只宜據狀流貶，不可輕又決罰。』上然其言，嘉貞不悅，退謂說曰：『何言事之深也！』說曰：『宰相者，時來即爲，豈能長據？若貴臣盡當可杖，但恐吾等行當及之。此言非爲伷先，乃爲天下士君子也。』……由是與說不叶。」鄧名世《古今姓氏書辨證》卷一三引孔至《姓氏雜錄》：「開元中，張說、張嘉貞同時入相，互爲中書令，時稱大張令、小張令。」

說為相，親重張九齡，與之敘為昭穆。

《舊書・張九齡傳》：「開元十年，三遷司勳員外郎。時張說爲中書令，與九齡同姓，敘爲昭穆，尤親重之，嘗謂人曰：『後來詞人稱首也。』九齡既欣知己，亦依附焉。」

本年前後，擢王翰。

《舊書・文苑中》：「會說復知政事，以翰爲秘書正字，擢拜通事舍人，遷駕部員外。」

按：說巡朔方，翰已有詩相送。

又請擢呂向。

《新書・文藝中・呂向傳》：「玄宗開元十年，召入翰林，兼集賢院校理，侍太子及諸王爲文章。時帝歲遣使采擇天下姝好，内之後宮，號『花鳥使』。向因奏《美人賦》以諷，帝善之，擢左拾遺。」

《全唐文紀事》卷六一《徵兆》引《金石史》：「昔向曾以《美人賦》

諫，幾死。張說爲請，即拜補闕，賜銀章朱紱·不可謂不遇也。」

【著作】

《故開府儀同三司上柱國贈揚州刺史大都督梁國文貞公碑奉敕撰》（《文集》卷一四）

《明皇雜錄》上：「姚元崇與張說同爲宰輔，頗懷疑阻，屢以事相侵，張銜之頗切。姚既病，誡諸子曰：「張丞相與吾不叶，衅隙甚深，然其人少懷奢侈，尤好服玩。吾身歿之後，以吾嘗同僚，當來弔。汝其盛陳吾生平服玩，寶帶重器，羅列於帳前。若不顧，汝速計家事，舉族無類矣。目此，吾屬無所虞。便當錄其玩用，致於張公，仍以神道碑爲請。既獲其文，登時便寫進。仍先礱石以待之，便令鐫刻。張丞相見事遲於吾，數日之後，必當悔。若卻徵碑文，以刊削爲辭，當引使視其鐫刻，仍告以聞上訖。姚既歿，張果至，目其玩服三四。姚氏諸孤悉如教誡。不數日文成，敘述該詳，時爲極筆，其略曰：『八柱承天，高明之位定；四時成歲，亭毒之功存。』後數日，果使使取文本，以爲詞未周密，欲重加刪改。姚氏諸子仍引使者視其碑，乃告以奏御。使者復命，悔恨拊膺曰：『死姚崇猶能算生張說，吾今日方知才之不及也遠矣。』」

《陳譜》按：「據《通鑑》姚崇卒於九年九月丁未（三日），而說癸亥（十九日）方同二品，且抵京已爲季冬，故《明皇雜錄》此條非實錄。《四庫全書總目》卷一四〇《明皇雜錄》提要云：『小說所記，眞僞相參，自古已然，不獨處誨。』岑仲勉《唐集質疑》於此亦有辨證，可參。」愚按：《陳譜》繫此碑開元十年（七二二）二月。按：碑言：「享年七十有一，開元九年九月，寢疾薨東都之慈惠里……十年二月，葬於萬安山之南原。」又言：「有詔掌文之官敘事，盛德之老銘功，將以寵宗臣，揚英烈。帝乃灑恩仙翰，鏤澤豐瑁。」張說此碑爲「奉敕撰」，當在姚崇薨後不久。且所撰碑文上御及玄宗書碑、姚家製碑均應在下葬的十年二月之前完成，《雜錄》所記雖爲「小說」，但張說撰碑及上御似不致遲至十年二月。

《奉敕赤帝壇祈雨文》（《文集》卷二三）

按文言：「維開元十年，歲次壬戌，四月壬申朔十四日乙酉，曾臣侍中源乾曜、中書令張嘉貞、兵部尚書張說，謹以清酌，昭告於赤帝。」

文當撰於本年四月乙酉前。

《將赴朔方軍應制》（《文集》卷四）

《陳譜》置本年閏五月，説見上【行年】巡朔方考證。

《巡邊在河北作》二首（《文集》卷八）

詩云：「去年六月西河西，今年六月北河北。」

《崔尚書挽詞》（《文集》卷九）

《舊書·崔日用傳》：「十年，轉并州大都督府長史。尋卒，時年五十，贈吏部尚書。」

《兵部尚書代國公贈少保郭公行狀》（《英華》卷九七二）

《舊書·郭元振傳》：「開元十年，追贈太子少保。」《陳譜》按：「此行狀疑即作於此時。」愚按：郭元振爲説摯友，行狀既稱「贈少保郭公」，説撰此文，應在朝廷追贈其爲「太子少保」後不久。

《贈涼州都督上柱國太原郡開國公郭君碑》（《文集》卷一七）

《金石錄》卷五：「第九百六十八《唐郭知運後碑》：張説撰，梁升卿八分書。開元十一年五月。」《陳譜》據以置開元十一年（七二三）五月。按：郭知運神道碑有二，前碑爲蘇頲撰，魏華正書，開元十年七月立，在京兆；後碑張説撰，梁昇卿八分書，開元十一年五月立，亦在京兆（《類編》卷三）。《金石錄》與《類編》所署時間，均爲立碑時間，撰碑均應在其前。《舊書·郭知運傳》：「九年卒於軍，贈涼州都督……仍令中書令張説爲其碑文。」據此碑，知運九年十月二十二日卒於軍，以十年七月，葬於太原，夫人燉煌索氏祔焉。蘇頲撰碑，當是葬京兆時所撰；張説奉敕撰碑，應爲與夫人合葬太原時所撰，時當在開元十年七月前後。

《送王光庭》（《文集》卷六）

《陳譜》、《周考》不繫此詩作年。王光庭，名晙，以字行。唐有兩王晙，一行果子，《舊書》卷九三有傳；一方慶子，傳附方慶。《舊書·王方慶傳附子晙傳》：「子晙，工書知名，尤善琴碁，而性多嚴整，官至殿中侍御史。」《舊書·王晙傳》亦謂晙曾官殿中侍御史（《御史臺精舍題名》未見二人姓名），《新表》謂光庭官明威將軍。疑兩唐書二人事蹟有混。《全詩》存王光庭詩二首：《奉和聖製答張説扈從南出雀鼠谷》（《品彙》卷七三王光庭「疑作裴光庭」）、《奉和聖製送張説巡邊》。前爲開元十一年隨玄宗北巡作，後爲開元十年作，均爲與張說唱和者。此詩曰：「同居洛陽陌，經日懶相求。及爾江湖去，言別悵悠悠……愛而不可見，徒嗟芳歲流。」似作於上二詩前，暫繫本年。

《鄭國夫人神道碑奉敕撰》（《文集》卷二一）

《陳譜》置此碑開元十五年（七二七），未作考證，約是因說集有《謝賜撰鄭國夫人碑羅絹狀》，狀言：「內侍尹鳳翔宣口勅，得所進《鬬羊表》及《鄭國夫人碑》。」又據《進鬥羊表》末曰：「臣緣損足，未堪履地，謹遣男駙馬都尉垍詣金明門陳進。」徐松《唐兩京城坊考》卷一《興慶宮》節：「興慶門之南曰金明門，門內有翰林院。」因此斷言：「據《說之集》卷一七《王君㚟碑》，君㚟死於（開元十五年）閏九月二十三日，而十月十一日車駕至西京，說遣垍於西京興慶宮之金明門進表，則此表作於君㚟死後無疑矣。」《進鬥羊表》既上於十五年，玄宗同時所賜一表一碑，理當撰於同時。這是陳氏之推理，中間似缺少直接證據。按：碑言：「開元十年三月，終於通化里；其四月，卜宅於少陵原。」碑既是張說「奉敕撰」，必撰於開元十年三月楊氏卒後；楊氏封「鄭國夫人」，史未明記在何時，據《舊書・貞順皇后武氏傳》：「上即位，漸承恩寵。及王庶人廢後，特賜號爲惠妃，宮中禮秩，一同皇后。所生母楊氏，封爲鄭國夫人；同母弟忠，累遷國子祭酒；信，祕書監。」王皇后被廢在開元十二年七月（《舊紀》），據《舊傳》，似楊氏封鄭國夫人在玄宗廢王皇后爲庶人之後；但據我的研究，此說可商。趙良器有《鄭國夫人輓歌詞》詩一首，《全詩》注者謂「此鄭國夫人疑爲魏膺之妻。」非。詩言：「淑德延公胄，宜家接帝姻。桂宮男掌僕，蘭殿女昇嬪。」據此，鄭國夫人即武惠妃之母楊氏。楊氏卒前，已封鄭國，其女武氏已升嬪妃，二男已官令僕。這與張說撰碑時之記載相符。因此，吾言張說此碑應撰於開元十年楊氏卒後不久，是有根據的，而十五年或是玄宗書碑立碑之年。

開元十一年（七二三）五七歲　癸亥

【時事】

正月己巳（《陳譜》誤作「乙巳」），車駕自東都出發北巡。

《舊紀》:「十一年春正月丁卯朔……己巳，北都巡狩。」

庚辰，至潞州，改其舊宅為飛龍宮；辛卯，至并州，置北都，以并州為太原府。

《舊紀》:「庚辰，幸并州、潞州，宴父老，曲赦大辟罪已下，給復五年。別改其舊宅爲飛龍宮。辛卯，改并州爲太原府。」

《通鑒》卷二百十二:「十一年春正月己巳，車駕自東都北巡。庚辰至潞州，給復五年。辛卯，改并州爲太原府。」

按:《舊紀》明顯有誤，茲從《通鑒》。

車駕過上黨金橋，玄宗命製《金橋圖》。

唐鄭棨《開天傳信記》:「上封泰山回，車駕次上黨，……及車（駕過）金橋，御路縈轉，上見數十里間旌纛鮮潔，羽衛整肅，顧謂左右曰:『張說言我勒兵三十萬，旌旗徑千里，校獵上黨，至於太原（見《后土碑》），眞才子也！』左右皆稱萬歲。上遂詔吳道子、韋無忝、陳閎，令同製《金橋圖》。……聖容及上乘照夜白馬，陳閎主之；橋梁、山水、車輿、人物、草樹、雁鳥、器仗、帷幕，吳道子主之：狗馬、驢騾、牛羊、駱駝、猴兔、豬雞、四足之類，韋無忝主之。圖成，時謂三絕焉。」

《陳譜》按:「此條材料爲宋郭若虛《圖畫見聞志》卷五《金橋圖》，《唐語林》卷四《豪爽》及《唐詩紀事》卷一四《張說》所引用。唯所謂『封泰山回』顯然有誤。說之集卷一一《皇帝在潞州祥瑞頌十九首》中《金橋》下注曰:『金橋在潞南二里。』《圖畫見聞志》亦注曰:『橋在上黨。』玄宗封泰山後還至東都，不經上黨，故此事只能在十一年北巡途中。」

九月，頒玄宗撰《廣濟方》於天下，仍令諸州各置醫博士一人。

《舊紀》:「九月己巳，頒上撰《廣濟方》於天下，仍令諸州各置醫博士一人。」

《新志》:「玄宗《開元廣濟方》五卷。」

十一月戊寅，親自主持祭祀南郊之大典。

《舊紀》:「十一月戊寅，親祀南郊，大赦天下。」

【行年】

在兵部尚書、同中書門下三品、兼修國史任。

正月己巳，侍駕北巡，與玄宗及同巡侍臣唱和。

說見上「北巡并州」及下諸唱和作品考證。

至太原，說建議玄宗南還路由河東，可嗣漢武脽上后土之祀，為三農祈穀，玄宗允之。

《舊傳》:「玄宗將還京，而便幸并州，說進言曰:『太原是國家王業所起，陛下行幸，振威耀武，並建碑紀德，以申永思之意。若便入京，路由河東，有漢武脽上后土之祀，此禮久闕，歷代莫能行之。願陛下紹斯墜典，以爲三農祈穀，此誠萬姓之福也。』上從其言，」

《會要》卷二七「十一年正月二日，發東都北巡。二十五日，至並，兵部尚書張說進言曰：太原是國家大業所起，陛下宜因行幸，振威曜武，並建碑紀德，以申永思之意。若便入京，路由河東，有漢武脽上后土之祀，此禮久闕，歷代莫能行之；願陛下紹斯墜典，以爲三農祈穀，此誠萬姓之福也。上從其言。」

《通鑑》卷二百十二:「(十年十二月) 上將幸晉陽，因還長安，張說言於上曰：汾陰脽上有漢家后土祠，其禮久廢，陛下宜因巡幸修之，爲農祈穀。上從之。」

按:《陳譜》據《通鑑》置十年十二月，茲據《會要》移置十一年正月。

二月壬子（十六日），玄宗祠后土於汾陰之脽上，說為禮儀使。

《舊紀》:「(正月) 戊申，次晉州，壇場使中書令張嘉貞貶爲幽州刺史。壬子，祠后土於汾陰之脽上。」

《會要》卷十上《雜錄》:「開元十一年……至十二年二月二十二日 (年、日似均誤) 祠后土於汾陰脽上」注:「……至十一年，有司遷梁山神像於祠外之別室焉，兼以中書令張嘉貞爲壇場使，將作少監張景爲壇場副使，張說爲禮儀使。」(《文獻通考》卷七六略同)

按:《舊紀》祠后土於汾陰之脽上記爲正月，本年正月丁卯朔，無「戊申」及「壬子」日：二月丁酉朔，戊申爲十二日，壬子爲十六日。

二月癸亥（二十七日），以兵部尚書、同中書門下三品兼中書令。

《舊紀》：「癸亥，兵部尚書張説兼中書令。」

《大詔令》卷四四《張説兼中書令制》：「同中書門下三品，燕國公張説……入則式是百辟，出則賦政四方……可兼中書令。」

《舊傳》：「及祀后土禮畢，説代張嘉貞爲中書令。」

三月庚午，侍駕回京。

《舊紀》：「三月庚午，車駕至京師，制所經州、府、縣無出今年地稅。」《通鑑》卷二百十二略同。

四月甲子（三十日），正除中書令。

《舊紀》：「夏四月……癸亥，張説正除中書令。」

按：《新紀》《新表》、《通鑑》俱作甲子，唯《舊紀》作癸亥（二十九日），約是與兼中書令日期混而致誤。

五月，詩人太子校書王泠然上書於説，以求一用。

《摭言》卷六「公薦」：「將仕郎守太子校書郎王泠然謹再拜上書相國燕公閣下：……有唐以來，無數才子，至於崔融、李嶠、宋之問、沈佺期、富嘉謨、徐彥伯、杜審言、陳子昂者，與公連飛並驅，更唱疊和；此數公者，眞可謂五百年後挺生矣。天喪斯文，凋零向盡，唯相公日新厥德，長守富貴。……公之用人，蓋已多矣；僕之思用，其來久矣；拾遺補闕，寧有種乎？」

《陳譜》按：「繫年考訂參岑仲勉《唐集質疑》中《泠然上張説書》條。」

本年冬，上疏議南郊祭天諸服之事。

《舊書》卷四五《輿服志》：「開元十一年冬，玄宗將有事於南郊，中書令張説又奏稱：『準令，皇帝祭昊天上帝，服裘之冕，事出《周禮》，取其質也。永徽二年，高宗親享南郊用之。明慶年修禮，改用衮冕，事出《郊特牲》，取其文也。自則天以來用之。若遵古制，則應用大裘；若便於時，則衮冕爲美。』令所司造二冕呈進。上以大裘樸略，冕又無旒，既不可通用於寒暑。乃廢不用之。自是元正朝會依禮令用衮冕及通天冠，大祭祀依《郊特牲》亦用衮冕。自餘諸服，雖在於令文，不復施用。」

十一月戊寅（十六日），玄宗親祠南郊，說為禮儀使。

《舊書・禮儀一》:「玄宗即位，開元十一年十一月，親享圜丘。時中書令張說爲禮儀使，衛尉少卿韋縚爲副。」事又見《通典》卷二一《禮儀一》、《會要》卷九上《郊祭》;《玉海》卷九三引《通典》略同。

十一月二十日，說（奏？）置長從宿衛兵於南衙。

《會要》卷七二「府兵」:「（開元）十一年十一月二十日，兵部尚書張說置長從宿衛兵十萬人於南衙。簡京兆、蒲、同、岐等州府兵及白丁，準尺八例，一年兩番，州縣更不得雜使役，仍令尚書左丞蕭嵩與本州長官同揀擇以聞。」

《玉海》卷一三八「唐府兵」引《會要》:「（開元）十一年十一月二十日，兵部尚書張說置長從宿衛兵十萬於南衙。」

《陳譜》按:「《通鑒》及《新書》卷五〇《兵志》均稱十二萬。」

十二月，與源乾曜同訊王晙。

《新書・王晙傳》:「代張說爲兵部尚書、同中書門下三品，充朔方軍節度大使，河北、河西、隴右、河東之軍盡屬。是冬，帝親郊，追會大禮，晙以冰壯，請留將兵待邊，手敕慰勉。會有人告許州刺史王喬謀反，辭逮晙，詔源乾曜、張說雜訊，無狀，以黨與貶蘄州刺史。」

《陳譜》按:「《舊書・王晙傳》云:『既無反狀，乃以違詔追不到，左遷蘄州刺史。』趙紹祖《新舊唐書互證》卷一三評曰:『既無反狀，何黨之有？《舊傳》是也。』按趙說未必盡然。晙請留將兵待邊，既以『手敕慰勉』，後亦不至再以『違詔追不到』貶官。《通鑒》書『王晙坐黨引疏族』,《考異》稱不從《舊傳》而從《實錄》，想必《新王晙傳》亦從《實錄》來，故《新書》與《通鑒》是也。」

約本年前後，手題王灣詩於政事堂，每示能文，令為楷式。

《河嶽英靈集》卷下《王灣》:「灣詞翰早著，爲天下所稱最者不過一二。遊吳中作《江南意》詩云：海日生殘夜，江春入舊年。」詩人已來少有此句。張燕公手題政事堂，每示能文，令爲楷式。」

《陳譜》按:「說是歲爲中書令，改政事堂爲中書門下亦在是歲，姑繫於此。」

約本年前後，與徐堅等括《文選》外文章，別撰成《文府》三十卷。

《新書》卷六〇《藝文四・集部總集類》：「徐堅《文府》二十卷。開元中，詔張說括《文選》外文章，乃命堅與賀知章、趙冬曦分討。會詔促從速，堅乃先集詩賦二韻爲《文府》上之。餘不就而罷。」

《玉海》卷五四《唐文府》條引《集賢注記》：「燕公初入院，奉詔搜括《文選》外文章別撰一部。於是徐常侍及賀、趙分部檢討，徐等且集詩、賦二類，獨簡雜文，歷年，撰成三十卷。」

《陳譜》按：「《玉海》引《集賢注記》曰『燕公初入院』奉詔撰《文府》，『歷年』成書，故繫十一年。」

是歲，說奏改政事堂曰中書門下，列五房於其後，分掌庶政。

《通鑑》：「是歲，張說奏改政事堂曰中書門下，列五房於其後，分掌庶政。」

《新書・百官一》：「初，三省長官議事於門下省之政事堂。其後，裴炎自侍中遷中書令，乃徙政事堂於中書省。開元中，張說爲相，又改政事堂號『中書門下』，列五房於後，一曰吏房，二曰樞機房，三曰兵房，四曰户房，五曰刑禮房，分曹以主眾務焉。」

【著作】

《奉和太行山中言志應制》（《文集》卷三）

按：詩當作於開元十一年（七二三）春正月扈從玄宗北都巡狩行至太行山之時。據兩唐書，玄宗本年北巡車駕正月己巳（三日）出發，庚辰，幸并州、潞州，宴父老（《舊紀》）。張九齡詩云：「孟月攝提貞。乘時我后徵。」孟月，正月；攝提貞，太歲在寅曰攝提格。正月第一個寅日爲戊寅（十二日），這是此詩寫作的時間，即到達潞州前二日。《陳譜》置開元十一年正月，從之。其時唱和者除張說外，今《英華》卷一七一尚存張嘉貞、張九齡、蘇頲、苗晉卿同題作。張嘉貞回至晉州時被貶爲幽州刺史，此存其和詩，也可證明是在他被貶之前。

《奉和爰因巡省途次舊居應制》（《文集》卷三）

《奉和過晉陽宮應制》（《文集》卷三）

按：詩作於開元十一年（七二三）一月辛卯（二十五日）。《通鑒》卷二百十二：「（開元十一年正月）辛卯，至并州，置北都，以并州爲太原府，立后土祠。」唐明皇《過晉陽宮》詩，《英華》一七四存張説、蘇頲、張九齡三人和作。晉陽宮，在唐北都太原府晉陽縣。宮南有舊宮城大明城，故又名大明宮。

《扈從南出雀鼠谷》（《文集》卷四）

《陳譜》按：「《唐詩紀事》卷一四《宋璟》：『開元天子登封泰山，南出雀鼠谷，張説獻詩，明皇御答，羣臣應制，故明皇詩有『川途猶在晉，車馬漸歸秦』句。」誤甚。檢《新書》卷三九《地理三》，河東道汾州西河郡介休縣下注：『有雀鼠谷』，明皇封泰山由東都首途，不經河東，故此詩定作於并州還京途中，羣臣各詩均可作證。」

愚按：此次唱和，張説首唱，玄宗與侍從眾臣宋璟、蘇頲、王丘、袁暉、崔翹、張九齡、王光庭、席豫、梁升卿、趙冬曦繼和（見本集卷四、《英華》卷一七一）。雀鼠谷，峽谷名，在今山西省靈石縣西南（《歷史地圖集》）。與《新書·地理三》稍異，似汾河流經介休、文石一帶之狹谷總名雀鼠谷。「南出」顯是從北入，詩當爲開元十一年北巡時作。明皇封泰山由東都首途，十四年冬十二月返東都，絕不會繞汾州雀鼠谷而回。

《唐故左庶子贈幽州都督元府君墓誌銘》（《文集》卷二〇）

按碑言：「維開元十年正月己未，庶子武陵公河南元公薨於東京留守之內館……明年二月，歸葬於咸陽之舊塋。」

《奉和早度蒲關》（《文集》卷三）

按：詩爲張説護從玄宗北巡，南回至蒲津關所作。玄宗首唱《早渡蒲津關》，張説與扈從徐安貞、張九齡三人同和（《英華》卷一百七十）。《舊紀》：開元「十一年春正月……己巳，北都巡狩……壬子，祠后土於汾陰之脽……三月庚午，車駕至京師。」張九齡詩言：「軒皇問道回，長堤春樹發。」當寫於三月庚午（五日）返京前夕。蒲津關，一名大慶關，又名蒲坂關。《元和志》卷二「同州」：「朝邑縣，本漢臨晉縣地……縣西南（筆者按：應爲東北）有蒲津關。」《寰宇記》卷二八：「蒲津關，因蒲坂，又以河津之湊，因以爲名。」

《奉和初入秦川路逢寒食》（《文集》卷三）

按：明皇御製《初入秦川路逢寒食》詩僅存張說和作，見集本卷三，《英華》卷一七二。說詩言「總爲朝廷巡幸去，頻教京洛少光輝。」則詩應作於某年出巡之時。明皇詩言「去年有閏今年早」，則此年之前一年爲閏年。查《舊紀》，開元十年（七二二）閏五月，次年正月己巳，北都巡狩。三月庚午（五日），車駕還京。此時正是寒食清明時節。《陳譜》繫此詩開元十一年三月，是。

《上黨舊宮述聖頌》（《文集》卷一一）

《陳譜》按：「趙明誠《金石錄》卷五：『第九百六十三《唐上黨宮述聖頌》：張說撰，裴漼正書，開元十一年正月。』則似此頌作於正月。今檢頌文，首句爲『開元十有一祀正月，皇帝展儀於河東』，然後敘宴上黨、入太原、祠汾脽，『三月庚午，飲至長安』。通觀全文，此頌及《潞州詳瑞頌十九首》均爲抵西京後作，趙明誠抑僅見首句即定正月作耶？」陳氏所言是。文撰於三月回京後，碑更應是後立。但立碑時所署年月提前至出巡之時似也有可能，後之碑目亦均同趙錄署「正月」，故趙氏或眞的看到了碑上所署爲「正月」。

《奉和送王晙巡邊應制》（《文集》卷二）

《舊紀》：「（開元十一年）五月己巳（《通鑒》作「己丑」），北都置軍器監官員。王晙爲朔方節度使兼知河北郡、隴右、河西兵馬使。六月，王晙赴朔方軍。」張說詩言「六月歌周雅」，與《舊紀》記載相符，詩應作於送王晙出發之時。除張說存應制之作外，張九齡亦賦《餞王尚書出邊》詩爲之餞行。五月乙丑朔，乙丑爲五日，己丑爲二十五日，王晙六月始赴朔方軍，則《通鑒》近是。《陳譜》繫開元十一年（七二三）六月，從之。

《進佛像表》（《文集》卷二九）

《陳譜》置此表開元十一年（七二三），表言：「去年行塞，至朔州忍辱尼寺，見有高祖、太宗造金像銀趺，刻題尊號。」張說開元十年閏五月奉命前往朔方巡邊，陳氏謂表作於開元十一年，是。

《起義堂頌》（《文粹》卷十九上）

《陳譜》未繫此頌作年。《周考》開元十一年（七二三）案：「《起義堂頌》是對李唐統治的正統性的肯定與讚頌，頌云『首唱高祖，岑飛晉陽』，當是二月還至晉陽奉敕所作，《年譜》失錄。《重定南郊星辰位次議》應是在玄宗親祀南郊之前，且附於此。」按：頌撰於開元十一年（七二三）春正月。《舊紀》:「(開元）十一年春正月……辛卯，改并州爲太原府……上親製《起義堂頌》及書，刻石紀功於太原府之南街。」《元龜》卷三十、卷四十《玉海》卷三一等處所記略同。《寶刻類編》卷一:「《起義堂碑》,(玄宗）撰並書，開元十一年立，太原。」據此，似頌爲玄宗親製，非。《文粹》:「《起義堂頌並序》:僧一行，又云張說。」亦非。其時應是僧一行撰序，張說撰頌，玄宗書碑。

《重定南郊星辰位次議》(《元龜》卷五八九）

《陳譜》此議未繫年。按《元龜》卷五八九:「唐張說爲中書令，開元十一年，與秘書監賀知章參定南郊之禮，奏議曰云云。」所奏即此議。《玉海》卷九三引《會要》(今本《會要》似佚此文）亦曰:「開元十一年十一月一日，參定南郊之禮，秘書少監賀知章、中書令張說等奏曰云云。」開元十一年十一月一日，爲此奏所上時間。又，此奏應爲張說、賀知章等聯名所上，《元龜》張說名在前，《玉海》引《會要》張說名在後，似應以《元龜》爲是。

《請定南郊諸服奏》(《舊書・輿服志》)

《舊書》卷四五《輿服志》曰:「開元十一年冬，玄宗將有事於南郊，中書令張說又奏稱:『準令……則衮冕爲美。』令所司造二冕呈進。上以大裘樸略，冕又無旒，既不可通用於寒暑，乃廢不用之。」《會要》卷三一「輿服上」略同。據《舊紀》,此奏應上於開元十一年（七二三）冬十一月戊寅玄宗親祀南郊之前。

《宿直溫泉宮羽林獻詩》、《扈從溫泉宮獻詩》(《文集》卷三）

《陳譜》不繫此二詩作年。《周考》開元十一年（七二三）:「案：三首與溫泉相關的詩及《溫泉箴》,《舊唐書・玄宗紀》明確記載開元十年至十八年之間玄宗幸溫泉宮的是十一年、十五年、十六年、十七年、十八年。後數年似乎都沒有張說與玄宗同行的證據，而十一年，『冬十月丁酉，幸新豐之溫泉宮。甲寅，至自溫泉。』其《宿直溫泉宮羽林獻詩》亦云『新豐樂漢行』。是時張說如日中天，並隨後隨玄宗『親祀南郊』,最有可能作於是年。」按：張說《宿直溫泉宮羽林獻詩》詩言:「冬狩美秦正，新豐樂漢行」,「秦正」指秦朝一年之首月。秦以冬十月爲歲首，故此次玄宗冬狩新豐溫泉宮，當在本年十月。據《舊紀》，玄宗十月幸新豐溫泉宮，張說去世前僅兩次，一在十一年，一在十六年。開元十六年十月，張說雖然已復兼集賢學士，玄宗對他雖是「寵顧不衰」，但已「罷政事，專文史之任，朝廷每有大事，上常遣中使訪之」（《通鑒》二一三）。此時似無侍駕出遊之可能，更別說「宿直」了。《舊紀》：「（開元十一年）「冬十月丁酉，幸新豐之溫泉宮。甲寅，至自溫泉。」故此二詩似當作於開元十一年（七二三）十月丁酉（五日）至甲寅（二十二日）間。

《奉和溫湯對雪應制》（《文集》卷三）

《陳譜》引《元龜》卷四〇《帝王部・文學》：「十四年十月幸汝州至溫湯之行宮，時屬雨雪，帝親賦雨雪詩以示羣臣。」置此詩開元十四年（七二六）十月。按：此詩作年據詩之文本難以考定。《玉海》卷二九「唐喜雪詩」將唐玄宗《溫湯對雪》與十四年賦雨雪詩區別爲二事，恐有其根據，此其一；據《舊紀》，開元十四年冬十月明皇所幸爲「汝州廣成溫」，非泛泛之溫湯，此其二；其時「海内溫湯甚眾，有新豐驪山湯、藍田石門湯、岐州鳳泉湯、同州北山湯、河南陸渾湯、汝州廣成湯、兖州乾封湯、邢州沙河湯。此等諸湯，皆知名之湯也」（《南部新書》卷八）。明皇在位，常幸之溫湯爲新豐之驪山溫湯、岐州郿縣之鳳泉湯，似只有新豐驪山溫湯在兩唐書中才稱溫湯，此其三；其四，也是最重要的一條，開元十四年夏，張說受崔隱甫、宇文融等人彈劾，已經罷免中書令，且「將國史於宅修撰」，似爲在家閑人，怎麼可能獨自侍駕？疑與《扈從溫泉宮獻詩》、《宿直溫泉宮羽林獻詩》等詩作於同時，故移置十一年。

《后土神祠碑銘》（《英華》卷八七八）

《陳譜》置本年二月，未舉證。按：玄宗開元年間，曾兩次北巡太原，至汾陰脽上祀后土。一在開元十一年春二月壬子（《舊紀》作正月誤），一在開元二十年冬十一月庚申（從碑及《新紀》，《舊紀》作「庚午」）。碑言：「二十年冬，勒兵三十萬，旌旗徑千里，校獵上黨，至於太原。……先是有司宿設，恪敬乃事，己未，師次於齋宮；庚申，親祀於後祇。」《金石錄》卷六：「第一千六十六唐后土神祠碑上、第一千六十七唐后土神祠碑中、第一千六十八唐后土神祠碑下：

明皇撰並八分書。開元二十一年八月，碑在河中府。第一千六十九唐后土神祠碑陰，蕭嵩正書。」故此次玄宗祀后土應指開元二十年（七三二）冬十一月那一次，碑銘應非說所撰。附本年待考。

開元十二年（七二四）五十八歲　甲子

【時事】

七月己卯，廢皇后王氏為庶人，后弟王守一貶澤州別駕，行至藍田，賜死。戶部尚書張嘉貞坐與守一交通，貶台州刺史。

《舊紀》：「秋七月壬申，月蝕既。己卯，廢皇后王氏爲庶人，后弟太子少保駙馬都尉守一貶爲澤州別駕，至藍田，賜死。戶部尚書河東伯張嘉貞貶台州刺史。」

《舊書・張嘉貞傳》：「明年，坐與王守一交往，左轉台州刺史。」

溪州蠻覃行璋反，黔中道招討使監門衛大將軍楊思勗將兵討平之，以功越制加思勗輔國大將軍，俸祿防閣，皆依品級。

《舊紀》：「冬十一月……庚辰，司徒申王撝薨，追謚曰惠莊太子。五溪首領覃行璋反，遣鎮軍大將軍兼內侍楊思勗討平之。」

《通鑒》卷二百十二：「秋七月……溪州蠻覃行璋反，以監門衛大將軍楊思勗爲黔中道招討使將兵擊之。癸亥，思勗生擒行璋，斬首三萬級而歸，加思勗輔國大將軍，俸祿防閤，皆依品級。」胡三省注：「又按《唐六典》，輔國大將軍勳階正二品。唐制，宦官不得登三品。今思勗階二品矣。宋白曰：唐制，凡京師文武職官，皆有防閤；州縣官僚，皆有白直。」

按：《通鑒》置於七月，《舊紀》置於十一月，恐一爲出軍日，一記凱旋日。

【行年】

在中書令兼修國史任。

四月，玄宗親撰說之考詞，並賜中上考。

《舊傳》：「夏四月，玄宗親爲詔曰：「動惟直道，累聞獻替之誠；言則不謏，自得謀猷之體。政令必俟其增損，圖書又藉其刊削，才望兼著，理合褒升。考中上。」

《陳譜》按：「事在十二年，見《冊府元龜》卷三一九《宰輔部・褒寵二》。又，《廿二史考異》卷五九曰：『說以特詔褒升，僅得中上考。李渤爲考功員外郎，奏御史大夫李絳、左散騎常侍張惟素、右散騎常侍李益三人，請賜上下考。則唐時上上考，蓋不恒有矣。』」

說引崔沔為中書侍郎，沔遇事多所異同，說不悅；六月，出沔為魏州刺史。

《通鑒》卷二百十二：「上以山東旱，命臺閣名臣以補刺史：（六月）壬午，以黃門侍郎王丘、中書侍郎崔沔……等五人出爲刺史……初，張說引崔沔爲中書侍郎，故事，承宣制皆出宰相，侍郎署位而已。沔曰：『設官分職，上下相維，各申所見，事乃無失。侍郎，令之貳也，豈得拱默而已！』由是遇事多所異同。說不悅，故因是出之。」

《陳譜》按：「出爲魏州刺史見《舊書》卷一八八《孝友・崔沔傳》。又《唐會要》卷五四《中書侍郎》節云：『十二年六月，中書令張說薦崔沔爲中書侍郎』。後又云：『自是每月制敕及南曹事，沔多異同，張說頗不悅焉。』今知沔六月已出爲刺史，則說薦沔爲侍郎當至遲在六月前數月。」

在相位，數稱薦裴漼。

《舊書・裴漼傳》：「漼早與張說特相友善，時說在相位，數稱薦之。漼又善於敷奏，上亦嘉重焉。由是擢拜吏部尚書，尋轉太子賓客。」

《陳譜》按：「《唐會要》卷八《郊議》：『玄宗開元十二年閏十二月辛酉，文武百官吏部尚書裴漼等上請封東嶽』。故繫是年。」

房琯獻《封禪書》，說奇其才，奏授校書郎。

《舊書・房琯傳》：「開元十二年，玄宗將封岱嶽，琯撰《封禪書》一篇及箋啓以獻。中書令張說奇其才，奏授秘書省校書郎，調補同州馮翊尉。」

《全文》卷三三二房琯《上張燕公書》：「亦願起自燕公門下，令眾人別意瞻矚也。」

李翱《李文公集》卷七《謝楊郎中書》：「若張燕公之於房太尉，獨孤常州之於梁補闕者，訖不見一人焉？」

《新書·張均傳》:「肅宗反正,(張均、張垍)兄弟皆論死。房琯聞之,驚曰:『張氏滅矣。』乃見苗晉卿營解之。帝亦顧說有舊,詔免死,流合浦。」

約本年前後,薦康子元、敬會真。

《新書·儒學下·康子元傳》:「開元初,詔中書令張說舉能治易、老、莊者,集賢直學士侯行果薦子元及平陽敬會眞於說,說籍以聞。並賜衣幣,得侍讀。子元累擢秘書少監,會眞四門博士,俄皆兼集賢侍講學士。」

《陳譜》置十三年,其按曰:「說薦此二人當在十三年兼集賢侍講學士前,確切日期無考,姑繫於此。又,侯行果當爲麗正直學士。」

本年首建封禪之議。

《舊傳》:「說又首建封禪之議。」

《舊書》卷二三《禮儀三》:「玄宗開元十二年,文武百僚、朝集使、皇親及四方文學之士,皆以理化升平,時穀屢稔,上書請修封禪之禮,並獻賦頌者,前後千有餘篇。玄宗謙沖不許。中書令張說又累日固請,乃下制曰:『……可以開元十三年十一月十日,式遵故實,有事泰山。』」

《陳譜》按:「《冊府元龜》卷三六《帝王部·封禪二》載十二年閏十二月辛酉,裴漼等上表請封東嶽,玄宗答詔不許;自甲子始,乾曜、說三次上請封禪,丁卯,玄宗詔可。文長不錄。按說十一月作《奉和途中經華嶽》詩已有『羣臣願封岱』句,可見時已倡此議矣。又,《通鑒》卷二一二曰:『時張說首建封禪之議,而源乾曜不欲爲之,由是與說不平。』岑仲勉《通鑒隋唐紀比事質疑》中之《源乾曜與張說不平》條認爲此句突兀,似可刪。」

【著作】

《撥川郡王碑奉敕撰》(《文集》卷一七)

按:《陳譜》繫開元十二年(七二四)四月,未舉證。按碑言:論弓仁「(開元)十一年四月五日,薨於位,享年六十……十二年四月,詔葬於京城之南。」此碑爲奉敕撰,故應撰於論弓仁卒後至葬前這一年中,是否撰於十六年,或難定。

《奉和送宇文融安輯戶口應制》(《文集》卷二)

《陳譜》開元十二年(七二三):「〔著作〕《奉和送宇文融安輯户口應制》(《文集》卷二)《通鑒》:『六月壬辰,……仍以兵部員外郎兼侍御史宇文融爲勸農使,巡行州縣,與吏民議定賦役。』」按:陳氏所引《通鑒》文爲另一事,張說等送宇文融非六月也。《元龜》:「(開元)十二年八月,宇文融除御史中丞,充諸色安輯户口使。」。事又見《會要》卷八五、《玉海》卷二十、《通鑒》卷二百十二。《通鑒》本年八月己亥下所記,才應爲此事。

《奉和途中經華嶽》(《文集》卷三)

詩曰:「群臣願封岱,還駕勒鴻銘。」詩當作於開元十三年封泰山前。《陳譜》繫此詩開元十二年(七二四)十一月,注:「《舊紀》:『冬十一月庚申,幸東都,至華陰,上製嶽廟文,勒之於石,立於祠南之道周。』」按:《會要》卷二七「巡幸」:「開元十二年十一月四日,幸東都,十日至華州。命刺史徐知仁與信安王禕勒石華岳祠南道上,御製碑文,仍書之。」玄宗首唱《途中經華嶽》,奉和者張說、蘇頲和張九齡,詩見《英華》卷一百七十。

《奉和途次陝州》(《文集》卷三)

《陳譜》按:「詩云『洛城將日近』,可見作於由西京往東都途中。按說在朝時玄宗往東都凡兩次,一爲十年春正月,一爲十二年冬十一月。玄宗《途次陝州》詩云:『耕餘壤畔空』,可見乃冬季,故繫於此。」玄宗《途次陝州》詩,張說、張九齡同和。玄宗詩言:「鳴笳從此去,行見洛陽宮。」亦可證爲幸洛陽途經陝州時作。

《奉和聖製過王濬墓應制》(《文集》卷三)

《何考》疑詩作於開元十二年(七二四)冬十一月玄宗東幸洛陽之時。《陳譜》卻謂開元十一年正月北都巡守,過長治柏谷山時作。按:明皇《過王濬墓》詩除張說和詩外,還有張九齡同和,九齡詩見《曲江集》卷二。三詩無一字及北巡,相反,九齡詩言「晉將在弘農」,弘農爲東幸洛陽必經之地。故從何格恩繫開元十二年。王濬,晉名將,曾率晉軍平吳,武功顯赫。世傳王濬墓有二:一在山西。《晉書·王濬傳》:「太康六年卒,時年八十。謚曰武,葬柏谷山。大營塋域,葬垣周四十五里。」柏谷山在唐潞州府長治縣(今山西長治市)東北。一在河南。《廣記》卷二八三引《國朝雜記》云：「武后將如洛陽，至閿鄉縣東，騎忽不進。召巫者問之，巫言：晉龍驤將軍王濬云：臣墓在道南，每爲採樵者所苦。聞大駕至，故來求哀。后敕去墓百步，不得耕植。至今荊棘森然」（《御覽》七三五略同）。《河南通志》四九：「王濬墓：在閿鄉縣東一十五里。濬，大將軍，卒謚武。」則河南閿鄉縣（今屬靈寶市）又有一王濬墓。據《晉書・王濬傳》，王濬爲弘農湖（今屬河南靈寶市）人，其死葬故鄉是有可能的。

《奉和潼關口號應制》（《文集》卷三）

《陳譜》不繫此詩作年。《何考》開元十二年（七二四）：「《全唐詩》卷三有蘇頲《奉和聖製過潼津關》詩。按蘇頲卒於十五年七月。查《唐大詔令》七九及《冊府元龜》卷一一三：開元五年正月辛亥幸東都，六年十月內中還京師，十年正月丁巳幸東都均從北路；惟十二年冬十一月庚申東幸從南路，故渡潼關口號疑作於本年。」從之。同和者除張說外，還有張九齡和蘇頲（《全詩》卷四九、卷七四）。

《奉和經河上公廟應制》（《文集》卷三）

《陳譜》不繫此詩作年。河上公廟，在陝州州西五里（《寰宇記》卷六「陝縣」）。《英華》卷一七一收玄宗原唱及張說、張九齡、蘇頲三人和作。《何考》、《劉注》、《熊注》並謂張九齡和詩作於開元十二年（七二四）東幸洛陽之時，從之。河上公，相傳爲漢仙人。「漢文帝時，公結草庵於河之上」，以解老子經義聞於時。文（一說景）帝曾以《老子》經義中不決之事以問公（《廣記》卷十引《神仙傳》）。

《請許王公百官封泰山表》（《文集》卷一五）

《陳譜》按：「此《表》即《冊府元龜》卷三六《帝王部・封禪二》所引說與乾曜三次上表請封泰山之第三表。」愚按：《元龜》卷三六《帝王部・封禪二》：「玄宗開元十二年閏十二月辛酉，文武百官吏部尚書裴漼等上請封東嶽曰：『臣聞道協乾坤，聖人之玄德；功存禮樂，王者之能事……臣等不勝懇切，敢昧死再拜上請以聞。』時儒生墨客獻賦頌者數百計，帝不得已而從之。丁卯下詔曰：『自古受命而王者，曷嘗不封泰山，禪梁父，答厚德，告成功。』」按：本年閏十二月丙辰朔，辛酉爲六日，丁卯爲十二日。

《蒲津橋贊》（《文集》卷一三）

《陳譜》繫此贊開元十二年（七二四），並作考言：「據本文，乃說十二年作。然《唐會要》卷八六《橋梁》曰：『開元九年十二月九日，增修蒲津橋，絙以竹葦，引以鐵牛，命兵部尚書張說刻石爲頌。』今檢《新書》卷三九《地理三》，河東郡河西縣下云：『有蒲津關，一名蒲坂。開元十二年鑄八牛，牛有一人策之，牛下有山，皆鐵也，夾岸以維浮梁。』可見《會要》九年，誤。」愚按：《玉海》卷一七二「唐鐵牛、蒲津橋」：「《地理志·河中府·河西縣》有蒲津關，開元十二年，鑄八牛於蒲津……《通典·河東縣》：後魏大統四年，造浮橋。九年，築城爲防。唐開元十二年，河兩岸開東西門，各造鐵牛四，鐵人四。其牛下並鐵柱連腹，入地丈餘……《通鑑》：開元九年，新作蒲津橋，鎔鐵爲牛。《會要》：開元九年十二月九日，增修蒲津橋，絙以竹葦，引以鐵牛，命兵部尚書張說刻石爲頌。張說《蒲津橋贊》……開元十二載，俾鐵代竹，取堅易脆。」《會要》「九年」是誤記還是另有所據，不得而知，但史記此事相互矛盾，今從集本置十二年。

《奉和春中興慶宮酺宴應制》（《文集》卷二）

《陳譜》不繫此詩作年。《周考》開元十一年（七二三）案：「《奉和聖製春中興慶宮酣宴應制》詩云：『慶接郊禋後』，而開元十一年十一月，玄宗親享圜丘、祀南郊赦天下，故繫於此。」愚按：明皇御製《春中興慶宮酺宴序》言：「往以仲冬建子，南至初陽，爰詔司存，式陳郊祀。」《舊紀》：開元十一年「十一月戊寅，親祀南郊。」張說詩亦言「慶接郊禋後，酺承農事稀。」故詩應作於開元十一年十一月「親祀南郊」之後。明皇序又言：「歲二月，地三秦」，故應爲開元十二年（七二四）二月在長安作。

《恩賜樂遊園宴》（《文集》卷四）

《陳譜》繫此詩開元十八年，《增訂注釋全唐詩》謂詩作於開元十四年，皆未深考也。十四年張九齡已從中書調太常，十八年在桂州，不得侍駕同遊。且同和者有蘇頲，頲卒開元十五年。更不得至十八年還與玄宗唱和。《何考》開元十二年（七二四）：「樂遊園宴當在南郊酺宴之後，趙冬曦詩云：『爽塏三秦地，芳華二月初。』曲江公詩云『朝慶千齡始，年華二月中。』蓋均作於二月間也。」所考甚是。

《劉注》:「此詩《文苑英華》編入奉和唐玄宗《同二相以下群臣樂遊園宴》詩,同題尚有張說、蘇頲等八人,並注云:『自唐玄宗詩至趙冬曦共九首,並見張說集。』意時張說已相。據《資治通鑒》所載,張說開元九年九月至十五年二月爲相期間,玄宗春二月在西京長安者只有開元十二年,則此詩亦當爲是年所作。又據《英華》題作《奉和恩賜樂遊園宴應制》,當是。』按:張九齡等《恩賜樂遊園宴》詩題不誤,《英華》改題《奉和恩賜樂遊園宴應制》誤。劉先生以《英華》是,未深考也。詩當是張說、宋璟二相以下大臣先作《恩賜樂遊園宴》詩,玄宗後和同題作,故玄宗詩題《同二相以下群臣宴樂遊園》。非玄宗首唱。故張說、宋璟二相以下大臣之作不得如《英華》所題。且《英華》明言「自唐玄宗詩至趙冬儀(應作「曦」)共九首,並見張說集。」張說集本詩正題作《恩賜樂遊園宴》,其後附宋璟、崔沔、張九齡、胡皓、王翰、崔尚(英華作「商」)、趙冬曦七詩(英華尚有蘇頲一詩,中華本作兩蘇頲,無宋璟,實是前一蘇頲即爲宋璟之誤),均題「同前」,《英華》既從張說集出,當據此是正(參《熊注》)。

《西嶽太華山碑銘》(《文粹》卷五十)

《陳譜》置此碑開元十三年(七二五)五月。並以《玉海》卷三一《唐華岳祠碑銘》條引《實錄》:「開元十三年五月戊戌,以親製西嶽碑示百僚,五色雲見於前」爲證,非。按《文粹》卷五十:「《西嶽太華山碑銘並序》玄宗撰,張說辭。」序言:「十有一(應爲「二」之誤。《玉海》即作「二」)載孟冬之月,步自京邑,幸於洛師,停鑾廟下。」據《舊紀》:開元十二年「冬十一月庚申,幸東都,至華陰,上製嶽廟文,勒之於石,立於祠南之道周。」《會要》卷二七:「(開元)十二年十一月四日,幸東都。十日至華州,命刺史徐知仁與信安王禕,勒石於華岳祠南之通衢,上親製文及詩。至十三年七月七日,碑成,乃打本立架,張於應天門,以示百僚。」當時的情況是,玄宗開元十二年十一月庚申(四日),起程幸東都。本月十日,至華陰,因見嶽神,遂親製嶽廟碑序,命張說爲銘,並同時命華州刺史徐知仁與信安王李禕爲勒碑使。次年五月戊戌(十六日),西岳祠碑勒成,玄宗以之示百僚。七月七日,乃打本立架,張於應天門。

張說撰銘，應與玄宗撰序同時，在開元十二年十一月。

《唐故高內侍碑》(《文集》卷一七)

《陳譜》繫開元十三年（七二五）五月，未舉證。按碑言：高延福「年六十有四，開元十二年，終於來庭里。明年某月，葬於長樂原。」言葬爲「明年」，則撰碑顯然在本年，即開元十二年；又，《全文》謂高氏卒年爲開元十四年，不知何據？若有據，則碑亦不應撰於開元十三年。

開元十三年（七二五）五十九歲　乙丑

【時事】

四月，改集仙殿為集賢殿；改麗正殿書院為集賢殿書院。內五品已上為學士，六品已下為直學士。

《舊紀》:「夏四月丁巳，改集仙殿爲集賢殿；麗正殿書院改集賢殿書院。內五品已上爲學士，六品已下爲直學士。」

十月，集賢院以銅鑄之水運渾天儀成，敕置景運門內（一謂敷政門外）以示百官。

《舊紀》:「冬十月癸丑，新造銅儀成，置於景運門內以示百官。」

《通鑒》卷二一二:「冬十月癸丑，作水運渾天成。上具列宿，注水激輪，令其自轉，晝夜一周。別置二輪，絡在天外，綴以日月，逆天而行，淹速合度。」

《玉海》卷四「天道・唐開元黃道遊儀」引《集賢注記》云十二年五月)」……又詔一行、令瓚更造渾天儀。《集賢注記》:「開元十二年五月，沙門一行於書院造黃道遊儀以進。一行初奉詔改修曆經，以舊無黃道遊儀，測候稍難，梁令瓚刻木作小樣進呈，上令一行參考，以爲精密，始就院更以銅鐵爲之。凡二年，功乃成。……十三年十月，院中造渾儀成，奉勅向敷政門外，以示百僚。」

按:《志》與《會要》均謂爲「黃道遊儀」，恐非。茲據《集賢注記》與《通鑒》。參下《進渾儀表》考證。

東封泰山，十月辛酉，車駕自東都出發。十二月己巳，返回東都。時累歲豐稔，米糧價賤。

《舊紀》:「冬十月……辛酉，東封泰山，發自東都……十二月己巳，至東都。時累歲豐稔，東都米斗十錢，青齊米斗五錢。」

【行年】

在中書令、兼修國史任。

中書舍人陸堅謂麗正學士供擬過豐，將議罷之；說言「刊校圖書，詳延學者」，此事「所費者細，所益者大」，並斥堅之論「未達」。

《唐新語・匡贊第一》:「開元中，陸堅爲中書舍人，以麗正學士或非其人，而所司供擬過爲豐贍。謂朝列曰:『此亦何益國家，豈致如此費損！』將議罷之。張說聞之，謂諸宰相曰:『說聞自古帝王，功成則有奢縱之失，或興造池臺，或耽玩聲色，聖上崇儒重德，親自講論，刊校圖書，詳延學者。今之麗正，即是聖主禮樂之司，永代規模，不易之道。所費者細，所益者大。陸子之言，爲未達也。』玄宗後聞其言，堅之恩眄從此而減。」

《陳譜》按:「《新傳》、《通鑒》皆稱『中書舍人陸堅』，唯《舊傳》稱『中書舍人徐堅』，《通鑒考異》曰:『《舊傳》作徐堅，今從《集賢注記》。』趙紹祖《新舊唐書互證》卷一四云:『《新書》下文云陸生之言，《通鑒》下文云徐子之言，似各有所據，非傳寫誤也。』此爲未細究也。按徐堅從未任中書舍人，而陸堅於十三年麗正書院改集賢院時正任中書舍人（見《唐會要》卷六四）。且徐堅於十年由說引入書院，十三年副知院事，與說『好尚頗同』(《大唐新語》卷八)、『每相推重』(《職官分紀》卷一五)，焉能作此等貶低書院之語，故當是陸堅無疑。」

愚按：此節頗爲重要，張說之主張，涉及玄宗朝重文政策之確立與推行，正如說所言:「聖上崇儒重德」,「刊校圖書，詳延學者……所費者細，所益者大」。陸堅腐儒，目光短淺，說斥之「未爲達」，實太客氣。徐堅一直是張說最親近之文人，在修珠英之時，二人就有出色的合作表現。其後在景龍文館與集賢書院，徐堅都是說最密切的合作夥伴，堅本人是當時最傑出的文人，絕不可能反對「崇儒」。再說，從則天朝至玄宗朝，徐堅一直受到重用，何來「恩眄從此而減」？《舊傳》誤無疑。又因張、陸二人所議爲「麗正學士」，具體時間難定，故移置詔改麗正殿書院爲集賢殿書院前。

三月壬寅，張說草封禪儀，獻之。

《通鑒》卷二百十二：「（三月）壬寅……張說草封禪儀，獻之。」

四月，詔改麗正殿書院為集賢殿書院。始命說充學士，知院事，並同時置學士、直學士十八人。

《會要》卷六四《集賢院》：「十三年四月五日，因奏封禪儀注，敕中書門下及禮官學士等，賜宴於集仙殿。上曰：『今與卿等賢才，同宴於此，宜改集仙殿麗正書院爲集賢院。』乃下詔曰：『仙者捕影之流，朕所不取；賢者濟治之具，當務其實。』院內五品以上爲學士，六品以下爲直學士。中書令張說充學士、知院事，散騎常侍徐堅爲副。禮部侍郎賀知章、中書舍人陸堅，並爲學士。國子博士康子元爲侍講學士。考功員外郎趙冬曦、監察御史咸廙業、左補闕韋述、李釗、陸玄泰、呂向、拾遺毋煚、太學助教余欽、四門博士趙元默、校書郎孫季良並直學士。太學博士侯行果、四門博士敬會眞、右補闕馮騭並侍講學士。初以張說爲大學士，辭曰：『學士本無大稱，中宗欲以崇寵大臣，景龍中修文館有大學士之名。如臣豈敢以大爲稱。』上從之。」

《職官分紀》卷一五《大學士學士》節《酒酣賦詩》條：「十三年三月，因奏封禪儀注，敕學士等賜宴於集仙殿，時預宴者宰臣源侍中、張燕公、學士徐堅、賀知章、康子元、趙冬曦、侯行果、敬會眞、趙玄默、韋述、李子釗、陸元泰、呂向，咸廙業，毋煚、余欽、孫季良、馮朝隱等。時新進櫻桃，上令遍於席上散佈，各令諸官拾取之，飲以醇醪清酤之酒。酒酣，簾內出彩箋，令燕公賦宮韻、羣臣賦詩。並出彩羅，令擲雙六頭子，得重彩者分之。宴訖，錫銀盤、雜彩有差（《玉海》卷一六七《唐集賢院書院》條引《集賢注記》略同）。

《舊書・職官二》：「集賢學士之職，掌刊緝古今之經籍，以辨明邦國之大，凡天下圖書之遺逸，賢才之隱滯，則承旨而徵求焉。其有籌策之可施於時，著述之可行於代者，較其才藝而考其學術，而申表之。凡承旨撰集文章，校理經籍，月終則進課於內。歲終則考最於外。」

《會要》卷六四《集賢院》:「其年（貞元四年）五月十一日，中書侍郎、同中書門下平章事李泌奏:『伏蒙以臣爲集賢殿大學士，竊尋故事:中書令張說，中朝元老，碩德鴻儒，懇辭大字，眾稱達禮……伏望削去大字，崇文館大學士亦准此。』敕依。」

《陳譜》按:「《通鑒》:『夏，四月，丙辰（初三），上與中書門下及禮官學士宴於集仙殿。上曰:「……宜更名曰集賢殿。」《會要》則曰四月五日。而《職官分紀》及《玉海》引《集賢注記》則稱事在三月。今檢《全唐詩》卷三玄宗《春晚宴兩相及禮官麗正殿學士探得風字》詩，序末注明:『開元十三年三月二十七日』，即『春晚』也。說之集卷二說和詩《侍宴探得開字》詩有『殿爲集賢開』,『庭柳餘春駐。宮櫻早夏催』句，可見此即《通鑒》及《會要》所述之宴會，但不在四月初，而在三月二十七日。又《舊紀》曰:『夏四月丁巳（初四），改集仙殿爲集賢殿。』《全唐詩》各三玄宗《集賢書院成疊張說上集賢學士賜宴得珍字》曰: 『節度云初夏，時移氣尚春。』可見三月二十七日宴會上玄宗門詔改集仙爲集賢，四月初乃下詔。《通鑒》、《會要》均疏略於此矣。」

愚按:《陳譜》此條按語至少有三誤，一是將前在麗正殿書院同後在集賢殿的兩次宴會混爲一次，前次玄宗自序，後次九齡奉敕序，張說兩篇和詩，一「探得開字」，一「賦得輝字」，清清楚楚;二是《職官分紀》所記三月爲「奏封禪儀注」，非改集仙名，《通鑒》亦將「張說草封禪儀，獻之」置三月末，兩書不誤。三謂三月二十七宴會改名，四月初乃正式下詔。實際改名賜宴在四月三日，四日下詔。

初以說為大學士，辭曰:「學士之禮，以道義相高，不以官班為前後。」時議深賞之。

《唐新語》卷七《識量》:「張說拜集賢學士，於院廳宴會。舉酒，說推讓不肯先飲，謂諸學士曰:『學士之禮，以道義相高，不以官班爲前後。說聞高宗朝修史，學士有十八、九人，長孫太尉以元舅之尊，不肯先飲，其守九品官者，亦不許在後。乃取十九杯，一時舉飲。長安中，說修《三教珠英》，當時學士亦高卑懸隔，至於行立前後，不以品秩爲限也。』遂命數杯一時同飲，時議深賞之。」(《新傳》略同)

拜學士知院事之日，玄宗賜宴，荷寵有加。

《張九齡集校注》卷一六《集賢殿書院奉敕送學士張說上賜燕序》：「中書令燕國公，外弼庶績，以奉沃心之謀；內講六經，以成潤色之業。故得出入華殿，師長翰林，惟帝用臧，固凡所賴。拜命之日，荷寵有加，降聖酒之罍，下御廚之膳，食以樂侑，人斯飽德。」

人問學士與侍郎，何者為美？說稱：二美之中，學士為最。

《唐新語》卷一一《褒錫》：「賀知章自太常少卿遷禮部侍郎兼集賢學士，一日並謝二恩。時源乾曜與張說同秉政，乾曜問說曰：『賀公久著盛名，今日一時，兩加榮名，足爲學者光耀。然學士與侍郎，何者爲美？』說對曰：『侍郎自皇朝已來，爲衣冠之華選，自非望實具美，無以居之。雖然，終是具員之吏，又非往賢所慕。學士者，懷先正之道，爲縉紳軌儀，蘊楊、班之詞彩，兼游、夏之文學，始可處之無愧。二美之中，此爲最矣。』」

說重文士，韋述、張九齡、許景先、袁暉、趙冬曦、孫逖、王翰等「常遊其門」。

《舊書・文苑中・韋述傳》：「中書令張說專集賢院事，引述爲直學士，遷起居舍人。說重詞學之士，述與張九齡、許景先、袁暉、趙冬曦、孫逖、王翰常遊其門。趙冬曦兄冬日，弟知壁、居貞、安貞、頤貞等六人，述弟迪、逌、迥、巡亦六人，並詞學登科，說曰：『趙、韋昆季，今之杞梓也。』」

說知集賢期間，集賢院能人會萃，說充分發揮高等文士的聰明才智和集賢院「智囊」的作用，「是以集賢之庭，更為論思之室」。

張九齡《集賢殿書院奉敕送學士張說上賜燕序》：「集賢殿者，本集仙殿也。上不以惟睿作聖，而猶垂意好學。用相必本於經術，圖王亦始於師臣。及乎鴻生碩儒、博聞多識之士，自開元肇建，以迄於今，大用徵集，煥乎廣內……是以集賢之庭，更爲論思之室矣！」

說《恩制賜食於麗正殿書院得林字》：「東壁圖書府，西園翰墨林。誦詩聞國政，講易見天心。」

集賢學士常宴飲賦詩，奏上凡數百首，玄宗各賜贊褒美。

《職官分紀》卷一五《集賢院》門《大學士學士》節《宴飲賦詩》

條：「時又頻賜酒，饋學士等宴飲爲樂，前後賦詩奏上凡數百首……當時詞人尤爲稱美。前後令趙冬曦、張九齡、咸廙業、韋述爲詩序，學士等賦詩，編成篇軸以進上，上每嘉賞焉。」

《玉海》卷一六七「宮室·院」：「《集賢注記》：張燕公等獻所賦詩，上各賜贊以褒美之。敕曰：『得所進詩，甚有佳妙，風雅之道，斯焉可觀。並據才能，畧爲讚述。』上自於五色牋八分書之，尹鳳翔就院付學士。張說：德重和鼎，功踰濟川。詞林秀色，翰苑光鮮。徐堅：校書天祿，論經上庠，英詞婉麗，雄辯抑揚。賀知章：禮樂之司，文章之苑，學優藝博，才高思遠。趙冬曦：白簡端嚴，青史良直，清詞雅韻，博文彊識。康子元：才識清遠，言談幽秘。四科文學，六書仁義。侯行果：洪鐘佇叩，明鑑不疲。理窮繫象，動中威儀。韋述：職參山甫，業纂玄成。六義述作，四始飛英。敬會眞：名乃會眞，跡惟契道。摳衣講習，臨庭振藻。趙玄默：才比丘明，學兼儒墨。敘述嬿婉，講論道德。東方顥：地遊天祿，門嗣滑稽。三冬足用，六藝斯齊。李子釗：干木流慶，指樹貽方。諷諫遺缺，啓發篇章。呂向：族茂非熊，才高班馬。考理篇籍，抑揚風雅。毋煚：軒墀之任，諫諍之職。聞詩聞禮，有才有識。陸去泰：才光於晉，價重於張。州縣斯屈，文翰尤長。咸廙業：郁郁高文，英才博識。持我刑憲，是稱諒直。校理余欽：文章兩贍，才術兼美。思在專經，學通舊史。孫季良：蓬山之秀，芸閣之英。雄詞卓傑，雅思縱橫。」

為尊集賢諸學士，玄宗令人畫十八學士像。

《玉海》卷五七《唐開元十八學士圖》條引《翰林盛事》：「開元年拜張說等十八人爲學士，於東都上陽宮含像亭圖像、寫御讚述之。」

同書同條引《集賢注記》：「殷季友、殷戩、韋無忝等分貌張說等。燕公以手雜不精，奏同州佾法明獨貌諸學士等。法明於寫貌天工，切於形似。圖成奏之，上稱善，令藏其本於書院，」（王應麟按語：「圖以年久致失，康子元得一本，取以進。今唯有寫本存焉。」）

《全唐文紀事》卷五《帝制二》引《天中記》引《注記》：「尋敕善寫眞人貌學士等，欲畫像書贊於含像亭。屬車駕東行，竟不果。」

《陳譜》按：「三條材料所述各異，一曰於『含像亭圖像』，一曰『藏其本於書院』，一曰『竟不果』。今檢《新書》卷二〇〇《儒學・康子元傳》:『帝嘗製贊賜說、子元、命工圖其像』; 同卷《陸堅傳》:『帝待之甚厚，圖形禁中，親製贊』;《新書》卷五九《藝文三・子部雜藝術類》有署名『開元人』繪之《開元十八學士圖》; 可見確有圖形之事。」

說以大駕東巡，恐突厥乘間入寇，用裴光庭謀，奏徵突厥大臣從封泰山。

《通鑒》卷二百十二:「說以大駕東巡，恐突厥乘間入寇，議加兵守邊，召兵部郎中裴光庭謀之。光庭曰:『封禪者，告成功也。今將升中於天，而戎狄是懼，非所以昭盛德也。』說曰:『然則若之何敘』光庭曰:『四夷之中，突厥爲大，比屢求和親，而朝庭覊縻，未決許也。今遣一使，徵其大臣從封泰山，彼必欣然承命; 突厥來，則戎狄君長無不皆來。可以偃旗息鼓，高枕有餘矣。』說曰:『善，說所不及。』即奏行之」(參《舊書・突厥上》)。

八月，於集賢院議封禪儀注，舊儀之不便者，說多所裁正。

《舊傳》:「十三年，受詔與右散騎常侍徐堅、太常少卿韋縚等撰東封儀注。舊儀不便者，說多所裁正。」

《陳譜》按:「討論情況見《舊書》卷二三《禮儀三》及《冊府元龜》卷三六《帝王部・封禪二》。」

詔說改定樂章，玄宗自定聲度，說為之詞令，後據以定為《大唐樂》。

《唐會要》卷二三《雅樂上》:「開元十三年，詔燕國公張說改定樂章，上自定聲度，說爲之詞令。太常樂工，就集賢院教習，數月方畢。因定封禪、郊廟詞曲及舞，至今行焉……二十九年六月，太常奏:『東封泰山日所定雅樂……請編諸史冊，萬代施行。』乃下制曰:『王公卿士，爰及有司，頻詣闕上言，請以唐樂爲名者……然則《大成》、《大韶》、《大濩》、《大夏),皆以大字表其樂章，今依所請，宜曰《大唐樂》。』」

泰山封禪，說自定升中之官，多引兩省錄事、主事及己之所親，皆超階入五品。張九齡勸其「審籌」，說言不足慮。

《舊書・張九齡傳》:「說自定侍從升中之官，多引兩省錄事、主事及己之所親攝官而上，遂加特進階，超授五品。初，令九齡草詔。九齡言於說曰：『官爵者，天下之公器，德望爲先，勞舊次焉。若顛倒衣裳，則譏謗起矣。今登封霈澤，千載一遇。清流高品，不沐殊恩；胥吏末班，先加章紱。但恐制出之後，四方失望。今進草之際，事猶可改，唯令公審籌之，無貽後悔也。』說曰：『事已決矣，悠悠之談，何足慮也！』竟不從。及制出，内外甚咎於說。」

《酉陽雜俎》前集卷一二：「明皇封禪泰山，張說爲封禪使。說婿鄭鎰本九品官，舊例封禪後，自三公以下皆遷轉一級。惟鄭鎰因說驟遷五品，兼賜緋服。因大酺次，玄宗見鎰官位騰曜，怪而問之，鎰無詞以對。黃幡綽曰：『此泰山之力也。』」

按：張說此舉，大招謗咎，此爲玄宗決定撤銷其中書令職誘因之一。

十一月丙戌（初六），至泰山下。己丑（初九），玄宗與宰臣、禮官升山。庚寅（初十），祀昊天上帝於上壇。辛卯（十一日），祀皇地祇於社首（《舊紀》）。

《通鑑》：「十一月丙戌，至泰山下，御馬登山，留從官於谷口，獨與宰相及祠官俱登，儀衛環列於山下百餘里。上問禮部侍郎賀知章曰：前代玉牒之文，何故秘之？對曰：或密求神仙，故不欲人見。上曰：吾爲蒼生祈福耳，乃出玉牒宣示羣臣。庚寅，上祀昊天上帝於山上，羣臣祀五帝百神於山下之壇，其餘倣乾封故事。辛卯，祭皇地祇於社首。壬辰，上御帳殿受朝覲。」

壬辰（十二日），玄宗撰《紀泰山銘》，說撰《封祀壇頌》，源乾曜撰《社首壇頌》，蘇頲撰《覲朝壇頌》。

《舊書・禮儀志》：「壬辰……玄宗製紀太山銘御書勒於山頂石壁之上……於是中書令張說撰《封祀壇頌》、侍中源乾曜撰《社首壇頌》、禮部尚書蘇頲撰《朝覲壇頌》以紀德。」

《元龜》卷三六《帝王部・封禪二》、《會要》卷八《封禪下》、《玉海》卷九八略同。

同一日，以說為尚書右丞相兼中書令。

《舊紀》：「壬辰，御帳殿受朝賀，大赦天下……侍中源乾曜爲尚書左丞相兼侍中，中書令張說爲尚書右丞相兼中書令。」

《陳譜》按：「《元龜》卷三六、《新書・宰相表》俱載壬辰說爲右丞相。但《舊傳》云：『及將東封，授說爲右丞相兼中書令』，《新傳》云：『東封還，爲尚書右丞相兼中書令』，皆不準確。」

約東封還，進階特進。

《舊紀》：「壬辰，御帳殿受朝賀，大赦天下。流人未還者放還，內外官三品已上，賜爵一等；四品已下，賜一階。」

《大詔令》卷六六《東封赦書》：「緣大禮登山供奉、侍從、行事、輿腳等官，三品以上特賜一階，仍與一子官；四品以下特賜一階，仍賜勳兩轉，量與進改。其四軍別抽登山宿衛，及諸司上山執當官，三品以上賜爵一等，與一子出身；四品以下加一階，賜勳兩轉。」

按：張說進階特進，新舊唐書兩紀、兩傳均無明文。《舊書・張九齡傳》：「十三年，車駕東巡，行封禪之禮。說自定侍從升中之官，多引兩省錄事、主書，及己之所親，攝官而上，遂加特進階，超授五品。」「遂加特進階」應指張說；「超授五品」似指說婿。《元龜》卷三三三《停兼中書令張說勑》曰：「特進、行尚書右丞相兼中書令、燕國公張說……宜停中書令，餘如故。」亦可證說進階特進在此前（《詔令》五五稱「制」，文亦有出入）。

丙申（十六日），幸孔子宅，玄宗親設奠祭，並賦《經鄒魯祭孔子而歎之》詩，張說與張九齡同和。

《舊紀》：「丙申，幸孔子宅，親設奠祭。」

按：玄宗及九齡詩並見集卷三《奉和經鄒魯祭孔子而歎之》下。

玄宗封泰山，劉晏始八歲，獻頌行在。說面試，盛贊「國瑞」。

《新書・劉晏傳》：「玄宗封泰山，晏始八歲，獻頌行在。帝奇其幼，命宰相張說試之，說曰：『國瑞也。』即授太子正字。公卿邀請旁午，號神童，名震一時。」

擇王丘、齊澣為左右丞。

《舊書》卷一九。《文苑中。齊澣傳》：「中書令張說擇左右丞之才，舉懷州刺史王丘爲左丞，以澣爲右丞。」

《通鑑》：「上還，至宋州，宴從官於樓上。……上謂張說曰：『懷州刺史王丘，餼牽之外，一無他獻……』由是以丘爲尚書左丞。」

玄宗東封回，李邕累獻詞賦，甚稱上旨。由是頗自矜炫，自云當居相位，說甚惡之。

《舊書・文苑中・李邕傳》：「十三年，玄宗車駕東封回，邕於汴州謁見，累獻詞賦，甚稱上旨。由是頗自矜炫，自云當居相位。張說爲中書令，甚惡之。」

試常敬忠，薦直集賢院。

《封氏聞見記》卷一〇：「開元初，潞州常敬忠十五明經擢第，數年之間遍能五經，上書自舉云：『一遍能誦千言。』敕赴中書考試，張燕公問曰：『學士能一遍誦千言，能十遍誦萬言乎敍』對曰：『未嘗自試。』燕公遂出一書，非人間所見也，謂之曰：『可十遍誦之。』敬忠依命，危坐而讀，每遍畫地記。讀七遍，起曰：『此已誦得。』燕公曰：『可滿十遍？』敬忠曰：『若十遍，即是十遍誦得，今七遍已得，何要滿十？』燕公執本臨試，觀覽不暇，而敬忠誦記畢，不差一字。見者莫不歎羨。即日聞奏，恩命引對，賜彩衣一副，兼賞禮物。拜東宮衛佐，仍直集賢院，侍講毛詩。百餘日中，三度改官，爲同儕類所嫉，中毒而卒。」

本年，詩人崔顥上書張說，薦相州某縣人樊衡。

崔顥《薦樊衡書》：「君侯復躬自執圭，陪鑾日觀，此州名藩，必有所舉。」是知顥薦樊衡，在本年玄宗至泰山封禪前後。

《陳譜》按：「書見《唐摭言》卷六，考訂參傅璇琮《唐代詩人叢考・崔顥考》。」

薦徐浩為集賢校理。

《新書・徐浩傳》：「徐浩字季海，越州人，擢明經，有文辭。張說稱其才，由魯山主簿薦爲集賢校理，見《喜雨》、《五色鴿賦》，咨嗟曰：『後來之英也！』」按：說薦徐浩，具體年月難以確考，姑置本年。

【著作】

《奉和賜諸州刺史（以題座右）應制》（《文集》卷二）

《洛橋北亭詔餞諸（州）刺史》（《文集》卷五）

《陳譜》繫此詩開元十三年（七二五）二月，從之。《新書》卷一二八《許景先傳》：「（開元）十三年，帝自擇刺史，景先由吏部侍郎爲刺史治虢州，大理卿源光裕鄭州，兵部侍郎寇泚宋州，禮部侍郎鄭溫琦邠州，大理少卿袁仁敬杭州，鴻臚少卿崔志廉襄州，衛尉少卿李昇期邢州，太僕少卿鄭放定州，國子司業蔣挺湖州，左衛將軍裴觀滄州，衛率崔誠遂州，凡十一人。治行，詔宰相、諸王、御史以上祖道洛濱，盛具，奏太常樂，帛舫水嬉；命高力士賜詩，帝親書，且給紙筆令自賦。賚絹三千遣之。」事又見《元龜》卷六七一、《通鑒》卷二一二、《玉海》卷五九。「祖道洛濱」之時，張說又賦《洛橋北亭詔餞諸（州）刺史》。唐玄宗《賜諸州刺史以題座右》詩，張說、張九齡同和（九齡和詩見《曲江集》卷二）。《紀事》卷二、《全詩》卷三謂詩作於開元十六年（七二八），誤。

《春晚宴兩相及禮官麗正學士探得開字（一作侍宴探得開字）》（《文集》卷三）

集原附唐玄宗《春晚宴兩相及禮官麗正學士（探得風字）並序》言：「乃置旨酒，命英賢……同吟湛露之篇……時歲次乙丑，開元十三年三月二十七日。」據玄宗此序，詩作於開元十三年（七二五）三月二十七日。

《恩製賜食於麗正書院宴（賦得）林字》（《文集》卷五）

《唐新語》卷八《文章第十七》：「玄宗朝，張說爲麗正殿學士，嘗獻詩曰『東壁圖書府，西垣翰墨林。諷詩關國體，講易見天心。』玄宗深佳賞之。」

《陳譜》按：「此事在十三年，見譜文。又檢《舊書》卷一九六（隱逸・賀知章傳》：『開元十三年，遷禮部侍郎，兼集賢院學士，……玄宗自爲贊賜之。』亦可見玄宗作贊在改集賢後，故說詩題中『麗正』二字當改作『集賢』」。

愚按：《陳譜》「當改」之說非。《玉海》卷一六七引《集賢注記》：「（開元）十一年春，於大明宮光順門外造麗正書院。夏，詔學士侯行果等侍講《周易》、《莊》、《老》，頻賜酒饌。學士等燕飲爲樂，前後賦詩奏上，凡數百首，上每嘉賞。院中既有宰臣侍講，屢承珍異之賜。燕公詩曰：『東壁圖書府，西垣翰墨林。誦詩聞國政，講易見天心。』前後令趙冬曦、張九齡、咸廙業、韋述等爲詩序，學士等賦詩，編成卷軸以進。」詩言：「誦詩聞國政，講易見天心」據此，詩應作於開元十一年詔侯行果等侍講《周易》、《莊》、《老》，

「頻賜酒饌」之時。

《郞國長公主神道碑》(《文集》卷二一)

《寶刻叢編》卷十:「《唐郞國長公主碑》,唐張説撰,明皇八分書,開元中立。《訪碑錄》」《寶刻類編》卷三言碑在華州、《墨池編》卷六言碑在蒲城。按碑言:「開元十三年二月庚午,薨於河南縣之修業里,春秋三十有七……夏四月,恩旨陪葬於橋陵。」碑應撰於公主陪葬橋陵之前。

《請定郊祀燔柴先後奏》(《舊書》卷二三)

《元龜》卷三六:「玄宗開元十二年閏十二月辛酉,文武百官吏部尚書裴漼等上請封東嶽。」開元十三年「八月己未,以封禪之故,詔中書令張説、右散騎常侍徐堅、太常卿韋縚、秘書少監康子元、國子博士侯行果等,與禮官於集賢書院刊撰儀注。」《舊志》:「及玄宗將作封禪之禮,張説等參定儀注。徐堅、康子元等建議曰……中書令張説執奏曰:徐堅等所議燔柴前後,議有不同。」張説執奏,當在開元十三年(七二五)八月。

《唐封泰山樂章》九首(《全唐詩》卷八五)

按:《舊書·音樂三》作:「玄宗開元十三年封泰山祀天樂十四首」,並注:「中書令燕國公張説作,今行用。」實際《舊志》所收者,題與詞並與《全詩》同,只不過《全詩》依題計(一題作一首),《舊志》依章計(一章作一首)而已。另外,此九首樂章,雖然《舊書·音樂志三》謂張説作,但《燕公集》卷十所收《開元樂章十九首》無《豫和》六章、《太和》一章、《肅和》一章、《壽和》「蒸蒸我後」一章、《壽和》「皇祖嚴配」一章、《豫和》「樂已終」一章,只有《雍和》一章與《迎俎雍和之樂二章》之二重,《舒和》一章與《送文舞迎武舞一章》重,《凱安》一章與《亞獻終獻武舞凱安之樂四章》之四重。中華本《舊書·音樂四》於《又享太廟樂章十四首》下校記云「《福和一章》,此章及下《舒和》、《凱安》、《永和》共八章,《樂府詩集》卷一〇引本志,歸入上載張説所作享太廟樂章內,次序在《景雲舞》之後。《唐文粹》卷一〇亦列入張説所作《開元樂章》,次序同《樂府詩集》。《校勘記》卷一四謂當從《文粹》、《樂府》,今本《舊唐書》錯簡。」愚意,集本所無各章,疑非張説作。

《進渾儀表》(《文集》卷二七)

《陳譜》按:「《舊書》卷三五《天文上》稱十三年造成遊儀木樣,又詔一行等更造渾天儀。此《表》曰:『臣書院先奉敕造遊儀以測七曜盈縮,去年六月造畢進奏,又奉恩旨更立渾儀』,可知進渾儀在十四年。」愚按:《玉海》卷四「天道·唐開元黃道遊儀」引《會要》:「開元……九年改曆,沙門一行奏梁令瓚待制麗正書院,因造遊儀木樣,甚精密,請更以銅鐵爲之,十三年十月三日造成,一進內,一留司占測(《志》云十一年,《集賢注記》云十二年五月)……又詔一行、令瓚更造渾天儀。《集賢注記》:開元十二年五月,沙門一行於書院造黃道遊儀以進。一行初奉詔改修曆經,以舊無黃道遊儀,測候稍難,梁令瓚刻木作小樣進呈,上令一行參考,以爲精密,始就院更以銅鐵爲之。凡二年,功乃成。……十三年十月,院中造渾儀成,奉敕向敷政門外,以示百僚。」說在表中曰:「臣書院先奉敕造遊儀,以測七曜盈縮。去年六月,造畢進奏,又奉恩旨更立渾儀……望錄付史館,宣示百僚,使知告成之功。」其言造黃道遊儀成進奏在「去年六月」,與《集賢注記》「五月成」合,當是五月成六月奏。《舊紀》:開元十三年「冬十月癸丑,新造銅儀成,置於景運門內,以示百官。辛酉,東封泰山,發自東都。」這「新造銅儀」就應是渾儀而非前一年所造之遊儀,在十三年東封前明矣。張說表稱:「使知告成之功」,顯然是在東封「告成」前夕,故據《集賢注記》、《舊紀》、《通鑒》移置開元十三年(七二五)。

《奉和喜雪應制》(《文集》卷二)

《陳譜》據詩云:「聖德與天同,封巒欲報功。詔書斯日下,靈感應時通。」置本年閏十二月。陳氏大約認爲「詔書斯日下」的「詔書」,是指閏十二月十二日所下《封泰山詔》,非。《英華》在玄宗《喜雪》詩下同時收張說、徐安貞兩人和作及張九齡《雜言奉和聖製瑞雪詩》。按體例,九齡詩亦應作於同時,但九齡詩言「萬年春,三朝日」,應是某年元日所作,與張說、徐安貞非同時唱和。玄宗詩言:「日觀卜先徵,將巡順物情……登封何以報,因此謝功成。」「日觀」即泰山日觀峰,「登封」指登泰山封禪。張說和詩也說:「聖德與天同,封巒欲報功。」「封巒」與玄宗詩「登封」意同。徐安貞詩言:「兩宮齋祭近登臨，雨雪紛紛天晝陰。」明言兩宮已經在「齋祭」，「登臨」泰山的日子已「近」，與玄宗所言「將巡」相符，詩應作於開元十三年（七二五）唐玄宗封岱出發前夕，非十二年也。《舊紀》：開元十三年「冬十月……辛酉，東封泰山，發自東都。」詩應作於冬十月辛酉出發前三數日。說詩「詔書斯日下，靈感應時通」的「詔書」，當指何日出發的詔書，「遙知百神喜，灑路待行宮」句亦可證。楊軍注謂玄宗《喜雪》詩「當作於開元十三年（七二五）十月東封泰山，發自東都時。」亦未深考也。

《奉和行次成皐途經先聖擒建德之所緬懷功業感而賦詩》（卷三）

玄宗《行次成皐途經先聖擒建德之所緬思功業感而賦詩》，張說、九齡、蘇頲三人同和（《英華》卷一七一）。九齡詩謂」封岱出天關」，蘇頲詩也說」即此巡於岱」，詩當作於東封途中。《舊紀》：開元十三年冬十月」辛酉，東封泰山，發自東都。」成皐，古邑名，即春秋鄭國虎牢，爲古代著名軍事要塞，秦漢之際，劉邦、項羽曾在此相持。其地即今河南滎陽汜水鎮。先聖，指唐太宗李世民；竇建德，隋末義軍一部之首領。武德四年（六二一），太宗圍王世充於洛陽，事急，求救於竇建德，建德悉眾來援。太宗屯虎牢，堅壁以待之，建德軍怠。太宗親率輕騎，先登擊之，所向披靡。建德軍大潰，太宗率大軍追奔三十里，斬首三千餘，俘眾五萬，生擒建德於此（《舊書·太宗紀上》）。

《大唐祀封禪頌》（《文集》卷一二）

按：《舊志》：開元十三年封岱「中書令張說撰《封祀壇頌》，侍中源乾曜撰《社首壇頌》，禮部尚書蘇頲撰《朝覲壇頌》以紀德。」又見《會要》卷八「封禪下」、《冊府》卷三六「帝王部·封禪第二」、《玉海》卷九八「郊祀·封禪」。

《讓右丞相表》（《文集》補遺卷一）

見上【行年】「爲尚書右丞相兼中書令」考證。

《奉和經鄒魯祭孔子而歎之》（《文集》卷三）

見上【行年】「幸孔子舊宅」考證。

《集賢院賀太陽不虧表》（《文集》卷一五）

《新書》卷二七《曆三下》：「十三年十二月庚戌朔，於曆當蝕太半，時東封泰山，還次梁、宋間，皇帝徹膳，不舉樂，不蓋，素服，日亦不蝕。時羣臣與八荒君長之來助祭者，降物以需，不可勝數，皆奉壽稱慶，肅然神服。」按：《英華》卷六三六蘇頲《賀太陽不虧狀》：「陛下爰發行宮，不禦常服……金繩玉檢，軥跡於前聞；日觀雲封，降祥於即事。」蘇狀既言及「陛下爰發行宮」、「日觀雲封，降祥於即事」，則可定確爲十三年東封時所上。張九齡《曲江集》亦有《賀太陽不虧狀》，與張説表一樣未提行宮及東封字樣，似難以之定其與蘇狀同時作。據《新唐書·曆三下》所記「開元二蝕曲變」，除開元十三年十二月一次外，還有一次爲「開元十二年七月戊午朔，於曆當蝕半強，自交趾至於朔方，候之不蝕。」如果開元中僅有這兩次日蝕「曲變」的話，張説此表既言在「集賢院」，必撰於開元十三年四月後無疑，或與蘇頲、九齡之狀同時所上。

《奉和同劉晃喜雨應制》（《文集》卷二）

《陳譜》不繫此詩作年。按：張説詩言：「青氣和春雨，知從岱嶽來。」與岱嶽相關的年份就是開元十三年（七二五）玄宗至泰山封禪。玄宗《同劉晃喜雨》詩言：「節變寒初盡，時和氣已春。」亦與此年節候相符。本年十一月「己丑，日南至。」即冬至，十一月辛巳朔，己丑爲本月九日，故十三年立春在年前。玄宗本年十二月己巳從泰山返回東都。十二月庚戌朔，己巳爲本月二十日，時立春已過近十日。玄宗詩説「寒初盡」，「氣已春」，很顯然，張説與玄宗此次唱和在從泰山返回東都的路上。劉晃，汴州尉氏（今屬河南）人。唐初名臣劉仁軌孫，襲爵樂城公。曾任連州刺史。開元十一年（七二三），在司勳郎中任。本年似應在太常少卿任，從玄宗至泰山封禪。劉晃此間還曾任秘書少監、給事中諸職，亦應在開元十四年前。後以貪冒爲宰相李元紘所黜（《舊書·李元紘傳》）。李元紘爲相在開元十四年四月至十七年六月間，黜劉晃當在此間。《全唐詩》今存其《祭汾陰樂章》一首，《喜雨》詩佚。

《破陣樂詞二首》

《陳譜》不繫此詩作年。按：《元龜》卷五百六十九「掌禮部·作樂第五」：「（開元）十三年，詔燕國公張説改定樂章，帝自定聲度，説爲之詞，令太常樂工就集賢院教習，數月方畢。因定封禪、郊廟詞曲及舞，至今行焉」（《會要》卷三二、《玉海》卷一百六略同）。《舊志》:「小破陣樂，玄宗所造也。」張説所撰《破陣樂詞》，應爲玄宗造《小破陣樂》之曲詞（參《統籤》、《全詩》題下注）。據《元龜》等史籍記載，時在開元十三年（七二五）。

《皇帝在潞州祥瑞頌十九首奉敕撰》（《文集》卷一一）

《陳譜》繫此文開元十一年（七二三），不取。按:《會要》卷二八:「開元十三年九月十三日，潞州獻瑞應圖。上謂宰臣曰:朕在潞州，但靖以恭職，不記此事。今既固請編錄，卿喚取藩僚舊邸，問其實事，然後修圖。上又謂宰臣曰：往昔史官，惟記災異，將令王者，懼而修德。故《春秋》不書祥瑞，惟記有年，聖人之意明矣。遂勅天下諸州，不得更奏祥瑞。」事又見《新紀》、《元龜》卷四八、《玉海》卷二百。同時張九齡有《瑞應圖贊》，張説奉敕所撰者，似與九齡文同時作，故移置開元十三年（七二五）九月（參《熊校》)。

《祭天不得以婦人升壇議》（《通典》卷五四「封禪」），

《陳譜》此議未繫年。《周考》:「十二年冬張説首建封禪之議，而討論到祭天的細節禮儀問題，應該是祭天之事確定之後，當在十三年。」按《元龜》卷三六:「玄宗開元十二年閏十二月辛酉，文武百官吏部尚書裴漼等上請封東嶽。」開元十三年「八月己未，以封禪之故，詔中書令張説、右散騎常侍徐堅、太常卿韋縚、秘書少監康子元、國子博士侯行果等，與禮官於集賢書院刊撰儀注。」張説之議，當在開元十三年（七二五）八月。參上《請定郊祀燔柴先後奏》考證。

《孔子堂杜預贊》（《文集》卷十三）

《陳譜》不繫此贊作年。愚意，孔廟中附祠杜預，此贊或因此有感而作，至於何時，難以確考。《周考》認爲，開元十三年（七二五），至泰山封禪，十一月丙申，幸孔子宅，玄宗親設奠祭。此贊應作於其時。可備一説，附此待考。

開元十四年（七二六）六十歲　丙寅

【時事】

五月癸卯，戶部進計帳，本年管戶七百六萬九千五百六十五，管口四千一百四十一萬九千七百一十二（《舊紀》)。

秋，十五州言旱及霜，五十州言水，河南、河北尤甚。蘇、同、常、福四州漂壞廬舍。

《舊紀》:「是秋，十五州言旱及霜，五十州言水，河南、河北尤甚。蘇、同、常、福四州漂壞廬舍，遣御史中丞宇文融檢覆賑給之。」

【行年】

在特進、行尚書右丞相兼中書令、集賢院學士知院事、修國史任。

說欲尊崇儒學，於東都酺宴時，令設集賢院大榜於幕上，副知院事徐堅見榜，遽令撤之。

《職官分紀》卷一五《集賢院》門《大學士學士》節《去幕上榜》條:「十四年，駕至東都，百官於天津橋南酺宴。集賢院幕次在中書門下次、尚書省之上。時燕公欲尊崇儒學，令檢校御史及衛尉依張設集賢院官，設大榜懸於幕上。徐常侍晨入，遂令去之，謂諸學士曰:『君子欲晦其美，不欲多上人也。書院權制，非百司之列，徒以朝廷尚儒，宰相爲使，遂得列於諸司之上。當自挹退，不宜光耀，以損儒風。』及百僚列坐，郎官竊議不伏，角觚既動，郎中、員外盡來入院，幕下學士頻失其位次。」

《新書·徐堅傳》:「玄宗改麗正書院爲集賢院，以堅充學士副張說知院事。帝大酺，集賢幔舍在百司上，說令揭大榜以侈其寵。堅見，遽命撤之，曰：君子烏取多尚人！」

按：說意在尊賢；徐意在晦美。二位作風不同，正可互補。

正月，說奏請製定施行開元新禮。

《通鑒》卷二一三:開元十四年春正月癸未……張說奏:「今之五禮，貞觀、顯慶兩曾修纂，前後頗有不同。其中或未折衷，望與學士等討論古今，刪改施行。」制從之。

《通典》卷四一《禮一》:「開元十四年，通事舍人王岩上疏請改撰《禮記》，削去舊文，編以今事。集賢院學士張說奏曰:「《禮記》漢朝所編，遂爲歷代不刊之典。去聖久遠，恐難改易。但今之五禮儀注已兩度增修，頗有不同，或未折衷，請學士等更討論古今，刪改行用。」製定之。於是令徐堅、李銳、施敬本等檢撰。歷年，其功不就。銳卒（祖言按：應爲說卒），蕭嵩代爲集賢院學士，始奏起居舍人王仲邱修之。二十年九月，新禮成，凡百五十卷，是爲《大唐開元禮》。」

本年前後，曾勸玄宗與吐蕃言和。

《通鑑》卷二一三：「初，吐蕃自恃其強，致書用敵國禮，辭指悖慢，上意常怒之。返自東封，張說言於上曰：『吐蕃無禮，誠宜誅夷，但連兵十餘年，甘、涼、河、鄯，不勝其弊，雖師屢捷，所得不償所亡。聞其悔過求和，願聽其款服，以紓邊人。』上曰：『俟吾與王君㚟議之。』說退，謂源乾曜曰：『君㚟勇而無謀，常思僥倖，若二國和親，何以爲功！吾言必不用矣！』及君㚟入朝，果請深入討之。」

按：因《通鑑》有「返自東封，張說言於上」之語，故繫本年。

說薄崔隱甫無文，隱甫由是與說有隙。

《通鑑》卷二一三：「上召河南崔隱甫，欲用之。中書命張說薄其無文，類擬金吾大將軍；前殿中監崔日知素與說善，說薦爲御史大夫，上不從。丙辰，以日知爲左羽林大將軍。丁巳，以隱甫爲御史大夫。隱甫由是與說有隙。」

說惡宇文融之為人，且患其權重，故融所建白，多抑之。

《通鑑》卷二一三：「說有才智而好賄，百官白事有不合者，好面折之，至於叱罵。惡御史中丞宇文融之爲人，且患其權重，融所建白，多抑之。中書舍人張九齡言於說曰：『宇文融承恩用事，辨給多權數，不可不備。』說曰：『鼠輩何能爲！』」

四月壬子（初四），崔隱甫、宇文融及御史中丞李林甫共同上奏，彈劾張說。庚申（十二日），詔停說兼中書令，特進、行尚書右丞相、集賢院學士知院事、修國史如故。

《通鑑》卷二一三：「夏四月壬子，隱甫、融及御史中丞李林甫共奏彈說引術士占星，徇私僭侈，受納賄賂。敕源乾曜及刑部尚書韋抗、大理少卿明珪與隱甫等，同於御史臺鞫之……源乾曜等鞫張說，事頗有狀……庚申，但罷說中書令，餘如故。」

《舊傳》：「融乃與御史大夫崔隱甫、中丞李林甫奏彈說引術士夜解及受贓等狀，敕宰臣源乾曜、刑部尚書韋抗、大理少卿胡珪、御史大夫崔隱甫等就尚書省鞫問。說兄左庶子光詣朝堂割耳稱冤。時中書主事張觀、左衛長史范堯臣並依倚說勢，詐假納賂，又私度僧王慶則往來與說占卜吉凶，爲隱甫等所鞫伏罪。說經兩宿，玄宗使中官高力士視之，回奏：『說坐於草上，於瓦器中食，蓬首垢面，自罰憂懼之甚。』玄宗憫之，力士奏曰：『說曾爲侍讀，又於國有功。』玄宗然其奏，由是停兼中書令，觀及慶則決杖而死，連坐遷貶者十餘人。」

《新傳》:「融恨恚，乃與崔隱甫、李林甫共劾奏說『引術士慶則夜祠禱解、而奏表其閭；引僧道岸窺詗時事，冒署右職；所親吏張觀、范堯臣依據說勢，市權招賂，擅給太原九姓羊錢千萬。』其言醜慘。帝怒，詔乾曜、隱甫、刑部尚書韋抗即尚書省鞫之，發金吾兵圍其第。」

《大詔令》卷五五《張說停中書令制》:「特進行尚書右丞相兼中書令燕國公張說，往屬艱難，輸誠於履險；及茲輔相，潤色於告成。而不肅細微之人，頓乖周慎之旨。朕略小在大，念舊錄功。且法不欲屈，宜罷中書之務；義亦有在，更全端右之榮。宜停中書令，仍將國史於宅修撰。」

《新傳》:「說既罷政事，在集賢院專修國史。又乞停右丞相，不許。然每軍國大務，帝輒訪焉。」

《唐六典》卷一《左右丞相》條注:「初亦宰相之職也。開元中，張說兼之；罷知政，猶爲丞相。自此已後，遂不知國政。」

《陳譜》按:「《唐大詔令集》載制書曰：『仍將國史於宅修撰』。《新傳》曰:「在集賢院專修國史」。說本年在集賢院活動甚多，當以《新傳》爲是。在家修史是十五年致仕後事,《唐大詔令集》此處疑有誤。」

說被貶，張九齡等亦受株連。九齡改太常少卿，尋出為冀州刺史。

《舊書・張九齡傳》:「說果爲融所劾，罷知政事。九齡亦改太常少卿，尋出爲冀州刺史。」

《陳譜》按:「《曲江集》附錄誥命有《轉太常少卿制》，署『開元十三年十一月十六日』，何格恩《張九齡年譜》(載《嶺南學報》四卷一期)因曰:『據《舊唐書》本傳，改太常少卿在張說罷政事之後，似在開元十四年，與誥命不合，疑有誤。』今考《曲江集》附錄誥命《轉大常少卿制》前有《加朝請大夫敕》，署『開元十三年四月二十五日』，文曰：『有事岱宗，侍升柴燎。先成之典，既展於封崇；行慶之恩，宜加於班序。』可見當在封禪後行賞時，則斷不是『四月二十五日』，而正是《轉太常少卿制》所署之十一月十六日。如此，則《轉太常少卿制》日期闕如。今檢《通鑑》，開元十四年夏四月壬子宇文融等彈說前，敘述『中書舍人張九齡』勸說備融事，可見其時九齡在中書舍人任上。又《曲江集》卷七有《停燕國中書令制》，更證明四月十二日說停兼中書令時九齡尚掌綸誥。由此可斷定，九齡由中書舍人轉太常少卿在四月十二日後，五月十四日出爲冀州刺史（據《曲江集》誥命）前，與《舊張九齡傳》相合。唯確切日期尚不得而知，抑或正是《加朝請大夫敕》所署之『四月二十五日』？」

愚按：何氏所疑不爲無據，但吾以爲，轉太常誥命所下之日與幸孔子宅同日，其轉太常也有可能是幸孔子宅一時需要，臨時任命，故制言：「掌誥禁垣，是稱無對；亞司宗禮，時稱有歸。」這大約也是唐玄宗決定解決張說問題的一個步驟，實爲後免張說中書令及九齡中書舍人之前奏。令九齡草《停燕國公中書令制》，可能在封岱途中，但玄宗卻遲遲沒能最終決定下來；故發佈之日，已是十四年夏四月庚申，這與九齡封岱之時草此制並不矛盾。故《熊譜》其轉太常仍依制繫十三年十一月十六日。次年五月，出爲冀州刺史。以母老在鄉，而河北道里遼遠，上疏固請換江南一州。故未之任，就以舊職奉詔祭南嶽及南海。此爲方便九齡順道回鄉省母。南回，即與換刺離韶頗近之洪州。集所附誥命無誤，而是史載有缺環。由此更見《曲江集》本之可貴。

八月，元行沖奏上《類禮義疏》，說駁其奏。時議以為，說之通識，過於魏徵。

《舊書·元行沖傳》：「初，有左衛率府長史魏光乘奏請行用魏徵所注《類禮》，上遽令行沖集學者撰《義疏》，將立學官。行沖於是引用國子博士范行恭、四門助教施敬本檢討刊削，勒成五十卷，十四年八月奏上之。尚書左丞相（祖言按：當爲右丞相）張說駁奏曰：『今之《禮記》，是前漢戴德、戴聖所編錄，歷代傳習，已向千年，著爲經教，不可刊削。至魏孫炎始改舊本，以類相比，有同抄書，先儒所非，竟不行用。貞觀中，魏徵因孫炎所修，更加整比，兼爲之注，先朝雖厚加賞錫，其書竟亦不行。今行沖等解徵所注，勒成一家，然與先儒第乖，章句隔絕，若欲行用，竊恐未可。」上然其奏，於是賜行沖等絹二百匹，留其書貯於内府，竟不得立於學官。行沖恚諸儒排己，退而著論以自釋，名曰《釋疑》。」

《唐新語》卷七《識量第十三》:「時議以爲，説之通識，過於魏徵。」

【著作】

《改撰禮記議》(《舊書》卷二十一《禮儀一》)

《舊志》:「(開元) 十四年，通事舍人王嵒上疏，請改撰《禮記》，削去舊文，而以今事編之。詔付集賢院學士詳議。右丞相張説奏曰:『《禮記》漢朝所編……刪改行用。』制從之。」據《舊紀》，開元十四年（七二六）夏四月「庚申，張説停兼中書令。」其時仍官「特進行尚書右丞相」(張九齡《張説停中書令制》)。故此奏當上於本年夏四月庚申後。

《送工部尚書弟赴定州詩序》(《文集》卷二八)

《陳譜》置此序開元十三年正月。在引《舊傳》文後作考曰:「《通鑒》:『(十二年七月) 户部尚書張嘉貞坐與（王）守一交通，貶台州刺史。』據此及本序:「河朔衍歲」(開元十二年有閏十二月),『於時春帶餘寒，野銜殘雪』，知嘉貞赴定州在十三年正月，序稱嘉貞爲『工部尚書河東侯』，稍可訂正《舊張嘉貞傳》敘事之紊亂。唯《舊張嘉貞傳》稱嘉貞十七年卒，年六十四;而説十八年卒，年亦六十四，如此則嘉貞長説一歲，而本序題稱嘉貞『工部尚書弟』，疑《舊張嘉貞傳》有誤。」按《舊傳》:「代盧從願爲工部尚書，(出爲) 定州刺史、知北平軍事，累封河東侯。將行，上自賦詩，詔百僚於上東門外餞之。至州，於恒嶽廟中立頌，嘉貞自爲其文，乃書於石。」《金石萃編》卷七六《北嶽恒山祠碑》:「(闕九字) 尚書兼（定）州刺史（知）北平軍事、上柱國、河東縣開國侯張嘉貞文梟書……景寅歲，乃命菲才，謬兼軍郡……開元丁卯歲仲秋□望立。」景寅即丙寅，開元十四年;次年爲丁卯。《郁考》據此定張嘉貞爲定州刺史在「開元十四年～十七年（七二六～七二九)」。張嘉貞應是開元十四年春以工部尚書出爲定州刺史知北平軍事，張説此序必撰於罷中書令之前。陳先生謂「河朔衍歲」之「衍歲」爲閏年，有二誤。其一，沒有「衍歲」之說；其二，集本正文作「河朔愆歲」，指河北本年陰陽失序致災。《舊紀》開元十四年：「是秋十五州言旱及霜，五十州言水，河南、河北尤甚。」此亦可與「愆歲」互證。

《惠文太子輓歌詞》二首（《文集》卷九）

《舊紀》：「夏四月……丁卯，太子少師岐王範薨，冊贈惠文太子。」

按：據新舊傳及《通鑑》，「少師」應爲「太傅」。冊贈太子，謚惠文。說撰其輓歌當在夏四月丁卯後數日。

《集賢院謝示道經狀》（《英華》卷六三四）

《陳譜》置開元十四年（七二六）五月，未舉證。按狀言：「臣伏見聖札金字八分，寫道經兩卷，以爲惠文太子三七追福。」《舊紀》：開元十四年「四月……丁卯，太子少師岐王範薨，冊贈惠文太子」。「惠文太子三七」在五月丁亥（十日），狀當上於此後。參上《惠文太子輓歌詞》解題。

《和麗妃碑銘奉敕撰》（《文集》卷二一）

按碑言：「開元十四年，春秋三十有四，七月十四日，薨於春華殿，殯於龍興觀之精屋……二十六日，窆於故都之後，邙山之陽。」碑當撰於和麗妃窆邙山之前。

《駁行用元行沖等撰類禮義疏立學官表》（《舊書》卷一百二）

《舊書·元行沖傳》：「初，有左衛率府長史魏光乘奏請行用魏徵所注《類禮》，上遽令行沖集學者撰義疏，將立學官。行沖於是引國子博士范行恭、四門助教施敬本檢討刊削，勒成五十卷。十四年八月奏上之。尚書左丞相張說駁奏曰：『今之《禮記》……竊恐未可。」《會要》卷七七、《御覽》卷六百一十略同。《唐新語》卷七作「開元初」，不從。參前【行年】「八月，元行沖奏上《類禮義疏》，說駁其奏」考證。

《岐州刺史平泉男陸君墓誌》（《文集》卷二二）

補：按《墓誌》言陸伯玉：「開元十三年十一月六日，故岐州刺史、平泉男陸公卒於京師。十四年冬十月，葬於鄴西之先塋。」文當撰於陸伯玉卒葬之間。

《奉和過寧王宅應制》（《文集》卷二）

《元龜》卷一一〇《帝王部·宴享二》：「十四年十一月己丑，幸寧王宅，與諸王按韻賦詩，帝詩曰：『魯衛情先重，……』。」同書卷四十「帝王部・文學」及卷一一三「帝王部・巡幸二」並記：「（開元十四年）十一月丁巳），幸寧王憲宅，與諸王宴，探韻賦詩。即日還宮。」雖然此處未記所賦之詩，似所記應爲同一事。本年十一月乙亥朔，無丁巳日；若丁巳無誤，則應在本年十二月（丁巳爲十四日）。吾意，「丁巳」似誤，說參下《行從方秀川與劉評事文同宿》考證。

《行從方秀川與劉評事文同宿》（《文集》卷五）

《舊紀》：「（開元十四年）十二月丁巳，幸壽安之方秀川。……壬戌，還東都。」事又見《新紀》、《通鑒》卷二百十三、《冊府》卷一百十五。《陳譜》據之置此詩開元十四年（七二六），從之。

《送趙頤貞郎中赴安西》（《文集》卷六）

《陳譜》按：「趙頤貞爲趙冬曦弟，見《新書・趙冬曦傳》。又，岑仲勉《讀全唐詩札記》有關於本詩題之考訂。」愚按：題稱「趙頤貞郎中」，《英華》卷三百孫逖《送趙都護赴安西》：「外域分都護，中臺命職方。欲傳清廟略，先取劇曹郎。」蓋趙頤貞以職方郎中出爲安西都護也。此詩曰：「復承遷相後，彌重任賢情。」「遷相」指原安西都護杜暹入朝爲相。《舊書》卷一九四下《突厥下・蘇祿傳》：「開元中，安西都護杜暹入知政事，趙頤貞代爲安西都護。」《舊紀》：「開元十四年九月己丑，檢校黃門侍郎兼磧西副大都護杜暹同中書門下平章事。」《通鑒》卷二一三：「（開元十四年十二月）會暹入朝，趙頤貞代爲安西都護。」趙頤貞從京城出發究在何時？張九齡《送趙都護赴安西》詩曰：「南至三冬晚，西馳萬里寒。」《通鑒》排在十二月，信而有徵。《全詩》卷一二二盧象有同題作，岑仲勉《讀全唐詩札記》謂「皆送頤貞之作。」但據《英華》卷二百十五、《紀事》卷二六，盧詩應爲在趙都護宅宴別之作，非同時相送也，《全詩》題似誤。

《玄州司戶上柱國呂君墓誌》（《文集》卷二二）

按誌言：「夫人河清縣太君傅氏……春秋若干而終。開元十四年某月，合葬於州城西南里之平原，禮也。」據張九齡《呂處眞碑》：呂氏「開元十四年，冬十一月，葬於邑城西南四里原。夫人北地傅氏祔焉。」說撰誌應在本年冬十一月呂氏夫妻合葬之前。

《時樂鳥篇並序》（《文集》卷十）

《陳譜》不繫此詩作年。《元龜》卷二四「帝王部・符瑞三」:「(開元)十四年……十月己巳,帝至自汝州之溫湯。時有五色鸚鵡能言,育於宮中,帝令左右試牽御衣,鳥輒瞋目叱咤。岐王文學能延景因獻《鸚鵡篇》以贊其事,帝以鳥及延景詩示百僚,尚書左丞相張說上表賀……望編國史,以彰聖瑞。許之。」卷八百四十「總錄部・文章第四」亦錄其事,略同。《玉海》卷一百九十九「祥瑞」:「開元……十四年十月己巳,有五色鸚鵡育宮中,帝令左右試牽御衣,鳥輒瞋目叱咤。岐王文學態延景獻《鸚鵡篇》以賛其事,張說表賀。」詩當作於開元十四年十月。

《寄劉道士舄》(《文集》卷七)

《陳譜》不繫此詩作年。劉道士,玄宗朝,劉姓道士著名者有劉玄博及劉玄眞。疑即玄博。《舊書・王希夷傳》:「(希夷)更居兗州徂來山中,與道士劉玄博爲棲遁之友,好易及老子……玄宗東巡,勅州縣以禮徵召至駕前,年已九十六。上令中書令張說訪以道義,宦官扶入宮中,與語甚悅。開元十四年,下制曰:徐州處士王希夷……可朝散大夫、守國子博士,聽致仕還山,州縣春秋致束帛酒肉,仍賜衣一副,絹一百匹。」此制雖不及劉玄博,但明記玄宗「令中書令張說訪以道義」。張說既訪王希夷,當然就知道了與之同棲之劉玄博,其與玄博交,並寄舄與之,或在此時。

《大唐開元十三年隴右監牧頌德碑奉敕撰》(《文集》卷一二)

按頌言:「皇帝東巡,狩封岱嶽,……迴衡飲至,朝廷宴樂……既而大君有命,舊史書功,吟詠瓌奇,篆刻金石。」時玄宗從泰山回東都在十二月己巳,本月庚戌朔,己巳爲二十日。張說奉敕撰此文,似應在次年,故繫此。

開元十五年(七二七)六十一歲　丁卯

【時事】

春正月戊寅制:草澤有文武高才,令詣闕自舉(《舊紀》)。

五月癸酉,以慶王潭為涼州都督兼河西諸軍節度大使,忠王濬為單于大都護朔方節度大使,棣王洽為太原冀北牧河北諸軍節度大使,鄂王涓為幽州都督河北節度大使，榮王滉為京兆牧隴右節度大使，光王涺為廣州都督五府節度大使，儀王濰為河南牧，潁王澐為安東都護平盧軍節度大使，永王澤為荊州大都督，壽王清為益州大都督劒南節度大使，延王泂為安西大都護磧西節度大使，盛王沭為揚州大都督，並不出閤（《舊紀》）。

【行年】

在特進、行尚書右丞相、集賢院學士知院事、修國史任。

二月乙巳，制說致仕。

《舊紀》：「（二月）己巳，尚書右丞相張說、御史大夫崔隱甫、中丞宇文融以朋黨相構，制說致仕，隱甫免官侍母，融左遷魏州刺史。」

《通鑑》卷二百十三：「御史大夫崔隱甫、中丞宇文融，恐右丞相張說復用，數奏毀之，各爲朋黨。上惡之，二月，乙巳，制說致仕，隱甫免官侍母，融出爲魏州刺史。」

《新傳》：「隱甫等恐說復用，巧文詆毀，素忿說者又著《疾邪篇》，帝聞，因令致仕。」

《陳譜》按：「《舊紀》謂二月己巳說致仕。二月甲辰朔，月内無己巳，當以乙巳（初二）爲是。」愚按：本年二月甲辰朔，「己巳」爲本月二十六日。《陳譜》謂「月内無己巳，當以乙巳（初二）爲是」，誤。但制說致仕之日期，《舊紀》與《通鑑》必有一誤。

《舊志》：「凡職事官……年七十已上應致仕，若齒力未衰，亦聽釐務……凡致仕之官，五品已上及解官充侍者，各給半祿。」

按：張說時未到致仕之年，等同勒令致仕。

三月，張九齡出為使持節都督洪州諸軍事守洪州刺史。王翰亦在此前後出為汝州長史。

《徐碑》：「出爲冀州刺史，以庭闈在遠，表請罷官，改洪州都督。」集附《授洪州刺史制》署「開元十五年三月十三日。」

《舊書・文苑中・王澣傳》：「說既罷相，出澣爲汝州長史，改仙州別駕。」

徐堅等在說《燕公事對》基礎上撰成《初學記》，五月一日上之。

《唐新語》卷九《著述第十八》:「玄宗謂張說曰:『兒子等欲學綴文,須檢事,及看文體。《御覽》之輩,部帙既大,尋討稍難,卿與諸學士撰集要事並要文,以類相從,務取省便,令兒子等易見成就也。』說與徐堅、韋述等,編此進上,詔以《初學記》爲名,賜修撰學士束帛有差。其書行於代。」

《唐會要》卷三六《修撰》:「十五年五月一日,集賢學士徐堅等,纂經史文章之要,以類相從,上制名曰《初學記》,至是上之。」

《四庫總目提要》卷一三五《初學記》三十卷:「唐徐堅等奉敕撰。案《唐書·藝文志》載《元宗事類》一百三十卷,又《初學記》三十卷,注曰:『張說類集要事,以教諸王。徐堅、韋述、余欽、施敬本、張垣、李銳、孫季良等分撰。』似乎二書皆說總其事,而堅等分修。晁公武《讀書志》則曰:『《初學記》三十卷,唐徐堅等撰。初,張說類集要事,以教諸王。開元中詔堅與韋述等分門撰次。』又似乎事類爲說撰,而堅等又奉詔擇其精粹編爲此書。考《南部新書》載:『開元十三年五月,集賢學士徐堅等纂經史文章之要,以類相從,上制曰《初學記》。』則晁氏所言,當得其實。《唐志》所注,敘述未明,偶合兩書爲一耳。」

《陳譜》按:「今檢《宋史》卷二〇七《藝文六·子部類事類》有《燕公事對》十卷,想即所謂『張說類集要事』者也。《初學記》三十卷分『敘事』、『事對』與『詩文』三部分,當是堅等在說《事對》之基礎上補充而成,而非止四庫館臣所謂之『擇其精粹』也。又,上書之日,《唐會要》曰十五年五月一日,《四庫提要》引《南部新書》曰十三年五月。今考《新志》提及作者尚有施敬本,而敬本十三年八月議封禪時尚爲四門助教(《舊書·禮儀三》),封禪後方以太常博士爲集賢院修撰(《舊書·儒學下》),故十三年五月似不能成書,當是十五年。若十三年書成進上,自當說領銜,而十五年五月說正致仕在家,故又『經修下經進』矣。」

六月十六日,詔說在家修史。

集卷三十《謝修史表》:「伏奉今月十六日敕,令臣在家修史。……自貽官謗,待罪私門,反魯之感特深,藏周之望已絕。豈意特流天旨，重緝簡書。」

《陳譜》按：「《唐會要》卷六三《在外修史》節稱二十五年六月二十六日詔，當爲十五年六月十六日之訛。」愚按《玉海》卷四三引《會要》亦作「二十五年六月二十六日，詔左丞相張說在家修史。」詔說在家修史，兩唐書未記確切時間。張說致仕在開元十五年二月己巳（《舊紀》、《通鑒》），詔其在家修史在此後。《會要》所記，或如陳氏所言，暫從之。

李元弦奏請勒說等就史館修撰，從之。

《舊書・李元弦傳》：「及張說致仕，又令在家修史。元弦奏曰：『國史者，記人君善惡，國政損益，一字褒貶，千載稱之，前賢所難，事匪容易。今張說在家修史，吳兢又在集賢撰錄，遂令國之大典，散在數處。且太宗別置史館，在於禁中，所以重其職而秘其事也，望勒說等就史館參詳撰錄，則典冊有憑，舊章不墜矣。』從之，乃詔說及吳兢並就史館修撰。」

冬十月己卯（十一日），車駕至自東都（《舊紀》）。因王君㚟死，說獻《鬥羊表》以申諷喻。

《舊傳》：「及瓜州失守，王君㚟死，說因獲嶲州鬥羊，上表獻之，以申諷喻。《表》云：『……若使羊能言，必將曰：若鬥不解，立有死者。所賴至仁無殘，量力取勸焉。……』玄宗深悟其意，賜絹及雜彩一千匹。」

《陳譜》按：「《新傳》曰：『後君㚟破吐蕃於青海西，說策其且敗，因上嶲州鬥羊於帝，以申諷喻。……後瓜州失守，君㚟死。』《全唐文紀事》卷三一《智略》陳鴻墀按語因曰：『《舊唐書》敘《鬥羊表》在君㚟失守之後，而《新唐書》謂上表在前，似較《舊書》爲勝，故舍彼從此。』按：《新傳》言上表在前，以顯說先見之明，本《大唐新語》卷七（知微第十五）。今檢說之集補遺卷一《進鬥羊表》，末曰：『臣緣損足，未堪履地，謹遣男駙馬都尉垍詣金明門陳進。』徐松《唐兩京城坊考》卷一《興慶宮》節：『興慶門之南曰金明門，門內有翰林院。』據說之集卷一七《王君㚟碑》，君㚟死於閏九月二十三日，而十月十一日車駕至西京，說遣垍於西京興慶宮之金明門進表，則此表作於君㚟死後無疑矣。故當以《舊傳》爲是。」

又論契丹可突干必叛，後果驗。

《舊書》卷一九九《北狄傳》：「邵固還蕃，又遣可突干入朝，貢方物，中書侍郎李元弦不禮焉，可突干怏怏而去。左丞相張說謂人曰：『兩蕃必叛。可突干人面獸心，唯利是視，執其國政，人心附之。若不優禮縻之，必不來矣。』十八年，可突干殺邵固，率部落並脅奚眾降於突厥。」

《陳譜》按：「《新書》卷二一九《北狄傳》稱可突干入朝後三年殺邵固，故知說論可突干事在十五年。《通鑑》於十八年五月追敘此事，胡注曰：『史言張說之言之驗。』」

【著作】

《賀破吐蕃狀》（補遺卷二）

《舊紀》：「十五年春正月……辛丑，涼州都督王君㚟破吐蕃於青海之西，虜輜車、馬羊而還。」

《通鑑》卷一九六《吐蕃上》：「十五年正月，君㚟率兵破吐蕃於青海之西。」

《謝修史表》（《文集》卷三十）

參【行年】詔說在家修史下考證。

《贈戶部尚書河東公楊君神道碑》（《文集》卷二五）

《陳譜》置此碑開元十五年六月，未舉證。按碑言：「（公）享年六十有五，開元十四年正月二日，薨於官舍……夫人新城郡夫人獨孤氏……開元四載，先公即穸，以今十五年六月，合葬於咸陽之洪瀆川，禮也。」本年六月十六日，詔說在家修史，此碑約修史期間所撰。

《右丞相蘇公輓歌詞二首》（《文集》卷六）

《舊紀》：「（開元十五年）秋七月甲戌，雷震興教門樓，兩鴟吻欄檻及柱災。禮部尚書蘇頲卒。」《通鑑》：「（七月）己卯，禮部尚書許文憲公蘇頲薨。」蘇頲卒於開元十五年（七二七）七月，詩當作於是年七月己卯（九日）後。

《進巂州鬥羊表》（《文集》卷二七）

參上【行年】「王君㚟死」下考證。

《謝賜撰鄭國夫人碑羅絹狀》(《英華》卷六三四)

《陳譜》置開元十五年(七二七),其譜引《舊傳》:「初說爲相,時玄宗意欲討吐蕃,說密奏許其通和,以息邊境,玄宗不從。及瓜州失守,王君㚟死,說因獲嶲州鬬羊,上表獻之,以申諷諭……遣男詣金明門奉進。玄宗深悟其意,賜絹及雜彩一千匹。」《鬥羊表》上於王君㚟死後,玄宗賜羅絹更應在其後。《舊傳》置開元十七年前,或不定在十五年也。暫依《陳譜》置本年。

《河西節度副大使安公碑銘並序》(《文集》卷一六)

按碑言:「開元十四年十一月二十八日,寢疾終位……十五年某月,葬於烏城之南志公鄉,祔先塋也。」據此,碑似以撰於十四年十二月或十五年初爲妥。十五年二月,制說致仕,此後幾個月,說似無心情撰碑。

《奉和校獵義成喜逢天雪率題九韻以示群官應制》(《文集》卷三)

《陳譜》不繫此詩作年。《周考》開元十一年(七二三)案:「《奉和聖製義成校獵喜雪應制》未繫年,考詩意應是張說當政爲玄宗歌功頌德之作。開元九年九月守兵部尚書、同中書門下三品前,張說外貶在外,幾無可能奉和聖製。之後,張說平步青雲,屢隨玄宗出巡,文治武功才得以全面展現,並主持參與祭祀脽上后土、南郊圜丘等大型禮儀活動,史載『十一月戊寅,是月,自京師至於山東、淮南大雪,平地三尺餘』,而前後數年皆無大雪記載,開元九年、十七年還特別注明『是冬無雪』,故暫繫於十一年。」《周考》以開元十一年作,似嫌證據不足。史載玄宗「獵」或「畋」者多次,而言「校獵」者《舊紀》僅開元十七年十二月一次。但玄宗詩題言校獵之時「喜逢天雪」,而《舊紀》則明記「是冬無雪」,故詩恐非本年作。《玉海》卷一四四:「(開元)十五年十一月丁卯,獵於城南。《校獵義成逢大雪題九詠示羣臣》。」《玉海》繫年,必有所據,故移置開元十五年(七二七)。

開元十六年(七二八)六十二歲　戊辰

【時事】

正月,秦隴等州獠首領陳行範及廣州首領馮仁智、何遊魯等叛,遣驃騎大將軍楊思勗往討。

《舊紀》:「十六年春正月庚子,始聽政於興慶宮。秦隴等州獠首領、瀧州刺史陳行範、廣州首領馮仁智、何遊魯叛,遣驃騎大將軍楊思勗討之。」

八月,僧一行等編制《開元大衍曆》草成奏御,詔命有司頒行。

《舊紀》:「八月己巳,特進張說進《開元大衍曆》,詔命有司頒行之。」

《通鑑》卷二一三:「八月乙(似應爲己之誤)巳,特進張說上《開元大衍曆》,行之。」胡三省注:「僧一行推大衍數立術,以應氣朔及日食,以造新曆,故曰《大衍曆》。」

【行年】

在修國史任。

二月壬申,以說兼集賢殿學士(其時似以特進兼修國史)。

《通鑑》卷二一三:「二月,壬申,以尚書右丞相致仕張說兼集賢殿學士。說雖罷政事,專文史之任,朝廷每有大事,上常遣中使訪之。」胡三省注:「史言張說寵顧不衰。」

《元龜》卷八九九《總錄部・致政》:「張說以前尚書左丞相(按:應爲右丞相)致仕修國史兼集賢院學士,俸料等並依右丞相給。」

八月己巳(六日),《開元大衍曆》草成,說奏上之。

《舊紀》:「八月己巳,特進張說進《開元大衍曆》。」

《新書・曆三上》:「十五年,(《大衍曆》)草成而一行卒,詔特進張說與曆官陳玄景等次爲曆術七篇,略例一篇,曆議十篇,玄宗顧訪者則稱制旨。明年,說表上之。」

《陳譜》按:「《通鑑》曰八月乙巳表上,按八月甲子朔,月内無乙巳,故從《舊紀》。」

使說試李泌,題以「方圓動靜」。試畢,說賀玄宗得奇童。

《新書・李泌傳》:「玄宗開元十六年,悉召能言佛,道、孔子者,相答難禁中……因問:『童子豈有類若者?』俶跪奏曰:『臣舅子李泌。』帝即馳召之。泌既至,帝方與燕國公張說觀弈,因使說試其能。說請賦『方圓動靜』,泌逡巡曰:『願聞其略。』說因曰:『方若棋局，圓若棋子。動若棋生，靜若棋死。』泌即答曰：『方若行義，圓若用智。動若騁材，靜若得意。』說因賀帝得奇童。帝大悅曰：『是子精神，要大於身。』賜束帛，敕其家曰：『善視養之。』」

八月十九日，說次子垍尚寧親公主。

《陳譜》置說次子垍尚寧親公主在開元十五年（七二七），非。按：《大詔令》卷四一《封唐昌公主等制》：「今選婚華族，待禮笄年，宜加璽綬之典，俾開湯沐之賦。第四女可封唐昌公主，第六女可封常山公主，第八女可封寧親公主，各食實封五百户。唐昌公主出降（按：制文此下當佚「薛鏽，常山公主出降薛譚，寧親公主出降」十六字，據相應史傳補）張垍，俱用八月十九日。所司詳備禮物，式遵故事。開元十六年。」《會要》卷三十：「開元十六年五月六日，唐昌公主出降，有司進儀注。」又見《元龜》卷五四六、《玉海》卷一五九。本年五月六日進儀注，舉行結婚大禮必在此後。又，《舊書·薛收傳附子伯陽》：「伯陽子談（《新書》作「譚」），開元十六年尚常山公主，拜駙馬都尉。」唐昌、常山與寧親公主同時出降，時在開元十六年八月十九日。

本年，玄宗賜御書說父張騭碑額以寵之。

《寶刻類編》卷一：「玄宗」：「嗚呼積善之墓《張府君碑》，（玄宗）制並題額，梁升卿八分書，洛。」

《唐新語》卷一一《褒錫》：「張說既致仕，在家修史（《陳譜》引作「修養」），乃乘閑往景山之陽，於先塋建立碑表，玄宗仍賜御書碑額以寵之。其文曰『嗚呼，積善之墓。』與宣父、延陵季子墓誌同體也。朝野以爲榮。」

按：《類編》無年月，《新語》謂「張說既致仕，在家修史」，不確。集卷三十《謝賜碑額表》：「舉宗悲喜，外姻歡賀。」此「外姻」，即指嫁與張說之子張垍的寧親公主。表附玄宗答制亦言：「方接婚姻之禮，長榮帶礪之族，潤葉流根，不足多謝。」時張說之子垍已與玄宗第八女寧親公主結婚。說已重任集賢，非致仕官也。

【著作】

《（奉和）喜雨賦應制》（《文集》卷一）

按：《英華》卷一四玄宗《喜雨賦》下，錄張說《奉和聖製喜雨賦》，接下錄「第二韓休」、「第三徐安貞」、「第四賈登」、「第五李宙」共五人應制奉和之作。《玉海》卷一九五除在玄宗賦後插入沈瑱《賀雨賦》外，餘五人錄文秩序同《英華》。據此，知張說、徐安貞等作均爲與玄宗唱和之作。玄宗賦有「迄中夏而自春，遘愆陽而爲亢」句，韓休賦有「惟十有六祀，日躔於南紀，火德方盛」句，徐安貞賦有「自乘春兮當暑，洎三時而不雨。」賈登賦有「十有六年以至今」句，李宙有「既五月兮生一陰，猶不雨兮思作霖」句。《陳譜》謂「知作於十六年五月。」從之。

《端午三殿侍宴應制探得魚字》（《文集》卷二）

按：《陳譜》不繫此詩作年。唐玄宗《端午三殿宴群臣探得神字並序》僅存張說和詩，見說集及《英華》卷一六八。詩言：「願齊長命縷，來續大恩餘。」即玄宗對他剛施大恩。又言：「今日傷蛇意，銜珠遂闕如。」用隋侯之典，謂己還未報續命大恩。《舊紀》：開元十五年二月「己巳，尚書左丞相張說、御史大夫崔隱甫、中丞宇文融，以朋黨相搆，制說致仕，隱甫免官侍母，融左遷魏州刺史。」《通鑒》卷二一三：開元十六年」二月壬申，以尚書右丞相致仕張說兼集賢殿學士。說雖罷政事，專文史之任，朝廷每有大事，上常遣中使訪之。」據此，疑此詩作於開元十六年（七二八）五月五日。

《大衍曆序》（《文集》卷二八）

《賀大衍曆表》（《文集》卷一五）

《開元正曆握乾符頌》（《文集》卷一一）

按：開元正曆，即《大衍通玄鑒新曆》，簡稱《大衍曆》。張說《開元大衍曆序》：「謹以（開元）十六年八月端午赤光照室之夜，皇雄成紀之辰，當一元之出符，獻萬壽之新曆。」張說序記獻曆在開元十六年（七二八）八月端午（五日），即唐玄宗降誕之日。《舊紀》：開元十六年「八月己巳（六日），特進張說進開元大衍曆，詔命有司頒行之。」五日獻曆，第二天就下制頒行。但張九齡《開元正曆握乾符頌並序》言：「臣伏見景寅制書，以開元曆握乾符垂示天下。」開元十六年八月甲子朔，「景寅」即丙寅，爲本月三日，似頒行新曆的制書署「丙寅」，不知是否爲九齡誤記。又《玉海》

卷十：「《會要》：開元大衍曆，十五年一行刊定，詔（張）說成之，因編次勒成一部……凡五十二卷，十六年八月十五日張說進。」《會要》四二「曆」作「十六日」，均誤。張說此三文，序撰於五日前，表上於五日，頌應與獻曆的時間相當，《陳譜》均繫本年八月，從之。

《唐故夏州都督太原王公神道碑》（《文集》卷一六）

碑曰：「說少也，蒙會友陞堂；今老矣，豈能文旌墓。」

《金石錄》卷六：「第一千二十四唐王方翼碑，張說撰，陸堅八分書，開元十六年十月。」

同書卷二六：「右唐王方翼碑，張說撰，其事與《唐書》列傳皆合，以校余家所藏燕公集本，不同者二十餘字，皆當以碑爲是也。」

《陳譜》按：「《寶刻類編》：『陸堅，贈夔州都督王方翼碑，張說撰，八分書，元行沖篆額，開元十六年十月，京兆。』方翼無贈夔州都督事，故所謂『夔州』，當是夏州之誤。」

愚按：《寶刻叢編》卷八「咸陽縣」：「唐秘書監王珣墓誌，唐韓休撰，馬極書，開元十六年《京兆金石錄》。唐贈夔州都督王方翼碑，唐張說撰，陸堅八分書，元沖行篆額，開元十六年十月《京兆金石錄》。」張說在碑中言：「有子故光祿少卿璵、今秘書監珣，皆篤行純孝，愼終思遠。」由此知張說書方翼碑時，其子王璵已死，但王珣還活著。這說明張說書方翼碑在王珣生前。王珣墓誌既署十六年，張說書碑年月是否爲本年，或可考慮，附此待考。

《謝賜碑額表》（《文集》卷三十）

按：《陳譜》置開元十五年（七二七），非。按表言：「舉宗悲喜，外姻歡賀。」此「外姻」，即指嫁與張說之子張垍的寧親公主。表附玄宗答制亦言：「方接婚姻之禮，長榮帶礪之族，潤葉流根，不足多謝。」時張說之子垍已與玄宗第八女寧親公主結婚。寧親公主出降，時在十六年八月十九日，則說上此表應在與玄宗結親後不久。

《謝公主出降期表》（《文集》卷三十）

按：《陳譜》置開元十五年（七二七），非。寧親公主出降張說次子在開元十六年八月十九日，說見上《謝賜碑額表》解題。說此表應上於本年五至七月間。

《謝觀唐昌公主花燭表》（《文集》補遺卷一）

《陳譜》置開元十五年（七二七）八月，其按曰：「說在此《表》自稱『免歸餘叟』，《謝公主出降期表》中稱『內侍尹鳳祥宣示聖旨，八公主用八月出降』，按說本年二月致仕，次年二月即兼集賢殿學士，故繫是二表於此。」

愚按：《會要》卷三十：「開元十六年五月六日，唐昌公主出降，有司進儀注。」《玉海》卷一五九、《元龜》卷五四六同此。開元十六年五月六日有司進儀注，八月十九日唐昌公主始出降薛鏽，說上此表，當在十六年八月十九日前。參上《謝賜碑額表》解題。

《右羽林大將軍王公神道碑奉敕撰》（《文集》卷一七）

碑文曰：「以十六年十月詔葬於萬年縣。」

《舊書》卷一〇二《王君㚟傳》：「仍令張說爲其碑文，上自書石以寵異之。」

《陳譜》按：「《寶刻類編》卷一：『玄宗，涼州都督王君㚟碑。張說撰，八分書並題額，開元十七年立，京兆。』考君㚟十五年閏九月卒，十六年十月詔葬，則碑當立於其時，《類編》十七年誤。」

愚按：撰碑與立碑肯定不同時。《類編》記「開元十七年立」，明爲立碑時間，此碑既「奉敕撰」，其時當距君㚟卒時不遠，應在「十月詔葬」前。

《詠方圓動靜示李泌》（《新書・李泌傳》、《全唐詩》卷八九）

說參上【行年】「試李泌」下考證。

《十五日夜御前口號踏歌詞二首》（《文集》卷十）

《陳譜》不繫此詩作年。按：《舊紀》：「（開元）十六年春正月庚子，始聽政於興慶宮。」據《長安志》卷九「次南興慶坊」：「南內興慶宮」注：「武后大足元年，睿宗在藩，賜爲五王子宅。明皇始居之……開元二年置宮，因本坊爲名。十年，又取永嘉勝業坊之半增廣之，謂之南內，置朝堂。十六年正月，以宮成，御朝。德音釋徒以下罪。」開元十六年正月戊戌朔，庚子爲三日，玄宗已在此宮聽政，故本年元宵夜是會大肆慶祝的。詩曰：「花蕚樓前雨露新，長安城裏太平人。」

御前口號既稱「花萼樓」，或作於本年正月十五。

《九日遊茱萸山詩五首》（《文集》卷九）

《陳譜》不繫此詩作年。《周考》繫此詩「先天二年開元元年（七一三）」，並下案語說：「《九日進茱萸山詩五首》首篇云『家居洛陽下，舉目見高山』，張說曾居洛陽，自入政朝綱以來，多駐長安，次首云：『稽首明廷內，心爲天下勞』，故此組絕句必是爲官之後而非年輕時代之作。又云『時來謁軒後，罷去坐蓬瀛』，流露出的是爲政不順的抱怨，覈其心境，當是分司東都之時。張說景龍元年丁憂曾一度居於洛陽，但是此組絕句似無哀悼之義。」按：第五首言「晚節歡重九」，開元元年後，張說還活了十八年，不可謂「晚節」。從詩的意旨看，張說內心充滿了疑問，「路疑隨大塊，心似問鴻蒙」，就是集中表現。另外，唐玄宗在東都，有時住很長時間，如開元十二年十一月庚申幸東都，一直至十五年閏九月庚申，都不在西京而在東都（中間從東都往泰山封禪，再還東都）。張說寫此詩期間肯定住在東都家中。詩言「時來謁軒后，罷去坐蓬瀛」，張說開元十一年復爲中書令，十四年夏四月停中書令，十五年（七二七）二月「制說致仕」，這應是晚年「罷去」之背景，詩必寫於此後。「坐蓬瀛」何意？《陳譜》、《周考》均未及，愚以爲，當是復爲集賢學士也。開元十五年六月，詔說在家修史，十六年二月，兼集賢學士。十七年三月，復爲右丞相，詩應作於復爲右相前、兼集賢學士後，既作於九日，必爲開元十六年（七二八）重陽。

《送任御史江南發糧以販河北百姓》

《周考》開元五年（七一七）案：「《送任御史江南發糧以販河北百姓》，詩中有『荊南義廪開』，『夜月臨江浦，春雲歷楚臺』，當是張說在荊南所歷。」按：雖然詩中有「荊南」、「楚臺」等地名，但任御史是去「江南發糧」，故「荊南」、「楚臺」是其當去之地，從「繡服幾時迴」句看，張說送別任御史之地不在荊南，而應在京城或「河北」，故詩不應繫開元五年。查《舊紀》，明記「河朔人無歲」者爲開元十五年（七二七），「是秋六十三州水，十七州霜旱，河北饑，轉江淮之南租米百萬石以賑給之。」此旱一直延續到次年夏。所以，詩似應作於開元十六年春。

開元十七年（七二九）六十三歲　己巳

【時事】

此前，省司奏限天下明經、進士及第，每年不過百人，流外出身每歲則二千餘人。國子祭酒楊瑒上言不妥，玄宗然之。

《通鑑》卷二百十三：「（三月）丙辰，國子祭酒楊瑒上言，以爲省司奏限天下明經、進士及第，每年不過百人，竊見流外出身，每歲二千餘人；而明經進士不能居其什一，則是服勤道業之士，不如胥吏之得仕也。臣恐儒風浸墜，廉恥日衰，若以出身人太多，則應諸色裁損，不應獨抑明經、進士也……上甚然之。」

二月，嶲州都督張審素攻破蠻，拔昆明城及鹽城，信安王禕帥眾攻拔吐蕃石堡城。

《舊紀》：「十七年二月丁卯，嶲州都督張審素攻破蠻，拔昆明城及鹽城，殺獲萬人……甲寅，禮部尚書、信安王禕帥眾攻拔吐蕃石堡城。」

十一月庚申，親饗九廟。自丙申至乙巳，謁橋陵、定陵、獻陵、昭陵、乾陵等父祖陵寢。

《舊紀》：「十一月庚申，親饗九廟。辛卯，發京師。丙申，謁橋陵，上望陵涕泣，左右並哀感……戊戌，謁定陵。己亥，謁獻陵。壬寅，謁昭陵。乙巳，謁乾陵。戊申，車駕還宮。」

【行年】

在特進兼集賢學士、修國史任。

三月庚子（十日），詔說復為右丞相，依舊知集賢院事。

《舊紀》：「（三月）庚子，特進張說復爲尚書左丞相」。

《職官分紀》卷一五《集賢院》門《大學士學士》節《擅一時文詞之美》條：「十六年（祖言按：當爲十七年），張燕公拜右丞相，依舊學士，知院事。」

按：《舊紀》、《舊傳》曰「復爲左丞相」，當是右丞相之誤。

八月，復遷左丞相（說見後）。

八月五日，說與源乾曜等上表，請定玄宗誕日為千秋節，玄宗手詔從之，遂編為令。

《舊紀》：開元十七年「八月癸亥，上以降誕日，讌百僚於花蕚樓下。百僚表請以每年八月五日爲千秋節，王公已下獻鏡及承露囊，天下諸州，咸令讌樂，休暇三日，仍編爲令。從之。」

《元龜》卷二「帝王部・聖誕」：「開元十七年八月癸亥，以降誕之日大置酒張樂，宴百僚於花蕚樓下。終宴，尚書左丞相源乾曜、右丞相張說率文武百官等上表曰：臣聞聖人出則日月記其初，王澤深則風俗傳其後。故少昊著流虹之感，商湯本玄鳥之命……臣等不勝大願，請以八月五日爲千秋節（臣欽若等曰：誕聖節名始於此），著之甲令，布於天下……帝手詔報曰……卿等請爲令節，上獻嘉名……是爲美事，依卿來請，宣付所司……群臣以是日獻甘露醇酎，上萬歲壽酒（臣欽若等曰：上壽自此始）」（《通鑒》卷二一三、《會要》卷二九略同）。

八月乙酉（二十七日），遷左丞相。

《舊紀》：「八月……乙酉，尚書右丞相、開府儀同三司兼吏部尚書宋璟爲尚書右丞相，尚書左丞相源乾曜爲太子少傅。」

《玉海》卷一六一《唐東堂》條：「《舊史》：開元十七年八月乙酉，尚書右丞相張說爲尚書左丞相，開府儀同三司兼吏部尚書宋璟爲尚書右丞相，尚書左丞相源乾曜爲太子少傅。」

《陳譜》按：「《舊紀》敘此事，於『乙酉尚書右丞相』下奪『張說爲尚書左丞相』八字，詳參香港新亞研究所出版之嚴耕望《唐史研究叢稿》中《舊唐書本紀拾誤》第四二條。」

九月一日，說與璟，乾曜同日上任，玄宗賜宴，並作「三傑詩」褒之。

《舊書》卷九六《宋璟傳》：「十七年，遷尚書右丞相。與張說、源乾曜同日拜官。敕太官設饌，太常奏樂，於尚書都省大會百僚，玄宗賦詩褒述，自寫與之。」

《陳譜》按：「說之集卷四附蘇晉《丞相少傅拜職天子作三傑之詩以命宴序》：『咨日於朔，擇時於秋。』故知九月一日上官。」

愚按：《舊書・宋璟傳》，將張說與源乾曜三人同日拜官與同日上官二事混而爲一。八月乙酉（二十七）爲三人拜官日，「咨日於朔，擇時於秋」爲「上官」日，玄宗命宴賜詩在九月朔，非同時。

九月十一曰，說奉詔修《八陣圖》十卷成。

《會要》卷三六《修撰》：「十七年九月十一日，上令左丞相張說修《八陣圖》十卷及經二卷成。」

約本年前後，在集賢與徐堅論當時著名詩文作家文之優劣。

《職官分紀》卷一五《集賢院・大學士學士》：「十六年，張燕公拜右丞相，依舊學士，知院事。燕公與徐常侍聖曆年同爲珠英學士，每相推重。至是，舊學士死亡並盡，唯此二人在。燕公嘗手寫同時諸人名與觀之，悲歎長久。徐曰：『諸公昔年皆擅一時文詞之美，敢問孰爲先後敘』燕公曰：『李嶠、崔融，薛稷、宋之問，皆如良金美玉，無施不可。富嘉謨之文，如孤峰絕岸，壁立萬仞，叢雲鬱興，震雷俱發，誠可畏也；若施於廊廟，則駭矣。閻朝隱之文，如麗服靚妝，衣之綺繡，燕歌趙舞，觀者亡憂，然類之雅頌，則爲罪矣。』徐又曰：『今之後進文詞孰賢敘』公曰：『韓休如太羹玄酒，雖雅有典則，而薄於滋味。許景先之文，如豐肌膩理，雖穠華可愛，而乏於風骨。張九齡之文，如輕縑素練，雖濟時適用，而窘於邊幅。王翰之文，如瓊杯玉斝，雖炫然可觀，而多玷闕。若數子者，各能箴其所缺，濟其所長，亦一時之秀，可繼於前賢爾。』」《唐新語》卷八、《舊書・文苑上・楊炯傳》略同。

《陳譜》按：「徐堅卒於十七年五月（見《曲江集》卷一九《徐文公神道碑》，故兩人討論當在三月至五月間。又，《舊書》一九〇《文苑中・許景先傳》：『中書令張說奏稱：「許舍人之文，雖無峻峯激流嶄絕之勢，然屬詞豐美，得中和之氣，亦一時之秀也。」』與上述略有不同。又，《郡齋讀書志》卷四上《曲江集》提要曰：『徐堅論九齡之文如輕縑素練，實濟時用，而窘邊幅』，徐堅當爲張說之訛。」

【著作】

《辭右丞相表》（《文集》卷三十）

《舊紀》：「（三月）庚子，特進張說復爲尚書左（右之誤）丞相。」表言：「伏奉今月十日制書，除臣尚書右丞相。恩命自天，戰跼無地，臣說中謝。」表應上於三月十日復爲右丞相詔書下後數日中。

《讓右丞相表》（《陳譜》作《辭右丞相第二表》）（《文集》卷三十）

《陳譜》按：「《表》曰：『五入西掖，七踐南宮』。西掖，中書省，『五入西掖』，指久視元年爲右補闕，景雲元年爲中書侍郎，開元元年爲中書令，十一年復爲中書令，十六年爲集賢殿學士。南宮，尚書省，『七踐南宮』，指長安二年以右史兼知貢舉，神龍元年爲兵部員外郎，景龍二年爲工部侍郎，景雲二年爲兵部侍郎，開元九年爲兵部尚書，十三年爲尚書右丞相，十七年復爲右丞相。又，《結一廬叢書》本《張說之集》、武英殿聚珍版《張燕公集》及《全文》均題此《表》曰（讓右丞相）《第二表》。按前之《讓右丞相表》乃開元十三年讓右丞相兼中書令，故此《表》實爲影宋本《辭右丞相表》之第二表。」

愚按：「五入西掖」，應指官右補闕、鳳閣舍人（中書舍人）、中書侍郎、開元元年官中書令、十一年官中書令；「七踐南宮」《陳譜》謂包括「長安二年以右史兼知貢舉」，「十七年復爲右丞相」，非，「七踐南宮」應爲：官兵部員外郎、兵部郎中、工部侍郎、丁憂起復工部侍郎、兵部侍郎、兵部尚書、十三年兼尚書右丞相。

《請八月五日爲千秋節表》（《文集》卷十五）

《陳譜》不繫此表作年。但於開元十七（七二九）年下言：「八月五日，說與源乾曜等上表請定千秋節。」所據即《元龜》卷二「帝王部・誕聖」：「開元十七年八月癸亥，以降誕之日，大置酒張樂宴百僚於花萼樓下。終宴，尚書左丞相源乾曜、右丞相張說率文武百官等上表」（《玉海》卷七四引《實錄》略同）。其所上之表即此表。唯與《元龜》等不同的是，集本所署爲「左丞相臣說、右丞相臣璟等」。這個不同，難定是何原因造成。據《舊紀》，源乾曜與張說爲左右丞相在開元十七年八月乙酉（二十七日）前，張說與宋璟爲左右丞相在此日後。若署張、宋，表便不應上於本月五日。當時情形似乎是，五日源乾曜、張說等口頭請求，下來以後，張說等即補上此表。其上表時間似在張說遷左丞相之後，史所記此表所上時間或略有誤。

《右常侍集賢院學士徐公輓歌二首》（《文集》卷九）

《舊紀》：「（開元十七年）五月癸巳（張九齡《徐堅神道碑》作「丁酉」），復置十道按察使。右散騎常侍徐堅卒。」輓歌當作於本年徐堅卒後不多日。

《節愍太子妃楊氏墓誌》（《文集》卷二六）

《陳譜》置此誌開元十七年（七二九）七月，其按語曰：「此中宗節愍太子（重俊）妃楊氏，乃玄宗元獻皇后楊氏之姐，誌文交代清楚。但《舊書》卷五二《后妃下·玄宗元獻皇后楊氏傳》卻誤認爲一人，並引此墓誌文，謂元獻后『開元十七年薨，葬細柳原，玄宗命說爲誌文，其銘云：「石獸澀兮綠苔黏，宿草殘兮白露沾，園寢閉兮脂粉膩，不知何年開鏡奩」。』陳鴻墀《全唐文紀事》卷三八《抒情》亦沿其誤。」愚按碑言：「開元十有七年二月癸未，中宗節愍太子妃楊氏薨於京師太平里第之內寢。越五月丙申，詔葬於新豐之細柳原黃陵。」楊妃本年二月薨，「越五月」葬，故碑應撰於本年二至七月間。

《節愍太子妃楊氏輓歌二首》（《文集》卷九）

按碑，中宗節愍太子妃楊氏開元十七年二月癸未薨，越五月丙申，詔葬於新豐之細柳原黃陵。疑此輓歌與碑或同時先後撰。

《奉和與璟乾曜同日上官命宴東堂賜詩應制》（《文集》卷四）

參上【行年】「九月一日上任」下考證。

《奉蕭中令酒並詩》（《文集》卷四）

張說、宋璟、源乾曜同日拜官，玄宗賜宴東堂，詩爲張說在酒席上向蕭嵩敬酒時所作。《全詩》題下注：「已下三首，俱賜宴東堂作。」《陳譜》據此係開元十七年（七二九）九月，從之。《英華》卷二一四一作「宋之問」詩，誤。

《奉宇文黃門酒》（《文集》卷四）

參上《奉蕭中令酒並詩》考證。

《奉裴中書酒》（《文集》卷四）

參上《奉蕭中令酒並詩》考證。

《唐享太廟樂章》（卷一〇）

《舊書》卷三一《音樂四》：「玄宗開元七年（祖言按：當爲十七年）享太廟樂章十六首（祖言按：當爲十九首），特進、尚書左丞相燕國公張說作。」

愚按：中華本《舊志》「玄宗開元七年」校勘記引《校勘記》卷十四云：「據《玄宗紀》及《張說傳》，開元七年爲并州長史，十七年始爲左丞相，則七字上當加補十字，方與注文相合。」又，《開元樂章十九首》與《唐享太廟樂章十六首》非一回事，《陳譜》將二者視爲一，非也。十九首還包括了《舊志》此題下所收《享太廟樂章十四首》中之《福和》、《舒和》、《凱安》、《登歌》、《永和》五章，《唐享太廟樂章十六首》實際是十四題十七章並重於《開元樂章十九首》，此其一。其二，《會要》卷三二《雅樂上》：「開元十三年，詔燕國公張說改定樂章，上自定聲度，說爲之詞，令太常樂工，就集賢院教習，數月方畢。因定封禪、郊廟詞曲及舞，至今行焉。」張說當時改定之樂章，就包含了「封禪、郊廟詞曲及舞」，所以，開元十七年享太廟時所用之樂章，也是張說等人於開元十三年所「改定」者，恐非作於十七年也。《陳譜》據《舊書・音樂四》所收《唐享太廟樂章十六首》題下注：「特進、行尚書左丞相、燕國公張說作」繫十七年，愚意，此注應是劉昫據張說十七年任職臆加。樂雖爲開元十七年享太廟時使用，但定樂不必十七年也。另外，此十九首樂章，與《陳譜》「開元十三年」下據《全詩》卷八五所收《唐封泰山樂章》九首有如下相重者，《雍和》一章與《迎俎雍和之樂二章》之二重，《舒和》一章與《送文舞迎武舞一章》重，《凱安》一章與《亞獻終獻武舞凱安之樂四章》之四重。《陳譜》亦未發現。

《禮儀使賀五陵祥瑞表》（《文集》卷十五）

《陳譜》按：「玄宗十一月謁五陵，見《舊紀》。」《陳譜》據《舊紀》置此表開元十七年（七二九）十一月，表歷述玄宗謁五陵時祥瑞，「乙巳，謁乾陵。戊申，車駕還宮。」本年十一月丁亥朔，戊申爲二十二日，表約上於本月戊申後一兩日。

《送崔二長史日知赴潞州》（《文集》卷六）

《刺史考》及《全詩》注者楊軍等均以玄宗與張說詩作於開元十六（七二八）年。《陳譜》：「按：《舊書》卷九九《崔日知傳》『開元十六年，出爲潞州大都督府長史。』今檢玄宗《賜崔日知往潞州》詩，有『潞國開新府，壺關寵舊臨』句，《舊書・地理二》：『開元十七年，以玄宗歷職此州，置大都督府。』由此知崔日知往潞州當在十七年。又檢說詩有『南省悵悲翁』句，說十七年三月復爲尚書右丞相，故日知赴潞州必在十七年矣。」《陳譜》所考甚確，從之。

《奉和賜崔日知（往潞州）應制》（《文集》卷二）

崔日知與張說友善，此次出鎮潞府，玄宗御製《賜崔日知往潞州》「潞國開新府」詩相送，奉和玄宗此詩者僅見說之作。

《贈潘州刺史馮君墓誌銘》(《文集》卷二二)

《陳譜》不置此誌作年，《周考》開元十七年（七二九）案：「《爲將軍高力士祭父文》是爲高力士其父所撰，《贈潘州刺史馮君墓誌銘》、《贈廣州大都督馮府君神道碑銘》是爲其母所撰。力士之母卒於開元十七年五月十二日，葬於八月二十二日，以高力士的飛揚跋扈，不應拖至次年撰。」按誌言：「夫人享年八十有七，開元十七年五月十二日，薨於西京來庭里。粵以八月二十二日，安厝於長樂原之新域……恩詔追贈潘州刺史，招魂而合葬焉。」此碑必撰於本年八月二十二日前後。

《爲將軍高力士祭父文》(《文集》卷二三)

《陳譜》不繫此文作年，《周考》繫開元十七年（七二九）案：「《爲將軍高力士祭父文》是爲高力士其父所撰，《贈潘州刺史馮君墓誌銘》、《贈廣州大都督馮府君神道碑銘》是爲其母所撰。力士之母卒於開元十七年五月十二日，葬於八月二十二日，以高力士的飛揚跋扈，不應拖至次年撰。」按祭文言：「維開元十七年月日，孝子力士，敢告於考潘州府君、妣南海太君之靈……聖主恩華，曲逮存歿。邑封舊郡，官贈本邦……先遠有日，卜葬新塋，遙啓尊魂，合祔泉壤。」知此文是開元十七年高力士將父母招魂合葬時爲之撰。據《贈潘州刺史馮君墓誌銘》：「夫人享年八十有七，開元十七年五月十二日，薨於西京來庭里。粵以八月二十二日，安厝於長樂原之新域……恩詔追贈潘州刺史，招魂而合葬焉。」其時間應在本年八月二十二日前。

《贈廣州大都督馮府君神道碑銘》(《文集》卷二五)

《陳譜》不置此碑作年。《寶刻叢編》卷八：「《唐廣州都督馮君衡碑》：唐尚書左丞相張說撰，中書令鍾紹京書。……碑以開元十八年立《集古錄目》。」《周考》開元十七年（七二九）案：「《贈廣州大都督馮府君神道碑銘》是爲其母所撰。力士之母卒於開元十七年五月十二日，葬於八月二十二日，以高力士的飛揚跋扈，不應拖至次年撰。」按：碑言：「夫人以開元十七年享年八十有七，五月十二日壽終於京兆之來庭里舍……創窀穸之將及，於是詔贈先府君潘州刺史……是歲也，大享宗廟，偏謁園陵，錫類之恩，施於鄉士，重贈府君使持節都督廣、韶、循、康等一十六州諸軍事、廣州大都督。」本集卷二二另有《馮潘州墓誌銘》，並爲高力士父馮君衡所撰，君衡前贈潘州刺史，爲力士母死時恩詔追贈，時在開元十七年八月前；而此碑是在「是歲也，大享宗廟，偏謁園陵，錫類之恩，施於鄉土」之時「重贈」所撰。據《舊紀》:「(開元十七年)十一月庚申，親饗九廟。辛卯，發京師。丙申，謁橋陵……戊申，車駕還宮，大赦天下……五品已上請官父母亡者，依級賜官及邑號。」此次封贈，張說還爲蕭嵩其父撰《贈吏部尚書蕭公碑》，此碑言:「開元十七年仲冬癸丑，詔曰：中書令嵩父某，毓粹沖和……可贈吏部尚書。同日詔曰：嵩母韋氏，門傳一經，行包四德……可贈魏郡夫人。」本年仲冬丁亥朔，戊申爲本月十三日，癸丑爲二十七日。朝廷贈高力士父母官應與蕭嵩約略同時，故張說爲其撰碑應在本年十一月底或十二月中，《叢編》等所記爲立碑年月，撰碑當在此前，暫依《周考》繫本年。

《贈吏部尚書蕭公神道碑》((《文集》卷二五))

《陳譜》置開元十八年（七三〇）五月，引《寶刻類編》卷三《梁升卿》:「《贈吏部尚書蕭灌碑。張說撰，八分書，明皇八分題額，開元十八年五月，京兆。」按:《金石錄》卷六所記略同。《寶刻叢編》卷八言:「《唐贈吏部尚書蕭灌碑》: 唐尚書左丞相張說撰，梁昇卿八分書，明皇八分題額。府君名灌……長史子嵩爲尚書令，贈府君吏部尚書。碑以開元十八年五月立《集古錄目》。」《叢編》明記「開元十八年五月立」，即爲立碑年月，非撰碑年月明矣。張說爲其撰碑應在本年年底前，恐不致拖到來年五月，參上《贈廣州大都督馮府君神道碑銘》考證。

開元十八年（七三〇）六十四歲　庚午

【時事】

是春，命百僚每旬暇日尋勝地讌樂，賜錢令所司供帳造食。

《舊紀》:「(開元十八年)是春，命侍臣及百僚每旬暇日尋勝地讌樂，仍賜錢，令所司供帳造食。」

五月，契丹衙官可突干殺其主李召固，率部落降於突厥，奚部落亦隨西叛。

《舊紀》:「五月，契丹衙官可突干殺其主李召固，率部落降於突厥，奚部落亦隨西叛。奚王李魯蘇來奔，召固妻東華公主陳氏及魯蘇妻東光公主韋氏，並奔投平盧軍。制幽州長史趙含章率兵討之。」

【行年】

在特進、尚書左丞相、集賢院學士兼知院事、修國史任。

正月辛卯，以修謁陵儀注功加開府儀同三司。

《舊紀》:「十八年春正月辛卯，黄門侍郎裴光庭爲侍中，依舊兼御史大夫。左丞相張説加開府儀同三司。」

《舊傳》:「尋以修謁陵儀注功，加開府儀同三司。時長子均爲中書舍人，次子垍尚寧親公主，拜駙馬都尉；又特授兄慶王傅光爲銀青光祿大夫。當時榮寵，莫與爲比。」

《舊志》:「開府儀同三司，從一品；特進，正二品。」

三月，說校京官考，考子均以上下，當時亦不以為私。

《會要》卷八一《考上》:「十七年三月，中書舍人張均，其父左丞相説校京官考，時注均考曰：『父教子忠，古之善訓，祁奚舉午，義不務私。至如潤色王言，章施帝道，載參墳典，例絕常功，恭聞前烈，尤難其任。豈以嫌疑，敢撓綱紀？考以上下。』」(《元龜》卷六三五《銓選部・考課一》、《南部新書》戊集、《太平廣記》卷一八六《銓選二・張説》引《玄宗實錄》略同)

《新傳》:「開元十七年，説授左丞相，校京官考，注均考曰：……當時亦不以爲私。」

《陳譜》按:「《通典》卷一五《選舉三》:『凡選，始於孟冬，終於季春，』説十七年八月爲左丞相，校京官考當在十八年三月。」

六月，說贊忠王（即後之肅宗）之儀表，以為雅類太宗。

《通鑒》卷二一三:「(六月) 丙子，以單于大都護忠王濬領河北道行軍元帥，以御史大夫李朝隱、京兆尹裴伷先副之，帥十八總管以討奚、契丹。命濬與百官相見於光順門。張説退，謂學士孫逖、韋述曰：『吾嘗觀太宗畫像，雅類忠王，此社稷之福也。』」

本年春以來旬宴，說幾乎每宴必詩（見下著作）。

八月五日，慶賀第一個千秋節。作《奉和千秋節應制》、《奉和賜王公千秋鏡應制》與群臣及玄宗唱和。

《元龜》卷二」帝王部・聖誕」：「開元十八年……八月丁亥，御花蕚樓，以千秋節百官獻賀，賜四品已上金鏡、珠囊、縑綵，賜五品以下束帛有差。上賦八韻詩，又製秋景詩。」《舊紀》略同。玄宗所製《秋景詩》，或即說集所附《賜王公千秋鏡》詩，故疑「秋景」爲「千秋鏡」之誤。

約本年十月，撰《故括州刺史贈工部尚書馮公神道碑》、《贈工部尚書馮公挽詩三首》，這一詩一碑，是說集今知繫年最晚的作品。

按：碑言：「公諱昭泰，字遇聖……除溫州長史，俄復舊階拜括州刺史。水國瀸洳，苦疾言歸，景龍三年六月十三日，終於蘇州之逆旅，春秋六十有五……皇上志其持法無撓，贈大理卿……是時天子嚴謁山陵，訓人追孝，推恩庶辟，瀉澤幽泉。公長子少府監紹正，次子給事中紹烈，並構層堂，仰延榮贈，乃贈公工部尚書……以開元十八年十月壬寅，葬我節公於長安縣高陽原。」詩言「昔焉稱夏日，今也諡冬卿」，馮昭泰前贈「大理卿」（夏日），玄宗推恩改贈「工部尚書」（冬卿），則所挽者昭泰明矣。其贈工尚，是因開元十七年十一月唐玄宗謁諸陵推恩所及，故挽詩與碑或撰於同時，應在開元十八年（七三〇）十月壬寅馮氏下葬前。

十二月戊申（二十八日），遇疾病逝，享年六十四。玄宗素服舉哀，廢朝三日，罷十九年元正朝會，詔贈太師。

《舊傳》：「十八年，遇疾，玄宗每日令中使問疾，並手寫藥方賜之。」

《曲江集》卷一八《張說誌》：「大唐有天下一百一十三年，開元十有八載龍集庚午，冬十二月戊申，開府儀同三司行尚書左丞相燕國公薨於位，享年六十四。嗚呼哀哉！皇帝悼焉。素服舉哀，廢朝三日，乃下制贈太師，蓋師傅之舊恩，禮有加也。」

《陳譜》按：「開元十八年十二月戊申（二十八日），爲西曆七百三十一年二月九日。姜亮夫《歷代人物年里碑傳綜表》、吳海林等《中國歷史人物生卒年表》、聞一多《唐詩大系》、中國社科院文學所《唐詩選》等皆定説卒於七百三十年，爲未細究也。美國科羅拉多大學克羅爾先生曾於一九八〇年第二期美國英文期刊《中國文學》上發表《張説卒日考》一文，亦爲訂正此訛。」

《唐新語》卷一《匡贊第一》：「及薨，玄宗爲之罷元會。制曰：『弘濟艱難，參其功者時傑；經緯禮樂，贊其道者人師。式瞻而百度允釐，既往而千載貽範。臺衡軒鼎，垂黼藻於當年；徽策寵章，播芳蕤於後葉。故尚書左丞相、燕國公張説，星象降靈，雲龍合契。元和體其沖粹，妙有釋其至賾。挹而莫測，仰之彌高。釋義探繫表之微，英辭鼓天下之動。昔傳風諷，綢繆歲華。含春谷之聲，和而必應：蘊泉源之智，啓而斯沃。授命與國，則天衢以通；濟同以和，則朝政惟允。司鈞總六官之紀，端揆爲萬邦之式。方弘風緯俗，返本於上古之初；而邁德振仁，不臻於中壽之福。吁嗟不憖，既喪斯文。宣室餘談，洽若在耳；玉殿遺草，宛然留跡。言念忠賢，良深震悼。是用當寧撫几，臨樂撤懸，罷稱觴之儀，遵往禭之禮。可贈太師，賜物五百段。』禮有加等，儒者榮之」（《舊傳》略同）。

【著作】

《三月三日詔宴定昆池官莊賦得筵字》（《文集》卷五）

《舟中和蕭令潭字》（《文集》卷五）

《陳譜》按：「與前一首同日作。蕭嵩十七年六月兼中書令，故知作於十八年三月三日。」

愚按：《英華》卷二百十四《定昆池奉和蕭令潭字韻》：「暮春三月日重三，春水桃花滿禊潭。廣樂逶迤天上下，仙舟搖衍鏡中酣。」署「前人」（宋之問），顯誤。《英華》題有「定昆池」三字，詩又曰「暮春三月日重三」，故陳氏定此詩與前詩「同日作」可從。

《清明日詔宴寧王山池賦得飛字》（《文集》卷五）

《周考》開元十三年案語云：「《清明日詔宴寧王山池賦得飛字》、《四月十三日詔宴寧王亭子賦得好字》，《年譜》不載。開元十三年四月五日，玄宗詔改麗正殿書院爲集賢殿書院，此時前後，『時又頻賜酒，饋學士等宴飲爲樂，前後賦詩奏上凡數百首院内既有宰臣及侍讀，屢承恩涯，賜以甘瓜綠李及四方珍異，前後令張九齡爲詩序』。張九齡集中有《敕賜寧王池宴》詩，亦爲佐證，故繫於此。」按：《周考》誤。張九齡《敕賜寧王池宴》詩雖云：「賢王有池館，明主賜春遊。」時雖爲春，但未及清明事，此其一；詩又言「徒參和鼎地，終謝巨川舟。」顯然是爲相後所寫，非中書舍人語氣，與張說詩非同時作（參《熊注》）。據前三月三日等詩，恐爲開元十八年清明所作。「春去春來歸」之語，亦似暗寓自己此時的遭際。

《三月二十日詔宴樂遊園賦得風字》（《文集》卷五）

《陳譜》不繫此詩作年。按：《舊紀》：「（開元十八年）是春，命侍臣及百僚每旬暇日尋勝地讌樂，仍賜錢，令所司供帳造食。」詩當作於開元十八年三月二十日「旬宴」之時。

《季春下旬詔宴薛王山池序》（《文集》卷五）

按：《陳譜》不繫此序作年。《周考》置景雲元年（七一〇），明顯與此文不合。其一，張說景雲元年，不過四十餘，而此文中言：「群公賦詩，俾僕題序，長卿消渴，覺含毫之轉遲；子雲老大，見雕蟲之都廢。敢憚鄙詞之訥澀，恐貽盛集之蕪穢云爾。」這是暮年語氣，與盛年之張說不符；其二，張說在文中言：「太平佳事，前史未書，大矣哉！一德日新，九功惟敘，運璿樞而均四氣，握金鏡而靜萬方。堯、舜、湯、文，不違顏於咫尺；夔、龍、伊、呂，共接武於朝廷。不可見而見焉，不可聞而聞焉。」這種大好政治形勢，豈是中宗睿宗交替時期所能有？其三，文中明言：「后皇所以發時令，布新慶……首獻歲之浹辰，尾暮春之提日。帝京形勝，借上林而入遊；戚里池臺，就修竹而開宴。泉賙御府，味給天廚。」這是開元間盛事。《舊紀》開元十八年（七三〇），「是春（《元龜》作「三月」），命侍臣及百僚每旬暇日，尋勝地燕樂，仍賜錢令所司供帳造食。」這個詔令下達以後，《舊紀》十八年先後記載了正月丙午幸薛王業宅，四月壬戌（八日）幸寧親公主第，丁卯（十三日）侍臣已下燕於春明門外寧王憲之園池。《舊紀》前四個月的敘事是有混亂之處的（如上面所下尋勝宴飲之詔令，就放到了夏四月下敘述），故疑正月丙午爲三月丙午（二十二）之誤。若是，就與張說此文所言「季春下旬詔宴薛王山池」相符。

《奉和花萼樓下宴應制》(《文集》卷二)

《舊紀》:「(十八年夏四月)丁卯,侍臣以下燕於春明門外寧王憲之園池,上御花萼樓邀其回騎,便令坐飲,遞起爲舞,頒賜有差。」

按:玄宗此詩序言:「近命羣臣,欣時樂宴,盡九春之麗景,匝三旬之暇日。」《舊紀》:開元十八年:「是春,命侍臣及百僚,每旬暇日,尋勝地讌樂。仍賜錢,令所司供帳造食。」序又言「今年帶閏節」,詩又言「今年通閏月,入夏展春輝」。據紀,開元十八年閏六月。《陳譜》繫此詩開元十八年四月,從之。

《四月十三日詔宴寧王亭子(賦得)好字》

《舊紀》:「(開元十八年)夏四月……丁卯,侍臣已下讌於春明門外寧王憲之園池,上御花萼樓,邀其迴騎,便令坐飲,遞起爲舞,頒賜有差。」本月乙卯朔,丁卯即十三日,詩與史合,當作於開元十八年(730)夏四月十三日,與上詩作於同一日。

《同賀八送袞公赴荊州》(《文集》卷六)

《陳譜》按:「賀八,賀知章,袞公,陸象先。《通鑒》開元十八年六月下(考異)曰:『按《實錄》,是歲閏六月,以太子少保陸象先兼荊州長史。』象先鎮荊州事,兩《唐書》象先傳均不載。」

《舞馬千秋萬歲樂府詞三首》(《文集》卷一〇)

按:詩第一首即言:「金天誕聖千秋節」,顯然是爲明皇千秋節所撰樂府,與前舞馬詞並非同時所作。《舊紀》:開元十七年「八月癸亥,上以降誕日,燕百僚於花萼樓下。百僚表請以每年八月五日爲千秋節,王公已下獻鏡及承露囊,天下諸州咸令燕樂,休暇三日,仍編爲令,從之。」此詞應撰於開元十八年八月五日明皇誕辰之前。

《奉和千秋節應制》(《文集》卷二)

《奉和賜王公千秋鏡應制》(《文集》卷二)

二詩並參上【行年】「八月五日千秋節」下考證。

《晦日詔宴永穆公主亭子賦得流字》」堂邑山林美」:

《陳譜》不繫此詩作年。按《舊紀》:「(開元十八年八月)辛亥,幸永穆公主宅,即日還宮。」本年八月癸未朔,九月壬子朔。辛亥(二十九日)爲八月晦日,與張說所記合,詩應爲陪玄宗幸永穆公主宅時所作。

《故括州刺史贈工部尚書馮公神道碑》(《文集》卷二五)

《贈工部尚書馮公挽詩三首》：一詩一碑，當撰於同時先後，參上【行年】「説集今知繫年最晚的作品」下考證。

《贈太尉裴公神道碑》(卷一四)

《陳譜》按：「碑文曰：『季子光庭侍中兼吏部尚書』，《新書》卷六二《宰相中》：『十八年正月辛卯，光庭爲侍中。四月乙丑，兼吏部尚書』，故是碑當作於十八年。」

愚按：《寶刻叢編》卷十「解州」：「《唐贈太尉裴行儉碑》，唐右丞相張説撰，裴灌書，行儉字守約，河東聞喜人，官至禮部尚書、金牙道大總管，謚曰憲。開元中追贈至太尉，碑以開元十八年立，在聞喜。《集古錄目》。」《寶刻類編》卷三亦置開元十八年。裴灌，碑目亦有誤作裴瓘者。疑當作「裴漼」，行儉族孫。《舊書·裴漼傳》：「漼早與張説特相友善，時説在相位，數稱薦之。」其書有《嵩山少林寺碑》，開元十六年立。

《奉和幸鳳泉湯應制》(《文集》卷三)

《舊紀》：「(開元十一年)十二月甲午，幸鳳泉湯。戊申，至自鳳泉湯。」《陳譜》據此係開元十一年十二月。但《舊紀》又記開元十八年「冬十月……庚寅，幸岐州之鳳泉湯。癸卯，至自鳳泉湯。」時張説也有可能與玄宗在一起唱和。而據説詩「坎意無私結。乾心稱物平」句看，詩作於十八年冬的可能性似更大，故移置此。

開元十九年(七三一)六十五歲　辛未

三月七日，玄宗思説言，由嶺南召回張九齡。

《曲江集》附錄《守秘書少監制》：「門下：中大夫使持節都督桂州諸軍事守桂州刺史充當管經略使兼嶺南道按察使，攝御史中丞，借紫金魚袋上柱國曲江縣開國男張九齡……可守秘書少監兼集賢院學士、副知院事，散官勳封如故。開元十九年三月七日」

《舊書·張九齡傳》：「初，張説知集賢院事，常薦九齡堪爲學士，以備顧問。説卒後，上思其言，召拜九齡爲秘書少監、集賢院學士，副知院事。」

《新書・張九齡傳》:「始說知集賢院,嘗薦九齡可備顧問。說卒,天子思其言,召爲秘書少監、集賢院學士、知院事。」《新傳》作「知院事」,應從碑與《舊傳》作「副知院事」。

三月壬戌(十四日),夫人元氏卒。

《張說誌》:「燕國夫人元氏……開元十九年三月壬戌薨於東都康俗里第,享年六十四。」

開元二十年(七三二)六十六歲　壬申

玄宗親製說神道碑文,並賜謚「文貞」。

《唐新語》卷一一《褒錫第二十四》:「及說薨,玄宗親製神道碑。其略曰:『長安中,公爲鳳閣舍人,屬麟臺監張易之誣構大臣,作爲飛語。御史大夫魏元忠即其醜正,必以中傷。天后致投杼之疑,中宗憂掘蠱之變。是時敕公爲證,啗以右職。一言刺回,四國交亂。公重爲義,死且不辭;庭辯無辜,中旨有忤。左右爲之惕息,而公以之抗詞。反元忠之瑩魂,出太子於坑陷。人謂此舉,義重於生。由是長流欽州,守正故也。』」

《會要》卷八〇《朝臣復謚・文貞》條「燕國公張說」下注:「太常卿初謚爲『文貞』,左司郎中楊伯威(《元龜》作「成」)駁曰:『謚者,德之表,行之迹,將以激勵風俗,檢束名教,固無虛譽,是存實錄。准張說罷相制云:不肅細微之人,頓乖周慎之旨。又致仕制云:行虧半石,防闕周身,未免瓜李之嫌,而喧眾多之口。且玉之有瑕,尚可磨也;人之斯玷,焉可追也。謚曰文貞,何成勸沮?請下太常,更據行事定謚。』工部侍郎張九齡又議,請依太常爲定。眾論未決,上爲製碑文,賜謚曰:『文貞』,眾議始定。」

《陳譜》按:「《曲江集》附錄誥命有《轉工部侍郎制》,署開元二十年,故知議說謚在此年。」

八月甲申(十四日),安葬於萬安山之陽,蓋棺論定。

《張說誌》:「詔葬先遠,喪事有日,又特賜御詞,表章琬琰……起家太子校書,迄於左丞相,官政四十有一,而人臣之位極矣……至若三登左右丞相,三作中書令,唐興已來,朝佐莫比……及夫先聖微旨，稽古未傳，缺文必補，墜禮成甄，與經籍爲筌筥，於朝廷爲粉澤，固不可詳而載也。始公之從事實以懿文，而風雅陵夷已數百年矣。時多吏議，殯落文人，庸引雕蟲，沮我勝氣。丘明有恥，子雲不爲。乃未知宗匠所作，王霸盡在。及公大用，激昂後來，天將以公爲木鐸矣！斯文豈喪而今也則亡……二十年秋，八月甲申，遷窆於萬安山之陽，燕國夫人元氏附焉……長子均，中書舍人；次曰垍，駙馬都尉、衛尉卿；季曰埱，符寶郎；泣血在疚，皆我之有後也。」

《舊傳》:「始玄宗在東宮，說已蒙禮遇。及太平用事，儲位頻危，說獨排其黨，請太子監國，深謀密畫，竟清內難，遂爲開元宗臣。前後三秉大政，掌文學之任凡三十年。爲文俊麗，用思精密，朝廷大手筆，皆特承中旨撰述，天下詞人，咸諷誦之。尤長於碑文、墓誌，當代無能及者。喜延納後進，善用己長，引文儒之士，佐祐王化，當承平歲久，志在粉飾盛時。其封泰山、祠脽上、謁五陵、開集賢、修太宗之政，皆說爲倡首。而又敦氣義，重然諾，於君臣朋友之際，大義甚篤。」

《新傳》:「爲文屬思精壯，長於碑志，世所不逮。既謫岳州，而詩益淒婉，人謂得江山助云……說歿後，帝使就家錄其文，行於世……贊曰：說於玄宗最有德，及太平用事，納忠惓惓。又圖封禪，發明典章，開元文物彬彬，說力居多。」

《元龜》卷一三三:「建中元年十二月丁酉，令詳定國初已來將相功臣，名跡崇高、功效明著者爲二等，總一百八十七人……功臣以裴寂、劉文靜……張柬之、崔玄暐、桓彥範、袁恕己……郭元振、張說、王琚、王晙三十四人爲上等。」又見《會要》卷四十五「功臣」、《玉海》卷一百三十五「官制・唐定將相功臣三等」引《會要》有略。

附錄：張說文集著錄簡目

（一）《中國古籍善本書目．集部上》

1. 張說之文集二十五卷，明嘉靖十六年伍氏龍池草堂刻本《四部叢刊》影印上海涵芬樓藏明嘉靖丁酉（十六年）伍氏龍池草堂刊本。
2. 張說之文集二十五卷，明嘉靖十六年伍氏龍池草堂刻本，明彭年校，明錢穀跋。
3. 張說之文集二十五卷，明嘉靖十六年伍氏龍池草堂刻本，朱文鈞校補並錄清黃丕烈校跋。
4. 張說之文集二十五卷，明嘉靖十六年伍氏龍池草堂刻本，萬曆十一年項篤壽重修本。
5. 張說之文集二十五卷補遺五卷，清光緒三十一年仁和朱氏刻結一廬剩餘叢書本。
6. 張說之文集二十五卷補遺五卷，清光緒三十一年仁和朱氏刻結一廬剩餘叢書本傅增湘校補並跋。
7. 張說之文集二十五卷，清抄本，吳闓生跋並錄清汪遠孫校跋。
8. 張說之文集二十五卷，清抄本，存十卷（一至十）。
9. 張燕公集二十五卷，清乾隆武英殿活字印聚珍版叢書本。
10. 張說之文集三十卷，明抄本，清彭元瑞跋，存二十卷（一至二十）。
11. 張說之文集三十卷，清抄本，傅增湘跋。
12. 張說之文集三十卷補遺一卷，清抄本，清東武李氏研錄山房抄本。

（以上十二個版本，國圖均有藏）。

（二）陳伯海《唐詩書錄》

1. 張說之文集三十卷，此下錄國圖藏明抄本、清抄本、清東武李氏抄本三種。

2. 張説之文集二十五卷，明烏絲欄抄本（臺灣中央圖書館）。
3. 張説之文集二十五卷，舊抄本（臺灣中央圖書館）。
4. 張説之文集二十五卷，清抄本（北圖藏一種存十卷，另一種有吳闓生跋並錄汪遠孫校跋）。
5. 張説之文集二十五卷，結一廬剩餘叢書本（有補遺五卷，北圖藏本有一種有傅增湘跋並錄清黃丕烈題識，另一種有傅氏校補並跋）。
6. 張説之文集二十五卷，嘉業堂叢書本（有補遺五卷）。
7. 張説之文集二十五卷，民國間上海涵芬樓影印本。
8. 張説之文集二十五卷，《四部叢刊本》（有補遺一卷，校記一卷）。
9. 張燕公集二十五卷，乾隆聚珍版（北圖藏本有徐松校）。
10. 張燕公集二十五卷，《四庫全書本》。
11. 張燕公集二十五卷，叢書集成初編本。
12. 張燕公集二十五卷，萬有文庫本。
13. 張説之集八卷，明銅活字《唐人詩集》印本。
14. 張説之集八卷，明朱警《唐百家詩本》。
15. 張説之集八卷，上海古籍《唐五十家詩集》本。
16. 張燕公集二卷，明嘉靖十六年刻《二張集》本。
17. 張燕公集二卷，唐張燕國公詩集二卷。
18. 張燕公集二卷，明刻《唐十一家集》本（上海圖書館藏）。
19. 初唐張説詩集二卷，明萬曆畢懋謙刻《十家唐詩》本（以上並見 P202～203）。

（三）朱玉麒《宋蜀刻本〈張說之文集〉流傳考》

（《文獻》二〇〇二年第二期）

1. 日《本朝現在書目》（？～八九七）第三十九類「別集家」:「《張説集》十」，「很可能就是這樣一個從三十卷文集本中傳抄下來的詩集單行本」。
2. 《舊書・本傳》:「有文集三十卷。」。
3. 《新書》卷六〇《藝文四》:「《張説集》三十卷。」（中華本，百納本三作二）。
4. 《郡齋》、《直齋》三十卷、《遂初堂》無卷數。
5. 《宋史》二〇八《藝文七》:「《張説集》三十卷，又《外集》二卷」。
6. 明焦竑《國史經籍志》卷五「集類」:「《張説集》三十卷，又《燕公外集》一卷」。
7. 明陳第《世善堂藏書目》卷下「集類」:「《張燕公集》三十卷。」（明代尚有多種書目著錄張説文集，然皆不著卷數）。

8. 清錢謙益《絳文樓書目》卷三「宋版《張燕公道濟集》三十卷」。
9. 劉體仁、朱筠及劉喜海（燕庭）收藏宋蜀本《張説之文集》三十卷（三本實一，均朱氏藏，但今未見）。
10. 清椒花吟房影宋抄本《張説之文集》三十卷；半頁十二行，行二十一字。
11. 清影宋抄本《張説之文集》三十卷，補遺一卷。

後　記

予新撰張說之年譜，是校注《張說之文集》三十卷時的一個副產品。這個工作，五六年前就已經開始。但本人始終是把它作爲一個工具在做，原先僅是在香港陳祖言先生《張說年譜》基礎上修改補充，限於本人使用。但隨著工作的深入，深感《陳譜》有重編之必要。現在，《張說集校注》即將殺青，而臺灣花木蘭文化出版社又特別熱情，邀請本人以「甲方不向乙方收取任何費用，亦不另行支付乙方版稅或稿費」的方式，授權出版發行。在大陸，這種出版方式對學者來說，也算是學術著作出版發行所給的不錯待遇。於是在繁重的校注工作之餘，又專門用了差不多一個多月的時間，修改重編《張說年譜》。陳祖言先生所編年譜，功力深厚，但由於是草創，供其參考的材料有限，存在某缺憾在所難免。而本人在此最要感謝的還是陳祖言先生所編之年譜，因爲有了它，本人校注《張說之文集》減少了很多探究之功。新編年譜，也盡可能保留陳先生原譜的精華，有很多結論，都沿用原譜。但限於篇幅，未能一一注出，在此鄭重說明，示不掠美也。拙著出版，也希望陳先生不吝賜教。遺憾的是，香港雖然與韶關相距不遠，本人與陳先生卻從未謀面，先生之大作，還是多年前從網上購得，故此前未能向先生當面求教。

拙著得以在臺灣出版，也要感謝花木蘭文化出版社高小娟社長，及北京連絡處楊嘉樂博士給本人提供這樣一個出版機會。不然，新編年譜也許還要在本人的抽屜裏呆上一段時間。

我年近耳順，近來更感精力眼力衰退，大不如前。明知老之將至，可研究興致似不減當年。近日胡謅了幾句，附記於此，就作本文的結語吧：

我今六十矣，六十與我乖。童年事猶記，壯歲人增慨。
筆耕仙苑裏，瀟灑世人外。甲子從頭數，青春二度來。
人生有如此，可以無悔哉！

二零一二年五月四日
草於事可爲齋